Dietz
Taschen
buch 32

Hitlers Schatten verblaßt

Die Normalisierung des Rechtsextremismus

Herausgegeben von Gerhard Paul

Verlag J. H. W. Dietz Nachf.

2., durchgesehene Auflage 1990

ISBN 3-8012-3032-5

In der Raste 2, D-5300 Bonn 1
Lektorat: Martin Rethmeier
Umschlag: Manfred Waller, Reinbek (unter Verwendung eines Fotos von Heinz Gebhardt, München)
Satz: Fotosatz Froitzheim, Bonn
Druck und Verarbeitung: Ebner Ulm

Printed in Germany 1989

Inhalt

Vorwort

Die Bundesrepublik feiert ihren 40. Geburtstag. Festreden sind allenthalben zu hören, in denen Bilanz gezogen wird. Die schmerzhaften Geburtswehen und die aufreizenden Auseinandersetzungen der Pubertätsjahre sind vergessen. Das Geburtstagskind hat sich etabliert. Es hat es zu etwas gebracht. Von den braunen Verwandten, die ihm immer wieder zugesetzt und es allzu oft in Verlegenheit gebracht haben, will man bei dem Partyrummel nichts wissen. Sie sind nicht willkommen. Ihre Existenz wird schamhaft verborgen. Und doch drängen sie sich massiv in das Jubelfoto. Besorgt fragte *Die Zeit* nach den jüngsten Wahlerfolgen der Rechten: »Sind wir bereits auf dem Weg in eine andere Republik?« Einmal mehr wurde der Vergleich mit Weimar bemüht.

Nun ist Bonn nicht Weimar und sicherlich wiederholt sich die Geschichte nicht in derselben Weise. Für beschauliche Selbstzufriedenheit ist gleichwohl kein Platz. Wirksame Trauerarbeit nach 1945 ist unterblieben. Das rächt sich vielfältig. Verdrängung war angesagt. Und so überrascht es kaum, wenn Demoskopen und Tagespresse regelmäßig bestätigen: die nationalsozialistische Vergangenheit liegt keineswegs hinter uns. Sie hat die Geschichte der zweiten Republik in immer neuen Kostümierungen begleitet, attackiert und provoziert. Gleichwohl hatten die braunen Verwandten kaum eine Chance, die geistig-politische Sozialisation unseres Geburtstagskindes nachhaltig zu beeinflussen, zu sehr lastete auf ihnen – gleichsam als Stigma – die Erblast des Holocaust. Vom tiefbraunen Schatten der Vergangenheit fühlt sich zusehends auch das Geburtstagskind belastet, das von einem starken Normalisierungsbedürfnis getrieben, sich endlich aus der Tradition der Väter verabschieden und ein ganz normaler Staat sein möchte. Mit der braunen Vätergeneration will man nichts zu tun haben, die Entkriminalisierung der Familiengeschichte wird betrieben, auf die ruhmreiche Vergangenheit der Vorväter und die eigenen wirtschaftlichen Leistungen verwiesen.

Schon vor Jahren hatte Alfred Dregger gefordert, die Deutschen müßten »aus dem Schatten Hitlers heraustreten«, sie sollten »wieder normal werden«. Die Wähler von DVU, NPD und »Republikanern« sind auf ihre Weise Dreggers Aufforderung gefolgt. Im Windschatten der geforderten Normalisierung bekommen die braunen Verwandten unversehends Auftrieb, schütteln den dunklen Schatten ab und profitieren vom vielfältig motivierten Unbehagen an Staat und Republik. Durch neue Kleider versucht die braune Verwandtschaft auch selbst, sich ihres Stigmas zu entledigen, wieder salonfähig zu werden und bei der Geburtstagsfeier nicht zu fehlen. Moderate Töne sind zu hören: die Distanzierung von Nationalsozialismus und Holocaust, das Bekenntnis zu Parlamentarismus und Gewaltfreiheit. Mit dem Geburtstagskind ist man sich einig: ein Schlußstrich unter die Vergangenheit ist nötig.

Aber nur mühsam lassen sich hinter der neuen Fassade die alten Ressentiments und Aggressionen verbergen. Ob das geplante Entrée in den erlauchten Kreis der Bonner Parteien gelingt, wird nicht unwesentlich von deren Politik und vom öffentlichen Verhalten abhängen. Die sich abzeichnende »Normalisierung« des Wahlverhaltens heißt zugleich: mit den alten Rezepten, mit der Erinnerung an Nationalsozialismus und moralischer Entrüstung lassen sich die Anhänger der neuen Rechtsaußenparteien nicht mehr abschrecken.

Der Rechtsextremismus der achtziger Jahre unterscheidet sich fundamental von dem früherer Jahre. Von der zersplitterten außerparlamentarischen Sekte mausert er sich gegenwärtig zur parlamentarischen Opposition auf Bundesebene. Erstmals seit den frühen fünfziger Jahren scheint ihm der Einzug in den Bundestag zu gelingen. Ideologische, soziologische und altersmäßige Barrieren fallen. Eine Politik des Tabubruchs und der nationalen Symbolik, der Ausländer- und Asylantenhetze hat die politische Kultur der Bundesrepublik verändert und ideologische Schranken nach rechts geöffnet, die gestern noch geschlossen waren. War es in den fünfziger und den sechziger Jahren primär die Generation der »Ewiggestrigen«, die braunen Träumen nachhing und sich in die demokratischen Verhältnisse nicht einfügen wollte, so hat sich die Rechte heute spürbar verjüngt und scheint ihr die Überwindung der Generationenbarriere erstmals zu gelingen. Anders als zur Zeit der NPD-Wahlerfolge in der zweiten Hälfte der sechziger Jahre speist sich die gegenwärtige Renaissance des Rechtsextremismus nicht mehr primär aus ideologischen Kontinuitäten, sondern aus massiven sozialen und politischen Problemlagen. Die durch die Arbeits-, Sozial-, Finanz- und Wohnungsbaupolitik der »Wenderegierung« forcierte Ausgrenzung eines beträchtlichen Teils der Bevölkerung aus dem

Wohlfahrtsstaat hat ein breites Protestpotential von gesellschaftlich Deklassierten und Verängstigten produziert, das zunehmend bereit ist, sich rechtsextremistisch zu artikulieren und zu organisieren. Damit fallen nun auch soziologische Barrieren, wie das Wahlverhalten in traditionellen Arbeitervierteln zeigt. Hatte die Krise von 1967 noch konjunkturellen Zuschnitt, so hat die Krise der achtziger Jahre strukturellen Charakter mit Arbeitslosen in Millionenhöhe. Mit der Ausgrenzung eines Drittels der Bevölkerung aus dem sozialen Netz der Republik einher geht die Auflösung des etablierten politischen Parteiensystems. Die Entwicklung zum Fünf-Parteien-System erscheint realistisch.

Die Aufsätze dieses Bandes versuchen in einem ersten Zugriff, die Entwicklung des Rechtsextremismus in den achtziger Jahren zu bilanzieren und seine neue Qualität zu bestimmen. Nicht die journalistisch verengte Fixierung auf spektakuläre Entwicklungen und Ereignisse steht im Zentrum, sondern die Beschreibung des neuen Charakters des Rechtsextremismus und die Analyse der Hintergründe seiner gegenwärtigen Renaissance. Die Autoren – Wissenschaftler, die sich seit Jahren intensiv mit der Problematik beschäftigen – richten ihren Blick nicht nur auf den gegenwärtig im Vordergrund des öffentlichen Interesses stehenden organisierten Rechtsextremismus, sondern ebensosehr auf die noch nicht organisierten und viel verbreiteteren rechtsextremen Einstellungsmuster innerhalb der Gesamtgesellschaft und auf die sich seit der »Wende« von 1982 abzeichnenden Veränderungen im »geistigen Klima« der Republik, die die Normalisierung des Rechtsextremismus hin zu einem politischen Alltagsphänomen gefördert haben. Vor dem Hintergrund der Verjüngung der extremen Rechten widmet sich ein Schwerpunkt des Buches der Gruppe der Jugendlichen als neuem rechtsextremen Rekrutierungsreservoir. Erinnert wird an die Geschichte des Rechtsterrorismus mit seinem Höhepunkt zu Beginn der achtziger Jahre und an die nach wie vor bestehende Möglichkeit des Umschlags von verbalen rechtsextremen Ressentiments in die physisch vernichtende Gewalt. Problematisiert werden die in den vergangenen Jahren praktizierten Reaktionsmuster von Politik und Justiz, von Pädagogik und Öffentlichkeit und die vorschnellen Rufe nach dem Verbot. Dabei werden zugleich neue Perspektiven der geistig-politischen Auseinandersetzung und des pädagogischen Verhaltens angedeutet. Zu hoffen bleibt, daß die neue Bedrohung von rechtsaußen abge-

wehrt und primär diskursiv bewältigt werden kann. Die Autoren möchten einen Beitrag hierzu leisten.
Mein Dank gilt meinem Freund und Kollegen Dr. Bernhard Schoßig vom Institut für Jugendarbeit beim Bayerischen Jugendring, mit dem zusammen 1987 die Idee zu diesem Buch entstand.

Gerhard Paul, im Juli 1989

Der Schatten Hitlers verblaßt
Die Normalisierung des Rechtsextremismus in den achtziger Jahren

von Gerhard Paul

Was Polizei und Verfassungsschutz Ende der siebziger Jahre nur als mögliche Entwicklungen prognostizierten, haben die achtziger Jahre längst eingeholt. In einem vertraulichen Polizeibericht über Waffen- und Sprengstoffunde bei Rechtsextremisten und NS-Gruppen wurde 1978 der Schluß gezogen, »daß rechtsradikale Ultras nach dem Vorbild der RAF-Terroristen« möglicherweise nicht länger vor Waffengewalt zurückschrecken werden. Die vorläufige Bilanz zu Ende der achtziger Jahre: mehr als zwei Dutzend Todesopfer des Rechtsterrorismus und Hunderte Verletzte als Folge von Brand- und Sprengstoffanschlägen, von Überfällen und Straßenkämpfen. Zeigte sich der Bundesminister für Jugend, Familie und Gesundheit 1979 noch beunruhigt darüber, daß das rechtsextremistische Potential unter Jugendlichen anwachse und die Gewaltbereitschaft bei jugendlichen Rechtsextremisten zunehme, so ist Ende der achtziger Jahre zu registrieren, daß dem organisierten Rechtsextremismus der Generationensprung aus dem Ghetto von Altherren-Vereinen geglückt ist, rechtsextreme Parteien zunehmend auch von jungen Leuten gewählt werden und drei Viertel aller rechtsextremistischen Straftäter heute jünger als 30 Jahre sind. Schien der Rechtsextremismus in den siebziger Jahren in die wahlpolitische Bedeutungslosigkeit versunken, so mobilisieren nach der Periode des organisatorischen Siechtums rechtsextreme Parteigruppierungen erstmals wieder nennenswerte Wählerpopulationen und ziehen in die Parlamente ein.

Nur wenig geändert hat sich demgegenüber der quasi zum Bodensatz der politischen Kultur in der Bundesrepublik gehörende Fundus rechtsextremistischer Einstellungen und Orientierungen innerhalb der Bevölkerung, wie er von Demoskopen regelmäßig ermittelt wird. Konnte zu Beginn der achtziger Jahre allerdings noch eine scheinbar unüberbrückbare Kluft zwischen rechtsextremistischen

Organisationsgrößen und rechtsextremem Meinungspotential in der Bevölkerung konstatiert werden, so zeichnet sich fast zeitgleich mit der Bonner »Wende« von 1982 eine Öffnung der politischen Kultur nach rechtsaußen und eine Aufweichung bisheriger Tabugrenzen ab, die rechtsextremistische Organisationszugehörigkeit und Wählerpräferenz zunehmend als normalpolitisches Verhalten erscheinen lassen. Mit Blick auf die Historikerkontroverse um den Standort des Nationalsozialismus in der deutschen Geschichte hat Jürgen Habermas eine Veränderung des »geistigen Klimas« in dieser Republik diagnostiziert, die Sperren aufbrechen lasse, die gestern noch gehalten haben. Die mit dem Namen Ernst Nolte verknüpfte und von namhaften Unionspolitikern unterstützte Relativierung der nationalsozialistischen Verbrechen kündige das bislang aus einer kritischen Geschichtsaneignung geschöpfte offizielle Selbstverständnis der Bundesrepublik und damit den politischen Konsens von rechts auf. Hatten Rechtsextremisten noch Ende der siebziger Jahre mit Publikationen zur »Auschwitz-Lüge« erfolglos versucht, den sie stigmatisierenden Schatten des Holocaust abzuschütteln, so hat Noltes Versuch der Reduktion der Einzigartigkeit von Auschwitz auf den »technischen Vorgang der Vergasung« und seine Einbettung der NS-Verbrechen in eine Universalgeschichte des politischen Verbrechens diesen Schatten aufgehellt. Auch die wieder in die öffentliche Diskussion gezerrte Frage nach einem »elementaren Patriotismus« (Alfred Dregger) hat Themen des älteren Rechtsextremismus hoffähig werden lassen. Um nichts anderes als um das Wahlkampfmotto rechtsextremer Parteien »Ich bin stolz ein Deutscher zu sein« geht es in den Museumsplänen der Bundesregierung in Berlin: um tausend glorreiche Jahre deutscher Geschichte jenseits von Auschwitz. »Es taucht also der brisante Vorgang auf«, notiert Wilhelm Heitmeyer, »daß die Gesellschaft rechtsextremistische Gruppen in ihrer Bedeutung dadurch ›entschärft‹, daß Teile ihrer Orientierungsmuster in die sogenannte gesellschaftliche Normalität integriert werden.«[1] Dieser Prozeß rechtfertigt das Vorhaben, den Blick auf die Zusammenhänge zwischen Rechtsextremismus und gesellschaftlichem und politischem Zentrum zu richten, anstatt – wie dies Sensationsjournalismus und Verfassungsschutz praktizieren – gebannt auf die Ränder der Gesellschaft zu starren und Rechtsextremismus als ein Außenseiterphänomen zu betrachten.

Aber nicht nur die Öffnung der politischen Kultur nach rechts hat zum Abbau von Barrieren gegenüber dem Rechtsextremismus und

damit zu seiner Normalisierung beigetragen, auch der Rechtsextremismus selbst hat in den vergangenen Jahren durch die Modernisierung seiner Agitationsthemen und -formen und durch die Veränderung der Adressatenstruktur rechtsextremer Militanz versucht, diese Kluft zu überwinden. Eine besondere Brückenfunktion in diesem Prozeß nehmen neue Parteien wie die »Republikaner« ein.
Rechtsextremismus in den achtziger Jahren – so die Ausgangsthese dieses Buches – ist primär eine Folge der Verschiebungen in der politischen Kultur der Bundesrepublik und keineswegs auf kleine organisierte politische Gruppen eingegrenzt, wie sie die Verfassungsschutzberichte regelmäßig auflisten. In diesen bündeln sich nur Einstellungsmuster und setzen sich in spektakuläre und gewalttätige Aktionsformen um, die in vorgelagerten Subkulturen und in politisch-organisatorisch eher unauffälligen Populationen teils als provokante Mischformen, teils als virulent-stille Orientierungen sehr viel verbreiteter vorhanden sind.

Organisierter Rechtsextremismus und Neonazismus: Konzentration und Überwindung der Stagnation[2]

Da die Gruppen des organisierten Rechtsextremismus und Neonazismus im Mittelpunkt der Aufmerksamkeit der Verfassungsschutzbehörden stehen, liegen über sie quantitativ die meisten Erkenntnisse vor. Diverse Begriffsveränderungen und grundsätzliche politische Entscheidungen – so genießt seit der Bonner »Wende« von 1982 der Rechtsextremismus nur mehr sekundäres Interesse in den Jahresberichten und finden sich Organisationen wie die HIAG gar nicht mehr – machen einen Langzeitvergleich der statistischen Angaben allerdings problematisch.
Trotz dieser Einschränkungen lassen sich für die achtziger Jahre folgende Entwicklungen erkennen (vgl. Tabelle 1): Zunächst fällt für den Zeitraum seit 1978 eine Ausweitung des Mitgliederbestandes rechtsextremistischer Organisationen um etwa 60 % auf, wobei die größten Steigerungsraten von jeweils 14 % 1979/80 und 1986/87 zeitgleich mit der Ausstrahlung der Holocaust-Sendereihe und der Asylantendiskussion im Vorfeld der Bundestagswahl von 1987 zu registrieren sind. Dieser Trend setzte sich im Jahr 1988 fort, in

Tabelle 1:

Interne Veränderungen im organisierten Rechtsextremismus 1978–1988

Art der Organisationen	1978	1979	1980	1981	1982	1983	1984	1985	1986	1987	1988
Neonazistische Organisationen	(24)**	(23)	(22)	(18)	(21)	(16)	(34)	(29)	(23)	(20)	(23)
Mitglieder	1.000	1.400	1.200	1.250	1.050	1.130	1.150	1.400	1.500	2.100	1.900
Nationaldemokrat. Organisationen	(5)	(6)	(8)	(7)	(7)	(8)	(7)	(8)	(6)	(5)	(5)
(NPD)	10.100	9.500	8.300	7.350	6.500	8.700	6.700	6.700	6.800	7.000	7.250
Nationalfreiheit. Organisationen	(7)	(6)	(6)	(4)	(3)	(3)	(3)	(2)	(2)	(3)	(3)
(DVU)	5.600	6.400	13.500	10.400	10.400	11.400	12.400	12.000	12.100	15.100	18.600
Sonstige	(40)	(34)	(39)	(44)	(43)	(41)	(45)	(39)	(42)	(41)	(40)
	5.400	4.000	3.300	3.300	2.800	2.600	3.200	3.400	3.150	3.100	3.200
Organisationen insgesamt	76	69	75	73	74	68	89	78	73	69	71
Mitglieder insgesamt*	17.600	17.300	19.800	20.300	19.000	20.300	22.100	22.100	22.100	25.200	28.300

* nach Abzug von Doppelmitgliedschaften ** Zahl der Organisationen

Quelle: Verfassungsschutzberichte 1978–1988

dem das rechtsextreme Spektrum eine nochmalige Mitgliederexpansion von 12 % erfuhr.
Nach Angaben des Bundesinnenministeriums (BMI) von 1989 verfügte der organisierte Rechtsextremismus 1988 über insgesamt 71 Organisationen mit 28.300 Mitgliedern. Mit drei Organisationen und 18.600 Mitgliedern, davon entfallen 12.000 auf die »Deutsche Volksunion« (DVU), hat seit 1980 das »nationalfreiheitliche« Lager der Altrechten dem »nationaldemokratischen« Lager um die NPD den Rang im organisierten Rechtsextremismus abgelaufen, das gegenwärtig nurmehr über 5 Organisationen und 7.250 Mitglieder verfügt. Betrachtet man ausschließlich die zahlenmäßigen Organisationsgrößen, so hat das gesamte rechtsextreme Lager, wie es in den Verfassungsschutzberichten erfaßt wird, zu Ende der achtziger Jahre bereits die Mitgliederzahlen auf dem Höhepunkt der NPD von 1968 überschritten. Die NPD verfügte damals über 27.000 eingeschriebene Anhänger.
Innerhalb des organisierten Rechtsextremismus zeichnen sich seit Ende der siebziger Jahre zwei Entwicklungslinien ab: Lagerintern fällt eine Konzentration der Organisationen bei gleichzeitiger Erhöhung der Mitgliederzahlen im »nationalfreiheitlichen« Lager um die DVU auf. Während sich die Anzahl der Organisationen von 7 auf 3 verringerte, erfuhren die »Nationalfreiheitlichen« insgesamt – und dort primär die DVU – im Zehnjahreszeitraum seit 1979 einen Zuwachs von 300 %, wobei auch hier die größten Steigerungsraten 1979/80 um 110 %, 1986/87 um 25 % und 1987/88 und 1988/89 um weitere 20 % bzw. 23 % hervorzuheben sind. Diese Zugewinne und damit der Konzentrationseffekt in den achtziger Jahren gingen primär zu Lasten der sonstigen kleinen rechtsextremen Gruppen, die 40 % ihrer Mitglieder einbüßten, und des »nationaldemokratischen« Lagers um die NPD, das 30 % seiner Mitglieder verlor. Gegenwärtig scheint sich hier allerdings ein Konsolidierungseffekt abzuzeichnen. Da die Verlustbilanz dieser Gruppen und Parteien nicht die Gewinne der »Nationalfreiheitlichen« ausgleicht, scheint es der DVU verstärkt zu gelingen, neue Bevölkerungsgruppen außerhalb des rechtsextremistischen Lagers zu mobilisieren.
Parallel zur Ausweitung des traditionellen rechtsextremistischen Lagers fand seit Mitte der siebziger Jahre auch ein Anwachsen des *organisierten Neonazismus* statt. Die zahlenmäßig kleinen, stärker jugendgeprägten, militanten und am Gruppen- und Kampfstil der SA vor 1933 orientierten Gruppen haben sich zwischen 1975 und

1988 von ihren Mitgliedern her mehr als verfünffacht. 1988 zählte der Verfassungsschutz 23 Organisationen mit insgesamt 1.900 Anhängern. Die stärksten Wachstumsraten fallen hier mit 250 % zwischen 1975 und 1979 und mit 40 % vor der Bundestagswahl 1987 auf. Die durch die Verbote der »Wehrsportgruppen«, der »Volkssozialistischen Bewegung Deutschlands/Partei der Arbeit« (VSBD/PdA) und der »Aktionsfront Nationaler Sozialisten/Nationale Aktivisten« (ANS/NA) sowie durch verschiedene Gerichtsurteile gegen Neonazis zwischen 1980 und 1984 bewirkte Stagnation scheint seit etwa 1984 überwunden zu sein. Die Mitgliederzahlen bewegen sich wieder aufwärts. Zum militant-aktivistischen Kern des Lagers, aus dem heraus sich zu Beginn der achtziger Jahre eine Reihe terroristischer Kleinstgruppen rekrutierte, zählte der Verfassungsschutz 1988 etwa 200 Personen. Während ein Teil der neonazistischen Organisationen weiterhin durch eine anhaltend hohe Gewaltbereitschaft geprägt ist, favorisiert die Mehrheit derzeit eine Doppelstrategie der parlamentarischen Kandidatur und der außerparlamentarisch-militanten Provokation in der Öffentlichkeit. Insgesamt profitiert das neonazistische Lager von der generellen Renaissance des Rechtsextremismus und dessen Parlamentarisierung, die politische Handlungsformen begünstigt, die insbesondere jugendlichen Rechtsextremisten als zu »lasch« und langwierig erscheinen. Nach dem Vorbild der NSDAP der »Kampfzeit« zielt die gegenwärtige Strategie der Neonazis auf die Bildung lokaler Bastionen, um von dort aus das Umland zu »erobern«. Mit rassistischen Parolen gegen die in der Bundesrepublik lebenden Ausländer bemühen sie sich derzeit verstärkt um die Mobilisierung deutschstämmiger Aussiedler aus Osteuropa.

Eine Führungsfunktion innerhalb des Neonazismus nimmt derzeit die 1979 gegründete *Freiheitliche Deutsche Arbeiterpartei* (FAP) ein, die nach Angaben des BMI 1988 über 450 Mitglieder verfügte und sich in sechs Landesverbände gliederte. Nach dem Verbot der ANS/NA schlossen sich deren Anhänger, verstärkt durch andere Neonazis, zur »Gesinnungsgemeinschaft der Neuen Front« zusammen, die die FAP zunehmend für ihre politischen Zwecke funktionalisierte. Einer der Meinungsführer des neonazistischen Lagers, Michael Kühnen, empfahl den Aktivisten der verbotenen ANS/NA explizit, die FAP als »legalen Arm der Bewegung« zu nutzen. Tatsächlich üben in den wichtigsten Landesverbänden der FAP in der Zwischenzeit Anhänger Kühnens Führungsfunktionen aus. Vorsitzender der mili-

tanten Splitterpartei ist Friedhelm Busse (Jahrgang 1929), der zunächst der NPD angehörte, 1975 die ideologisch an der Konzeption des Strasser-Flügels in der NSDAP orientierte und 1981 verbotene VSBD/PdA gegründet hatte, bevor er die FAP als neues Rekrutierungsfeld entdeckte. Sein Vertreter ist der frühere Wortführer des Dortmunder Fußball-Fanclubs »Borussenfront« Siegfried Borchardt. FAP-Anhänger sind zumeist Jugendliche aus unteren sozialen Schichten. In Nordrhein-Westfalen – deutlicher regionaler Schwerpunkt der FAP-Aktivitäten – besteht die FAP-Anhängerschaft nach Polizeiangaben zu »über drei Vierteln aus Jugendlichen und Heranwachsenden«. Als explizit politische Kaderorganisation zielt die FAP mit einem aggressiven Militanzkonzept und einer bewußt an die NSDAP der »Kampfzeit« angelehnten Symbolik und Plakatsprache auf öffentliche Konfrontation und Provokation. Aufbauend auf einem kruden Ideologiegemisch aus Antizionismus, Antikommunismus und Antikapitalismus und einem übersteigerten Nationalismus konzentrierte die FAP 1987 ihre Agitation auf die Ausländerfrage und auf die Propagierung eines neutralen Großdeutschland in »germanischer und preußisch-deutscher Tradition«. Zentrale Parolen lauteten: »Für Rassenstolz, Volksgemeinschaft, Deutsche Einheit«, »Arierblut – höchstes Gut«, »Deutsche Arbeitsplätze für deutsche Arbeitnehmer!« Wie schon in den Vorjahren wurden auch 1987 bei FAP-Aktivisten »umfangreiche Waffenarsenale« entdeckt, nahmen FAP-Mitglieder an Überfällen auf politische Gegner und Ausländer teil und beteiligten sich an paramilitärischen Wehrsportübungen und Nazi-Gedenkfeiern. Die Militanz der FAP spiegelt die Statistik wider: So gingen 1987 20 % aller Gesetzesverletzungen mit rechtsextremistischem Hintergrund auf das Konto der FAP; 34 % aller Gewalttaten (Brandanschläge, Überfälle, Körperverletzungen etc.) wurden im selben Jahr von FAP-Anhängern verübt. Wahlpolitisch blieb die FAP bedeutungslos. Bei der Wahl zum Europaparlament 1989 brachte es die Partei bundesweit lediglich auf 20.107 Stimmen und blieb damit unter der 0,1 %-Grenze.
Die symbolträchtig am 100. Jahrestag von Bismarcks Reichsgründung ins Leben gerufene *Deutsche Volksunion* ist seit Jahren die mitgliederstärkste Organisation im rechtsextremen Lager. In ihr sind mehrere »Aktionsgemeinschaften« zusammengefaßt: die 1979 gegründete »Volksbewegung für Generalamnestie«, die 1980 gegründete »Initiative für Ausländerbegrenzung«, die 1981 gegründete »Aktion deutsches Radio und Fernsehen«, die 1982 gegründete

»Aktion Oder-Neiße« (heute: »Aktion deutsche Einheit«), der 1983 gegründete »Ehrenbund Rudel« und der 1984 gegründete »Schutzbund für Leben und Umwelt« (heute: »Schutzbund für Volk und Kultur«). Mit der in München angesiedelten »Druckschriften- und Zeitungsverlags GmbH« Dr. Gerhard Freys, der zugleich Herausgeber der *Deutschen Wochenzeitung*, des *Deutschen Anzeigers* und der *Deutschen Nationalzeitung* mit einer Gesamtauflage von wöchentlich 110.000 Exemplaren ist, verfügt die DVU als einzige Organisation im rechtsextremistischen Lager über eine breitere publizistische Substanz, die über die DVU hinaus weit ins rechtskonservative Lager der Wählerschaft von CDU/CSU ausstrahlt. Als einzige Organisation des rechtsextremistischen Lagers war die DVU zu bundesweiten publizistischen Kampagnen in der Lage, so im Januar 1989 zu einer an alle bundesdeutschen Haushalte adressierten Werbeaktion, deren Finanzierung Millionen verschlang. Gezielt bemühte sich die DVU um Aussiedler und um die Bewohner von Alten- und Pflegeheimen, die sie kostenlos mit der von den Verfassungsschutzbehörden als »betont ausländerfeindlich« bewerteten *Deutschen Wochenzeitung* belieferte. Die neue organisatorische Potenz der DVU zeigt sich zudem in der computergesteuerten Erfassung ihrer Mitglieder und Sympathisanten. Als einzige rechtsextreme Partei plädiert die DVU in ihren Publikationen für die Westbindung der Bundesrepublik, betreibt seit Jahren einen massiven Geschichtsrevisionismus und bestreitet die deutsche Schuld am Zweiten Weltkrieg. Wie in den vergangenen Jahren setzten die Blätter Freys ihre Anti-Asylanten-Kampagne fort und propagierten die von dem Historiker David Irving geäußerten Zweifel am Selbstmord des Hitler-Stellvertreters Rudolf Heß.

Wie die DVU so bekennt sich formell auch die *Nationaldemokratische Partei Deutschlands* (NPD) zum Bonner Grundgesetz. Während die Mitgliederzahlen in der ersten Hälfte der achtziger Jahre stagnierten, stiegen sie in den beiden vergangenen Jahren wieder an. 1988 verfügte die NPD über 6.400 Mitglieder; nach eigenen Angaben waren es im September 1988 10.000 eingeschriebene Anhänger. Zur NPD-Jugendorganisation, den *Jungen Nationaldemokraten*, zählten im selben Jahr 800 Personen. Ebenso wie bei der DVU liegt die Auflagenzahl des NPD-Organs *Deutsche Stimme* mit monatlich 150.000 Exemplaren weit über der Zahl der eigenen Mitglieder. Unter dem Begriff der »nationalen Solidargemeinschaft« propagiert die NPD das Konzept einer ausländerfreien »Volksgemeinschaft«.

In der nationalen Frage plädiert sie für einen »dritten Weg« zwischen den Supermächten: für ein wiedervereinigtes und neutrales Deutschland. Kompromißlos vertraten ihre Funktionäre einen massiven Antiamerikanismus und Antikommunismus und setzten – wie in den Vorjahren – 1988 ihre rassistischen Kampagnen gegen ausländische Arbeitnehmer in der Bundesrepublik und gegen Asylsuchende fort. In der Außen- wie in der Innenpolitik kritisierten sie die »volksfeindliche Politik der Bonner Parteien«. Im Unterschied zur DVU, die sich zur sozialen Marktwirtschaft bekennt, favorisiert die NPD in ihrer Wirtschafts- und Sozialpolitik einen Weg zwischen Kapitalismus und Kommunismus und lehnt atomare Großanlagen wie die Wackersdorfer Wiederaufbereitungsanlage ab. Mit ihrem neuen Parteiprogramm versucht die Partei, aus dem Schatten Hitlers herauszutreten und einen neuen Kurs einzuleiten. Geprägt ist ihr Verhalten durch einen starken Normalisierungsbedarf. Hierzu zählt der Versuch der »Jungen Nationaldemokraten«, in Kreisjugendringe aufgenommen zu werden, und auch die Strategie der Parteiführung, das Bündnis mit der DVU einzugehen. Die auf die »Einheit des nationalen Lagers« zielende neue Linie ist innerparteilich allerdings keineswegs unumstritten.
Ausdruck der Kooperationsbemühungen zwischen »nationalfreiheitlichem« und »nationaldemokratischem« Lager war am 5. März 1987 die auf Initiative Freys und mit Unterstützung der NPD-Führung zustandegekommene Gründung der *DVU-Liste D* in München. Am Jahresende 1988 sollen der neuen Rechtspartei nach Angaben des Verfassungsschutzes 6.000 Mitglieder – darunter etliche NPD-Spitzenfunktionäre – angehört haben. Vermutlich sind diese Daten in der Zwischenzeit weit überholt, da nach internen Angaben der DVU-LD vom März 1989 allein die bundesweite Mitgliederkampagne der Partei 10.000 neue Mitglieder eingebracht habe. Im Juli 1989 bezifferte der Bundesinnenminister die Mitgliederzahl bereits auf über 20.000. Mit dem finanziellen Background von Freys DVU und der Hilfe des NPD-Parteiapparats kandidierte die DVU-LD erstmals bei der Bremer Bürgerschaftswahl vom 13. September 1987 und schaffte aus dem Stand den Einzug in das Landesparlament. Der Bremer Testlauf richtete sich primär gegen die Christdemokraten, denen Frey vorwarf, eine »wahrhafte Wende« verschlafen zu haben. Statt dessen trieben führende Unionspolitiker, allen voran der Bundespräsident, »die Hetze gegen das deutsche Volk auf den Höhepunkt« und verharre der Bundeskanzler untätig gegen die immer

bedrohlichere »Überfremdung«. Unter der Zentralparole »Erst Deutschland – dann Europa!« kandidierte die Partei am 18. Juni 1989 für das Europaparlament. Ihr Schwerpunktprogramm zielte dabei auf die Mobilisierung nationalistischer und antieuropäischer Ressentiments. An die Wand gemalt wurde das Gespenst einer türkischen Herrschaft über Deutschland. Unter der rhetorischen Frage »Wird Deutschland türkisch?« hieß es in einem Flugblatt: »Wenn das so weitergeht, kommen noch Millionen Türken und die Deutschen werden Fremde im eigenen Land!« Gefordert wurde eine »Ausländerbegrenzung«, die Ausweisung von »kriminellen Ausländern und Scheinasylanten«, die Ablehnung des Ausländerwahlrechts und die vorrangige Vermittlung von freien Arbeitsplätzen an Deutsche. Massiv kritisierte der Europawahlkampf der DVU-LD die Benachteiligung und Unterordnung deutscher Interessen innerhalb der EG, betonte das Primat der Wiedervereinigung vor der europäischen Integration und skizzierte das Bild der inneren und äußeren Bedrohung der Bundesrepublik. Die Politik der »Altparteien« sei gegen die »Lebensinteressen des deutschen Volkes gerichtet«. Es bestehe Handlungsbedarf. Einzig die »Liste D« bringe die »wirkliche Wende«, hieß es an das von der Unionspolitik enttäuschte Wählerpublikum adressiert.
Trotz ihrer bundesweiten Wahlwerbung brachte es die DVU-LD bei der Europawahl vom 18. Juni 1989 nur auf 445.390 Stimmen bzw. 1,6 % und blieb damit überall im Schatten der »Republikaner«. Ihre besten Ergebnisse erzielte sie mit 3,2 % im Stadtstaat Bremen, mit 2,4 % in Baden-Württemberg und 2,3 % in Hessen. In allen drei Bundesländern knüpfte sie dabei an NPD- bzw. DVU-LD-Wahlresultate der vorangegangenen Landtags- bzw. Kommunalwahlen an. Die bundesweit besten Einzelergebnisse schaffte das Bündnis von NPD und DVU im baden-württembergischen Wahlkreis Tuttlingen mit 6,2 %, dem Wahlkreis des NPD-Vorsitzenden Mußgnug, der hier bei der Landtagswahl von 1988 ein Spitzenergebnis von 4,6 % für die NPD erzielt hatte, und in Bremerhaven mit 5,4 %, wobei die DVU hier ihr Ergebnis von 1987 wiederholte. In beiden Wahlkreisen ließ sie die »Republikaner« mit 5,8 % bzw. 4,7 % hinter sich zurück. Insbesondere in Baden-Württemberg und in Hessen stimmten überproportional viele Bundesbürger für die DVU-LD, wo bereits die NPD bei den Landtags- bzw. Kommunalwahlen von 1988 bzw. 1989 überdurchschnittliche Ergebnisse erreicht hatte. Gleichwohl signalisieren Einzelergebnisse – so z. B. aus Frankfurt oder der

hessischen NPD-Hochburg Wölfersheim –, daß es auch hier den »Republikanern« gelang, rechtsextreme Wähler von der NPD abzuziehen.

Insgesamt ergibt sich gegen Ende der achtziger Jahre das Bild eines oberflächlich polarisierten rechtsextremistischen Gesamtlagers mit zwei generations- und aktionsspezifischen Spitzen: dem parlamentarisch orientierten, agitatorisch eher traditionellen Lager der Kriegsgeneration um NPD und DVU und dem außerparlamentarischen, militant-jugendlichen Lager der neonazistischen Kader. Von einer nur oberflächlichen Polarisierung muß deshalb gesprochen werden, weil zwischen beiden Lagern in fundamentalen ideologischen Grundorientierungen weiterhin Übereinstimmung herrscht. Für beide Lager gilt: Die Jahre der Stagnation sind überwunden.

Qualitative Veränderungen: Verjüngung und gestiegene Gewaltbereitschaft

Wichtiger als die quantitativen Veränderungen im organisierten Rechtsextremismus und Neonazismus sind die qualitativen Veränderungen. So findet seit Mitte der siebziger Jahre im gesamten rechten Lager eine *Altersumschichtung* statt. Besonders im Bereich des Neonazismus hat die Zahl der Jugendlichen und jungen Heranwachsenden zwischen 15 und 25 Jahren deutlich zugenommen und neue Agitations- und Kampfformen begünstigt. Auch ein Blick auf die Altersstruktur rechtsextremistischer Straftäter zeigt, daß im Gesamtzeitraum zwischen 1977 und 1985 71 % aller Straftäter jünger als 30 Jahre alt waren, d. h. eine politische Sozialisation zum größten Teil erst in den siebziger Jahren erlebten (vgl. Tabelle 2).
Auf den subkulturellen Übergangsbereich zwischen organisierten rechtsextremistischen Gruppen und dem eher »unauffälligen« rechtsextremen Meinungspotential von Jugendlichen zielen neuere Mobilisierungsstrategien rechtsextremistischer und neonazistischer Gruppen. Seit Jahren beobachten Verfassungsschützer »enge Kontakte« zwischen *Skinheads,* Kühnens ANS, der FAP, aber auch der NPD. Auf deren Landesparteitag 1985 im nordrhein-westfälischen Wiehl waren nach Feststellungen der Polizei etwa 70 Skins mit dem Versammlungsschutz beauftragt gewesen. Gleichwohl sind sie für

Tabelle 2:

Altersstruktur rechtsextremistischer Straftäter

Altersgruppen in Jahren		1977–1985	1986
Jugendliche und Heranwachsende	14–20	39 %	35 %
Personen der Altersgruppe	21–30	32 %	39 %
Personen der Altersgruppe	31–40	12 %	16 %
Personen der Altersgruppe	41–50	9 %	5 %
Personen der Altersgruppe	über 50	8 %	5 %

Quelle: Verfassungsschutzbericht 1986, S. 156

den Verfassungsschutz »keine gezielten Beobachtungsobjekte«. Nach Einschätzung des BMI unterhalten Skins mit organisierten Neonazis lediglich »Trinkgemeinschaften«. Versuche, Skinheads für neonazistische Ziele zu gewinnen, seien bis auf wenige Ausnahmen gescheitert. »Die in den Vorjahren unternommenen Versuche rechtsextremistischer Organisationen, Angehörige der Skinhead-Szene zur Mitarbeit zu bewegen, blieben auch 1987 überwiegend erfolglos«, notierte das BMI. Grund dafür seien die Disziplinlosigkeit des Skins und ihr Interesse an »Randale«. Lediglich in Berlin bestehe eine Teilgruppe der »Nationalistischen Front« überwiegend aus Skinheads. Insgesamt habe sich 1987 die Zahl der in und am Rande neonazistischer Gruppen agierenden Skins von 200 auf 250 erhöht. Die Mobilisierungsversuche von Skinheads durch Neonazis setzten sich 1988 fort, so anläßlich des »Hessentages« in Hofheim, wo eine zur »Nationalistischen Front« gehörende Gruppe Skinheads zum »Ersten Tag des Deutschen Bieres« in die Stadt des diesjährigen Hessentages eingeladen und Krawalle provoziert hatte, an denen rund 150 Neonazis und Skinheads beteiligt waren. In Hamburg hatten nach dem Fußball-Länderspiel zwischen der Bundesrepublik und den Niederlanden Ende Juni 1988 zwischen 200 und 300 Skins und Fußballfans – z. T. aus der rechtsextremen Szene kommend – zum Sturm auf die Hafenstraße aufgerufen. Bei einer stundenlangen nächtlichen Straßenschlacht wurden allein 17 Polizisten verletzt. In Hannover fanden im Herbst 1988 allwöchentlich schwere Straßenauseinandersetzungen zwischen z. T. neonazistisch motivierten Skins und türkischen

Jugendlichen statt, die nur durch massiven Polizeieinsatz einigermaßen unter Kontrolle gehalten werden konnten[3].
Ob es sich bei den Skinheads und Teilen aus der Fußballfan-Szene um eine neue Ausdrucksform jugendlichen Rechtsextremismus oder um eine unpolitische, spezifische Ausprägung subkulturellen Jugendprotests handelt, ist umstritten. Politisierte Fußball-Fanclubs – wie die Dortmunder »Borussenfront« – seien noch immer die Ausnahme, notierte Eike Hennig 1985. Häufiger seien punktuelle Überschneidungen von »wilden« Fanclubs, Skins und Neonazis auf der Ebene der Einstellungs- und Orientierungsmuster, so im Bereich der Ausländerfeindlichkeit, des Chauvinismus und der Gewaltakzeptanz. Diese führten aber weder bei Skins und Fußballfans zur rechtsextremen Politisierung und Organisierung, da für sie Politik zu wenig »Spaß« enthalte und sie die Aufgabe ihrer eher lustbetonten Gruppenstile befürchteten.[4] Die neueren Analysen von Wilhelm Heitmeyer, Gunter A. Pilz und Klaus Sengebusch in diesem Band urteilen vor dem aktuellen Hintergrund schon skeptischer und widerlegen z. T. die bisher vertretene These der mangelnden Affinität militanter jugendlicher Subkulturen gegenüber dem Rechtsextremismus. Insbesondere den »Republikanern« scheint es zu gelingen, Teile dieser Subkulturen zu integrieren.
Eine in den letzten Jahren zu beobachtende Strategie neonazistischer Gruppen und Einzelpersonen zielt auf die Nutzung neuer, insbesondere von Jugendlichen genutzter Medien und Kommunikationstechnologien. Während zu Beginn der achtziger Jahre noch selbstgefertigte antijüdische Brettspiele die Runde machten, bei denen der Gewinner war, der zuerst sechs Millionen Juden in seinen Gaskammern vernichtet hatte, sind es heute zunehmend rassistische und neonazistische Software-Programme für Heimcomputer, die über Mailboxen erreichbar sind oder als Disketten auf Schulhöfen gehandelt werden. 1988 warnte die »Bundesprüfstelle für jugendgefährdende Schriften« in Bonn vor *Nazi-Computerspielen* als neuen Medien neonazistischer Propaganda. Allein 1988 wurden 106 solche dem Führerkult huldigende, Krieg und Rassismus verherrlichende und NS-Symbole benutzende Computerspiele von der Prüfstelle indiziert, wobei die bekannt gewordenen Spiele nur »die Spitze eines Eisberges« darstellten und nur in Ausnahmefällen der Öffentlichkeit bekannt wurden. Auf dem Index standen so 1988 Computerspiele mit Titeln wie »Anti-Türken-Test«, »Clean Germany« und »The Nazi«. Nach Erkenntnissen der Bundesprüfstelle hätten neonazisti-

sche Kreise die Computertechnik als neues Mittel der Verbreitung ihrer Propaganda erkannt und benutzen sie, um gezielt junge männliche, vorwiegend aus sozial schwachen Familien kommende und mit geringem Selbstwertgefühl ausgestattete Jugendliche – die hauptsächlichsten Computerbenutzer – anzusprechen. Zunehmend würden auch telefonisch erreichbare elektronische Briefkästen, sogenannte Mailboxen, als Propagandamedien genutzt. In diesen habe sich eine kaum mehr kontrollierbare »elektronische Nebenöffentlichkeit« konstituiert. Auch medial scheint sich der Neonazismus zu modernisieren und zu versuchen, über neue Technologien und Medien vorgelagerte jugendliche Subkulturen zu erreichen.[5]
Insbesondere den beiden neuen Rechtsparteien – der DVU-LD und der »Brückenpartei« der »Republikaner« – scheint es gegenwärtig verstärkt zu gelingen, junge Wähler anzusprechen. Bereits bei der Wahl zur Bremischen Bürgerschaft von 1987 fiel auf, daß die Gruppe der männlichen Erstwähler mit 4,7 % überproportional stark für Freys DVU-LD votierte. Dieser Trend verstärkte sich 1988 in Baden-Württemberg, wo das Statistische Landesamt zu dem »erstaunlichen Ergebnis« kam, daß nahezu 10 % der männlichen Wahlbevölkerung zwischen 18 und 24 Jahren rechtsextremistische Parteien wie die NPD und als rechtsextremistisch einzustufende »Brückenparteien« wie die »Republikaner« wählten. Einer Sensation gleich kam das Ergebnis in Berlin. Während dort die über 60jährigen bei der Wahl zum Berliner Abgeordnetenhaus mit 4,6 % nur unterdurchschnittlich die Partei der »Republikaner« wählten, votierten 14,3 % der Erstwähler zwischen 18 und 23 Jahren für die Partei Schönhubers. Bei den männlichen Wählern dieser Altersgruppe lag der Wähleranteil der »Republikaner« sogar bei 18,8 % und entsprach damit fast genau dem Wähleranteil der »Alternativen Liste« an dieser Gruppe. Mit 8 % stimmten auch bei der Europawahl vom 18. Juni 1989 überdurchschnittlich viele Erstwähler für die neue Rechtsaußen-Partei. Weder auf der Mitglieder- noch auf der Wählerebene präsentieren sich die »Republikaner« daher als Alt-Herren-Partei.[6]

Parallel zur Verjüngung des Rechtsextremismus und Neonazismus nahm in den achtziger Jahren die *Bereitschaft zum Einsatz von Gewalt* zu. Wurden 1975 lediglich 206 rechtsextremistische Ausschreitungen registriert, von denen 21 Gewaltcharakter hatten, so ermittelten die Polizeibehörden 1980 bereits 1.643 Gesetzesverletzungen und 113 Gewalttaten. Höhepunkte der Ausschreitungen waren die Jahre 1980 bis 1982 mit einer bedrohlichen Häufung von Brandanschlägen und Tötungsdelikten. 1988 verzeichnete die Statistik 1.607 Gesetzesverletzungen und 12 Gewalttaten, darunter 12 Brandanschläge. (vgl. Tabelle 3)

Allein 1980 kamen bei Anschlägen neonazistischer Terrorgruppen 17 Menschen ums Leben. Erstmals in der Geschichte der Bundesrepublik starben im August 1980 in einem Hamburger Ausländerlager zwei vietnamesische Flüchtlinge, nachdem Mitglieder der rechtsterroristischen »Deutschen Aktionsgruppen« selbstgefertigte Molotowcocktails in das Gebäude geschleudert hatten. Den Sprengstoff- bzw. Brandanschlägen vom August 1980 auf Ausländer- bzw. Asylantenunterkünfte in Leinfelden, Lörrach und Hamburg folgte am 26. September desselben Jahres der Bombenanschlag des rechtsextremistischen 21jährigen Gundolf Köhler auf dem Münchner Oktoberfest, der 13 Tote – einschließlich des Attentäters – und 219 z. T. Schwerverletzte forderte. Am Heiligabend 1980 erschoß das ehemalige Mitglied der Frankfurter Gruppe der VSBD/PdA Frank Schubert in Waldshut am Rhein zwei Schweizer Grenzbeamte, bevor er Selbstmord beging. Ein Fememord der ANS im Frühjahr 1981 und das Attentat auf einen jüdischen Verleger und dessen Lebensgefährtin in Erlangen am 19. Dezember 1981, vermutlich durch Mitglieder der »Wehrsportgruppe Hoffmann«, kostete 3 Menschen das Leben. Mordlisten von jüdischen Bürgern und Institutionen tauchten auch 1982 auf. Im Juni 1982 streckte in Nürnberg der Neonazi Helmut Oxner, 26 Jahre alt und Dachdecker von Beruf, in einer hauptsächlich von Farbigen besuchten Diskothek fünf Menschen nieder, von denen drei starben. Bevor Oxner, von einer Polizeikugel getroffen, sich selber umbrachte, hatte er den Polizisten noch zugerufen: »Ich schieße nur auf Türken!« 1984 erschoß der ebenfalls 26jährige deutsche Rechtsextremist Ulrich-Ernst Treppe auf der Flucht an der belgisch-französischen Grenze einen Polizisten und verletzte einen zweiten schwer. Am 7. Januar 1984 verübte die neonazistische »Gruppe Ludwig« einen Brandanschlag auf eine Münchner Diskothek, an deren Folgen eine Frau starb. 1985 war Hamburg ein Zentrum der militanten Ausländerfeindlichkeit. Neonazistische Skinheads erschlugen im Juli und im Dezember dort zwei junge türkische Bürger. Am 3. Februar 1987 schließlich kam bei einem Fememord auf einem Spielplatz in Hannover der 17jährige Schüler Gerd-Roger Bornemann, Sohn eines sozialdemokratischen Gewerk-

Tabelle 3:

Die Entwicklung rechtsextremistischer Gesetzesverletzungen 1978–1988

Deliktgruppen	1978	1979	1980	1981	1982	1983	1984	1985	1986	1987	1988
Sprengstoffanschläge	0	3	6	4	5	1	1	0	1	0	0
Brandanschläge	0	1	15	15	15	9	11	11	4	8	12
Tötungsdelikte	0	0	2	18	6	0	1	2	0	0	0
Raubüberfälle	7	0	2	4	4	2	0	2	0	0	0
Körperverletzungen	13	26	27	24	14	30	44	38	41	38	36
Sachbeschädigung mit erhebl. Gewaltanwendung	32	65	61	43	23	39	26	24	25	30	25
Gewalttaten insgesamt	52	97	113	108	67	81	83	77	71	76	73

Quelle: Verfassungsschutzberichte 1978–1988

schaftsfunktionärs, ums Leben. Als Täter wurden fünf Mitglieder und Sympathisanten der FAP ermittelt, die Bornemann – selbst Mitglied der FAP und verantwortlich für Propaganda in der niedersächsischen FAP-Zentrale – mit ihren Kampfstiefeln auf den Kopf gesprungen waren und ihn dann mit einer schweren Holzlatte nach dem Vorbild der Hamburger Skinheads erschlagen hatten. Bei einem Brandanschlag auf ein überwiegend von Ausländern bewohntes Haus im bayerischen Schwandorf starben in der Nacht zum 17. Dezember 1988 vier Menschen. Neben dieser nicht vollständigen Liste der Todesopfer rechtsextremistischer und neonazistischer Gewalt kamen allein in den achtziger Jahren mehrere Hundert Bundesbürger, vor allem in der Bundesrepublik lebende Ausländer, bei Brand- und Sprengstoffanschlägen zu Schaden, wobei die Täter Tote billigend in Kauf nahmen.

Gleichwohl ist der Rechtsterrorismus[7] nur die Spitze eines Eisbergs und nur eine Artikulationsform der zunehmenden Militanz im rechten Lager. Diese äußerte sich in den achtziger Jahren auch in der steigenden Akzeptanz gewaltsamer Auseinandersetzungen mit dem politischen Gegner und in einer »Propaganda der Tat«, in der Bereitschaft, bei der Artikulation rechtsextremistischer Positionen in der Öffentlichkeit strafrechtliche Konsequenzen in Kauf zu nehmen, mithin in dem bewußten Verzicht auf eine »bürgerliche Existenz« und der Hinwendung zum »politischen Soldatentum« nach dem Vorbild der SA.[8]

Eine im Auftrag des Bundesjustizministeriums zwischen September 1978 und Dezember 1982 durchgeführte Analyse von 787 wegen rechtsextremistischer Aktivitäten rechtskräftig verurteilter Personen gibt näheren Aufschluß über den »harten Kern« *rechtsextremistischer Straftäter.* 62 % der Verurteilungen erfolgten wegen Straftaten gegen die Staatsgewalt, die Rechtspflege und die Verfassung bzw. wegen Landfriedensbruch, Volksverhetzung und Bildung krimineller Vereinigungen; 21 % der Straftaten richteten sich gegen Personen. Während 51,1 % von der Handlungsform her Agitationsdelikte (z. B. Wandparolen) waren, mußten immerhin 33 % als militant (z. B. Schlägereien) und 6,2 % als terroristisch (z. B. Attentate) klassifiziert werden. Handelte es sich bei den Tätern um organisierte Rechtsextremisten, so kamen diese zu 78,5 % aus dem neonazistischen Organisationsbereich. Der Anteil terroristischer Straftaten war mit 11,2 % hier doppelt so hoch wie im Durchschnitt der rechtsextremistischen Straftäter. Autonome ideologische Orientierungen führten 29,2 % der rechtsextremistischen Straftäter zum Rechtsextremismus; 33,6 % wurden über Verwandtschafts- und Bekanntschaftsbeziehungen rekrutiert. Rechtsextremistische Straftäter verfügten zu 62,9 % lediglich über eine Sonderschul- bzw. Hauptschulbildung, wobei die Gewaltorientierung bei niedrigem und mittlerem Bildungsstand am größten war. Das Durchschnittsalter der Verurteilten betrug 27 Jahre. Am deutlichsten ausgeprägt waren terroristische und militante Handlungsziele in der Altersgruppe der 18- bis 30jährigen. Die meisten Straftäter kamen aus der unteren Mittelschicht. Frauen spielten wie im gesamten Rechtsextremismus auch unter den verurteilten rechtsextremistischen Straftätern keine Rolle. Sowohl die Untersuchung des Justizministeriums als auch ein vom BMI unterstütztes Forschungsprojekt belegen, daß organisierte bzw. straffällig gewordene Rechtsextremisten seit ihrer Pubertät einen krisengestörten Reifungsprozeß durchlaufen, wobei Familie, Beruf, Geschlechtsrolle und Konflikte mit dem institutionalisierten Normensystem die herausragenden Konfliktfelder sind.[9]

Vom Antisemitismus zur militanten Ausländerfeindlichkeit: Die neuen Adressaten rechtsextremistischer Agitation und Militanz

Bereits die Auflistung der Todesopfer rechtsextremistischer Militanz läßt erkennen, daß seit Beginn der achtziger Jahre eine tendenzielle Verschiebung vom traditionellen Antisemitismus hin zur gewalttätigen Ausländerfeindlichkeit stattgefunden hat. Bereits 1980 konstatierte der Verfassungsschutz, daß – motiviert vor allem durch die damals von der NPD propagierte Parole »Ausländer-Stopp« und durch die Terrorakte der »Deutschen Aktionsgruppen« – antisemitische Parolen zunehmend durch Parolen wie »Kanaken raus!« und »Kauft nicht bei Türken!« ersetzt würden.

Höhepunkte der *antisemitischen Ausschreitungen* waren die Jahre 1959/60 und 1979/80. Die mehrheitlich rechtsextremistischen Gruppen zuzuordnenden antisemitisch motivierten Straftaten reichten von Schändungen jüdischer Friedhöfe und Grabstätten – eine Frankfurter Dokumentation listete für die Zeit von 1945 bis 1981 600 solcher Delikte auf[10] – über Schmierereien und Gewaltandrohungen bis hin zu Mordanschlägen. Seit Beginn der achtziger Jahre pendelt

sich der Anteil dieser Straftaten an der Gesamtzahl rechtsextremistischer Delikte bei etwa einem Fünftel ein. Die Zunahme im Jahr 1979 – dem damaligen Höchststand seit Kriegsende – führte das BMI auf die Ausstrahlung der Holocaust-Sendereihe im Fernsehen zurück.
Antisemitische Gewalt eignete sich aufgrund einer bislang relativ hohen Tabuschwelle gleichwohl kaum, dem organisierten Rechtsextremismus nennenswerte Wählerpopulationen zuzuführen, zu sehr wurde mit ihr der Schatten Hitlers assoziiert. Inwieweit diese Tabuschwelle allerdings durch die in den letzten Jahren geführte Historikerkontroverse unterhöhlt und auch offener Antisemitismus wieder salonfähig ist, inwieweit hierzu der »Fall Nachmann« und der Rücktritt des Bundestagspräsidenten Jenninger beigetragen haben, läßt sich gegenwärtig noch nicht absehen, könnte aber langfristig vermutet werden.
Mit einer größeren öffentlichen Resonanz konnte demgegenüber eine andere Artikulationsform des Rassismus rechnen: die *Ausländerfeindlichkeit.* Die Organisierung ausländerfeindlicher Einstellungen sowohl in der rechtsextremistisch/neonazistischen Propaganda und die Normalisierung solcher Einstellungsmuster durch Äußerungen von Unionspolitikern müssen als Charakteristika der achtziger Jahre angesehen werden. Die vergangenen Jahre zeigen zudem, wie schnell sich die zunächst verbale Ausländerfeindlichkeit in militant-terroristische Handlungsformen umsetzte. So warnte der damalige Bundesinnenminister Baum 1982 vor einer deutlich gegen Ausländer gerichteten Agitation rechtsextremistischer Kreise, wobei zunehmend auch rassistische und nationalistische Motive erkennbar seien, und in der Methode auch Gewalt befürwortet werde. Gerade vor dem Hintergrund des »Dritten Reiches« sei diese neue Form des Rechtsextremismus mit »besonderer Sensibilität und besonderer Aufmerksamkeit zu verfolgen«.[11] Ebenfalls 1982 warnten die Oberbürgermeister der Ruhrgebietsstädte vor wachsendem Türkenhaß im Revier und berichteten, daß neben ausländerfeindlichen Parolen »in erschreckendem Umfang« auch Überfälle auf ausländische Familien zugenommen hätten. Und auch der *Spiegel* registrierte damals: »Während Fremdenhaß sich noch im vergangenen Jahr vor allem in Parolengeschmier und Pöbeleien manifestierte, wird nun immer häufiger rabiat zugeschlagen, spontan gestochen und auch schon mal geschossen.« In dem BMI-Papier »Rechtsextremismus und Ausländerfeindlichkeit«[12] aus dem Jahre 1982 wurde auf die Thematisierungsfunktion der NPD in der Ausländerdiskussion verwiesen:

»Politische Aktionen gegen den Aufenthalt von Ausländern in der Bundesrepublik Deutschland wurden erstmals von der ›Nationaldemokratischen Partei Deutschlands‹ (NPD) durchgeführt, die bereits auf ihrem Bundesparteitag 1979 die Parole ›Ausländerstopp-Deutschland den Deutschen‹ als zentrales Thema ihres Bundestagswahlkampfes beschloß«. Wahlpolitisch blieb diese neue Fixierung der rechtsextremistischen Propaganda zunächst erfolglos. Gleichwohl schaffte die neue Kampagne ein Klima, in dem zunehmend Rechtsextremisten auf die 49 % der Bundesbürger spekulierten, die als ausländerfeindlich eingestuft werden, und Bürgerinitiativen und Wählerlisten gegründet wurden, die sich die »Ausländerfrage« zu ihrem politischen Thema machten. 1980 versuchte die »Bürgerinitiative Ausländerstopp« um den NPD-Funktionär Prof. Prehl in Nordrhein-Westfalen, ein Volksbegehren über ein Gesetz zur Förderung der Rückführung ausländischer Arbeitnehmer und ihrer Familien durchzusetzen. Im Frühjahr 1982 entstand in Hamburg, ebenfalls von NPD-Funktionären initiiert, die »Hamburger Liste für Ausländerstopp«, die bei den Bürgerschaftswahlen 1982 0,7 % der Stimmen und damit doppelt so viele Stimmen wie die NPD bei den vorangegangenen Wahlen erzielte. Bei den schleswig-holsteinischen Kommunalwahlen 1982 erhielt die von der NPD unabhängige »Kieler Liste für Ausländerbegrenzung« im ersten Anlauf 3,8 % der Wählerstimmen. Parallel zu den Organisationsgründungen im »nationaldemokratischen« Lager gründete im November 1980 Gerhard Frey unter dem Motto »Deutschland soll deutsch bleiben« als Aktionsgemeinschaft der DVU seine »Initiative für Ausländerbegrenzung«. Pseudowissenschaftliche Begründungen erfuhren solche Forderungen und Initiativen durch die Tätigkeit der »Gesellschaft für Biologische Anthropologie, Eugenik und Verhaltensforschung e. V.« und der von ihr herausgegebenen Zeitschrift »Neue Anthropologie«.[13]
Neonazistische Organisationen griffen die vom traditionellen Rechtsextremismus verbreiteten Argumentationsmuster bereitwillig auf. So stellte das BMI fest: »Das Feindbild neonazistischer Gruppen wurde bis 1979 in erster Linie vom Antisemitismus beherrscht. Neonazis griffen dann 1980 die bei der NPD und den ›nationalfreiheitlichen‹ Organisationen entstandenen Fremdenfeindlichkeit-Tendenzen immer stärker auf.« Aus der Überzeugung heraus, daß in Deutschland lebende »Rassefremde« als »Nichtarier« zu einer »Überfremdung deutscher Art und Kultur«, »deutschen Blutes und Volkstums« beitrügen, propagierten Neonazis jetzt: »Ausländer

raus!« Von der verbalen Aufforderung zur terroristischen Handlung war es nur mehr ein kleiner Schritt. Die am Rande der zunächst eher antisemitisch orientierten »Deutschen Bürgerinitiative« Manfred Roeders entstandenen »Deutschen Aktionsgruppen« verfolgten nun das Ziel, durch Gewaltaktionen die zuständigen Stellen zu veranlassen, den Zustrom von Asylbewerbern in die Bundesrepublik zu unterbinden. Vor allem 1980 verübten sie eine Serie von Sprengstoff- und Brandanschlägen – so gegen das Landratsamt in Esslingen, gegen die Landratswohnung in Ostfildern, gegen Ausländerunterkünfte in Zirndorf und Leinfelden und gegen ein Asylantenheim in Lörrach. Bei einem Brandanschlag in Hamburg am 22. August 1980 kamen erstmals zwei Menschen ums Leben. Die Ausländerfeindlichkeit hatte eine neue Qualität erhalten. Die Studie des BMI resümierte 1982: »Der ideologiebedingte Fremdenhaß der Rechtsextremisten, der jahrzehntelang durch einen teils vorsichtig vorgetragenen (z. B. NPD), teils mehr oder weniger stark propagierten (z. B. Dr. Fey), teils aber auch ungehemmt praktizierten (z. B. Neonazis) Antisemitismus ausgefüllt war, stellt sich seit 1980 aus aktuellen tagespolitischen Anlässen in erheblichem Umfang als Ausländerfeindlichkeit dar. Der Antisemitismus wird dadurch etwas überlagert.«[14]

Während sich in den folgenden Jahren militante Aktionen gegen Ausländer und Asylsuchende – u. a. bedingt durch die Zerschlagung der »Deutschen Aktionsgruppen« – im organisierten Bereich des Neonazismus leicht abbauten, wurde das Thema der Ausländerintegration zu einem Dauerbrenner bis weit hinein in das rechtskonservative Lager. Eine besondere Thematisierungsfunktion übten dabei auch einige, nicht unmittelbar rechtsextremistischen Kreisen zurechenbare Bürgerinitiativen aus, die sich gegen Ausländerunterkünfte in ihrem Umfeld engagierten. Ideologische Schützenhilfe fanden sie dabei u. a. durch das »Heidelberger Manifest« vom 17. Juni 1981, in dem 15 Hochschullehrer Maßnahmen zur Rückführung ausländischer Arbeitnehmer und die Bildung einer überparteilichen Arbeitsgemeinschaft forderten: »Die Integration großer Massen nichtdeutscher Ausländer ist bei gleichzeitiger Erhaltung unseres Volkes nicht möglich und führt zu den bekannten ethnischen Katastrophen multikultureller Gesellschaften.« Bereits in siebter Auflage wurde 1982 die Broschüre »Ausländerintegration ist Völkermord« eines oberbayerischen Verlages vertrieben. Verstärkt fanden nun auch »Überfremdungs«-Themen und rassistische Argumentations-

muster Eingang in die Ideenwelt und Publizistik der Schüler- und Jugendorganisationen der Unionsparteien und wurden in den Zeitschriften der »Neuen Rechten« offensiv diskutiert.
Der Blick auf die Ausländerfeindlichkeit in den achtziger Jahren, die zwischen 1980 und 1982 und vor der Bundestagswahl von 1987 ihre beiden Höhepunkte erlebte, verweist auf einen eigentümlichen Zusammenhang zwischen organisiertem Rechtsextremismus und dem Rechtskonservatismus der Unionsparteien. Während Ende der siebziger und zu Beginn der achtziger Jahre rechtsextremistische Organisationen ihren Thematisierungsvorsprung in der »Ausländerfrage« nutzten und das Thema auf teilweise spektakulär-gewalttätige Weise in die öffentliche Diskussion einbrachten, wurden im Kontext der Bundestagswahl von 1987 und vor dem Hintergrund eines wachsenden Absorptionsbedarfs der Unionsparteien bisher gültige konservative Grenzlinien brüchig. Diese Erosion wiederum motivierte und legitimierte eine neue neonazistische Gewaltserie gegen Ausländer in der Bundesrepublik.
Verschiedentlich ist auf die Gefahren dieses Erosionsprozesses und Tabubruches aufmerksam gemacht worden. So hat Heitmeyer kritisiert, daß »relevante, sozial akzeptierte Gruppen der etablierten Gesellschaft« die Fremdenfeindlichkeit des traditionellen Rechtsextremismus – allerdings ohne Verwendung entsprechender Parolen – in ihre Politik übernommen haben. Die dadurch entstandene Normalität des Themas verhindere »sowohl eine breite öffentliche Problematisierung als auch die Wahrnehmung, daß die liberale demokratische politische Kultur von ›innen‹ ausgehöhlt wird«.[15] Tsiakolos demgegenüber befürchtete als Folge dieser Normalisierung eine größere Abstumpfung und Gleichgültigkeit und die Herabsetzung jener Aggressionsschwelle, die bisher Gewalttaten gegen Ausländer verhindert habe.[16]
Tatsächlich scheint die Popularisierung fremdenfeindlicher Orientierungen besonders in der Frage der Asylbewerber und deren Funktionalisierung als Wahlkampfthema der Unionsparteien im Bundestagswahlkampf 1986/87 eine neue Welle gewalttätiger Ausländerfeindlichkeit begünstigt zu haben. Militante Rechtsextremisten sähen sich durch Bonner Unionspolitiker ermuntert, die ihnen mit asylkritischen Aussagen »Legitimation und Motivation« lieferten, kritisierte der Hamburger Verfassungsschutz-Chef Lochte – selbst Mitglied der CDU.[17] »Die Zunahme und Aufnahme von Asylsuchenden und ihr Ausmaß waren 1986 zunehmend Anlaß für politi-

sche, z. T. gewalttätige Aktionen u. a. auch rechtsextremistischer Personenkreise«, notierte der Verfassungsschutzbericht 1986. »Bei den bisher ungeklärten 47 Gewaltaktionen gegen Ausländer, insbesondere Asylanten und deren Unterkünfte, darunter 19 Brandanschläge, dürften neben allgemein kriminellen Motiven zum Teil auch rassistisch motivierte Ausländerfeindlichkeit ursächlich gewesen sein«, vermutete das Innenministerium. Während sich 1985 noch 29 % aller registrierten Gewaltandrohungen gegen ausländische Personen und Objekte richteten, waren es 1986 bereits 42,5 %. Die Hälfte dieser Drohungen hatte Asylbewerber oder deren Unterkünfte zum Adressaten. Von den 1988 registrierten Gesetzesverletzungen mit rechtsextremem Hintergrund waren 23 % durch ausländerfeindliche Motivationen begründet.

In Berlin – zeitweise ein Zentrum der militanten Fremdenfeindlichkeit – verübten Unbekannte am 26. Juli 1986 einen Brandanschlag auf Großzelte, in denen Asylbewerber untergebracht waren. Bundesweit registrierte das Bundesamt für Verfassungsschutz allein im ersten Halbjahr 1986 18 Anschläge auf Ausländerunterkünfte. Sieben Libanesen und Pakistani beispielsweise wurden in Meerbusch-Osterrath durch Glassplitter verletzt, nachdem Skinheads, das Horst-Wessel-Lied grölend, Steine und Flaschen in die Scheiben einer Ausländerunterkunft geworfen hatten. In ein von Asylbewerbern besetztes Heim der Arbeiterwohlfahrt in Hannover schleuderten Unbekannte eine aus Bundeswehrbeständen entwendete Rauchbombe. Sechs Ausländer erlitten Augenverletzungen, als Unbekannte im niederbayrischen Ergolding mit Tränengas in ein von Indern und Ghanesen bewohntes Behelfsquartier schossen. In Duisburg vertrieb die Polizei Vermummte, die libanesische Heiminsassen als »Asylantenschweine« beschimpften und mit Äxten bedrohten.

Während die Welle gewalttätiger Ausländerfeindlichkeit zu Beginn der achtziger Jahre eindeutig neonazistischen Organisationen angelastet werden konnte, erschien dem Hamburger Innensenator zwar auch die neuere militante Ausländerfeindlichkeit »neonazistisch motiviert«, eine eindeutige Zuordnung der Täter zu rechtsextremistischen Organisationen mochte der Verfassungsschutz gleichwohl nicht mehr vornehmen.[18] Vielmehr schien die neuere Ausschreitungswelle gegen Ausländer nun verstärkt auch von Personengruppen getragen zu werden, die eher zum nichtorganisierten, weiteren Mobilisierungsreservoir des Rechtsextremismus und Neonazismus gehörten.

Das rechtsextreme Meinungspotential

Während die Akzeptanz der Bundesbürger gegenüber rechtsextremistischen und neonazistischen Organisationen bei zwar ansteigender Tendenz – auch im internationalen Maßstab – relativ begrenzt geblieben ist, ergeben sich auf der Ebene der latenten Einstellungs- und der alltäglichen Handlungsmuster, mithin auf der Ebene der politischen Kultur, schon deutlich größere Schnittmengen. Vor dem Hintergrund der Geschichte der Weimarer Republik und der Erfahrung, daß diese Latenz schnell in massenhaft-öffentliches Verhalten umschlagen kann, besonders wenn solche Einstellungen gesellschaftliche oder staatliche Bestätigung erfahren, müßte die Frage der Mobilisierbarkeit des rechtsextremen Meinungspotentials und die Prüfung der Verläßlichkeit von in der politischen Kultur angelegten Barrieren gegen ultrarechte Mobilisierung ein Kernthema der Rechtsextremismusforschung sein. Ein Blick auf die jährlichen Verfassungsschutzberichte und auf wissenschaftliche Publikationen der vergangenen Jahre zeigt jedoch, daß diese Fragestellung keineswegs die ihr gebührende Aufmerksamkeit genießt. »Kein Verfassungsschutzbericht beobachtet aber die bedrohliche Schere, die zwischen der kleinen Anzahl organisierter Rechtsextremisten und der um vieles größeren Zahl rechtsautoritärer Meinungsanhänger klafft«, notiert Hennig.[19] Aber auch keine der vielen empirischen Meinungsforschungsstudien diskutiert die Frage, wie die ermittelten Vorurteile und Einstellungsmuster mit Rechtsextremismus zusammenhängen bzw. ob diese politisch mobilisierbar und organisierbar sind. Vielmehr steht die organisationsfixierte Betrachtungsweise der Verfassungsschutzbehörden und der Politik ziemlich unvermittelt den theoretisch wie politisch abstinenten Befunden der Meinungsforschung gegenüber. Der Blick auf die Vermittlungsebene der politischen Kultur bleibt damit ausgespart und verhindert die Entwicklung wirksamer Gegenstrategien, die eben nicht polarisierend auf die Bereiche Polizei und Pädagogik beschränkt bleiben dürfen.
Wenn auch die verschiedenen Meinungsforschungsstudien das Ausmaß des rechtsextremen Meinungspotentials in der Bevölkerung als unterschiedlich groß ansehen, so bleibt dennoch festzuhalten, daß ein immer wieder registriertes, breit ausgebildetes Syndrom aus Antisemitismus, Autoritarismus, Ethnozentrismus und Nationalismus sich seit den sechziger Jahren nicht abbaut, sondern wirtschaftliche Krisen und Regierungswechsel unbeschadet überdauert hat

und immer neue Generationen erfaßt. Die Hoffnung, der Rechtsextremismus werde sich biologisch von selbst erledigen, erweist sich damit als Illusion. Vielmehr existieren strukturelle und alltägliche Tradierungszusammenhänge für solche Einstellungs- und Orientierungsmuster.
So kam die 1979/80 im Auftrage des Bundeskanzleramtes durchgeführte und in der Zwischenzeit vielzitierte Sinus-Studie[20] zu dem Ergebnis, daß 13 % der Wahlbevölkerung – das sind etwa 5 Millionen Bundesbürger – über ein »geschlossenes rechtextremes Weltbild«, bestehend aus einem nationalsozialistischen Geschichtsbild, einem Haß auf Fremdgruppen, Demokratie und Pluralismus und einer übersteigerten Verehrung von Volk, Vaterland und Familie verfügen. Während dieses bei der Altersgruppe der über 55jährigen deutlich überrepräsentiert sei, sei es in der Altersgruppe der unter 21jährigen mit lediglich 4 % stark unterrepräsentiert. In der Frage der Militanz kam die Studie zu dem Ergebnis, daß fast die Hälfte der 13 % rechtsextrem Eingestellten – also 6 % der Wahlbevölkerung – gewaltsamen Protest bis hin zum Terrorismus billigen und damit ein »hohes Sympathiepotential« für rechtsterroristische Tätergruppen darstellen. 2 % der Befragten wurden als »Öko-Rechte« eingestuft; 37 % der Wahlbevölkerung – so das vielleicht wichtigste Untersuchungsergebnis – akzeptierten, ohne Rechtsextremisten zu sein, ein »autoritäre(s) Syndrom« aus Ethnozentrismus, Anomie und Antipluralismus. Nach Auffassung des hannoverschen Soziologen Oskar Negt ist es keineswegs lediglich das aktuelle rechtsextremistische Potential, von dem die eigentliche Gefährdung der bürgerlich-demokratischen Ordnung ausgeht, »sondern es sind vor allem jene von der Sinus-Studie bezeichneten 37 %, die bei nur geringen Verschiebungen der institutionellen Machtverhältnisse ihre noch privat zurückgehaltenen Neigungen zu starken Führerpersönlichkeiten, gegen Fremde und Linke öffentlich und politisch zum Ausdruck bringen werden«.[21] Eine unter 1.282 »jungen Leuten« zwischen 16 und 25 Jahren durchgeführte Repräsentativuntersuchung des Allensbacher Instituts von Elisabeth Noelle-Neumann und Erp Ring ermittelte 1984 3,7 % aktive und 2,5 % passive Rechtsextremisten und 23,1 % rechtsorientierte Demokraten. 80 % der in dieser Studie als rechtsextremistisch eingestuften Personen stellten im Bundestag vertretene Parteien an die erste Stelle ihrer Wählerpräferenz.[22] Eine wichtige Schlußfolgerung aus beiden Erhebungen ist die Tatsache, daß das rechtsextreme Meinungspotential zum weit überwiegenden

Teil in der ersten Hälfte der achtziger Jahre noch von den Bundestagsparteien gebunden wurde und vor allem für die Unionsparteien den immanenten Zwang begründete, diese Wählergruppe ideologisch zu integrieren.
In Insiderkreisen Aufsehen erregte 1988 eine vom Tübinger Wikkert-Institut im Auftrage der Zeitschrift *Wiener* durchgeführte Repräsentativ-Umfrage unter 1.910 Bundesbürgern. Danach stimmten 83 % der Befragten dem Statement zu: »Wir fordern den Zusammenschluß aller Deutschen aufgrund des Selbstbestimmungsrechts der Völker«. 38 % hatten den Eindruck, daß die Deutschen zu wenig Lebenraum besitzen, und 41 % bewerteten die deutsche Kultur höher als die von Türken, Tamilen und Jugoslawen. 53 % der 50-69jährigen und immerhin noch 14 % der 18-29jährigen befürworteten Forderungen nach »Reinheit des Blutes« und stimmten dem Satz aus dem NSDAP-Programm von 1920 zu, wonach Staatsbürger nur sein kann, wer deutschen Blutes ist. Als besonders ausgeprägt erwiesen sich einmal mehr fremdenfeindliche Einstellungsmuster. So hatte die Hälfte der Befragten nichts gegen die Forderung des NSDAP-Programmes einzuwenden, daß Ausländer aus Deutschland auszuweisen seien, wenn die Beschäftigung der deutschen Bevölkerung nicht gesichert sei. 20 % lehnten es ab, mit einer türkischen Familie, 12 % mit einer jüdischen Familie in demselben Haus zu wohnen. 30 % hatten etwas dagegen, von einem jüdischen Bundeskanzler regiert zu werden. 88 % stimmten mit dem Vorurteil überein, Juden seien »gerissene Geschäftsleute«. 33 % hielten Terroristen, Asoziale und Aids-Kranke für »Volksschädlinge«, die in Arbeitslager geschickt werden sollten. 15 % der 18-29jährigen gar waren der Auffassung, daß »Volksschädlinge« »auszumerzen« seien, da sie nicht resozialisierungsfähig seien. »Das Wörterbuch des Unmenschen scheint unauslöschlich im Bewußtsein eingeschrieben«, kommentierte die Zeitung und verwies darauf, daß Aids-Kranke, Terroristen und Asoziale den Juden den ersten Rang in der Vorurteils-Skala abgelaufen hätten.[23]
Die meisten Untersuchungen der letzten Jahre haben, im Gegensatz zu den hier zitierten Studien, weniger den Gesamtkomplex politisch-kultureller Einstellungsmuster zum Gegenstand, sondern konzentrieren sich vor dem Hintergrund des »Dritten Reiches« auf das Verhältnis der westdeutschen Bevölkerung zu Juden und Ausländern, da man im Antisemitismus und Ethnozentrismus den Hauptgrund für den Durchbruch der NSDAP zur Massenpartei vermutet.

So kam der Nürnberger Sozialwissenschaftler Badi Panahi auf der Grundlage einer 1977/78 durchgeführten und 1980 veröffentlichten standardisierten Befragung zu dem Schluß, »daß etwas weniger als die Hälfte der Bevölkerung gegenüber den Juden negative Gefühle, verbunden mit einer Tendenz zur sozialen Distanz, entwickelt (hätte), und daß aber mindestens ein Drittel der Bevölkerung sehr stark ausgeprägte antisemitische Vorstellungsklischees erkennen läßt«.[24] Die von Panahi ermittelte antisemitische Vorurteilsstruktur, die stark mit anderen Vorurteilen gegenüber »Gastarbeitern« und aggressiven Orientierungen zusammenhing, nahm mit steigendem Alter zu und fand sich besonders unter Arbeitslosen und Personen mit niedrigem Bildungsabschluß und geringem Nettohaushaltseinkommen.

Gegenüber der Vorurteilsstudie Panahis beziffert eine von Alphons Silbermann 1974 durchgeführte Untersuchung das antisemitische Einstellungspotential in der Bundesrepublik dahingehend, »daß sich neben einer toleranten Gruppe von etwa 30 Prozent und einer stark antisemitischen Gruppe von etwa 20 Prozent bei der Hälfte der bundesrepublikanischen Bevölkerung zumindest Reste antisemitischer Einstellungen aufweisen lassen«.[25]

Die jüngste Untersuchung zum Antisemitismuspotential in der Bundesrepublik stammt aus dem Jahre 1988. Im Auftrage der »Antidefamation League« in New York interviewte das Allensbacher Institut für Demoskopie in Zusammenarbeit mit dem Zentrum für Antisemitismusforschung an der TU Berlin 2.300 Bundesbürger und ermittelte dabei vehement antisemitische Vorurteile bei knapp 8 % der Bevölkerung, das sind etwa 7,8 Millionen Bundesbürger. Über diesen harten Kern hinaus hätten weitere 7 % klare antijüdische Vorurteile, so daß der Personenkreis mit »ausgeprägt antijüdischem Vorurteil« auf 15 % der Bevölkerung zu veranschlagen sei. »Dieser Kreis rekrutiert sich überdurchschnittlich aus Männern, Alten (ab 60 Jahre), unteren Bildungs- und Berufsschichten und aus der Landbevölkerung. Von der jungen Generation sind 9 % der 16-29jährigen als antijüdisch gesinnt einzustufen, von der ältesten Kohorte sind es 27 %.«[26] Nahezu jeder vierte Bundesbürger glaubt der Studie zufolge, daß die Juden »mitschuldig« an Haß und Verfolgung im »Dritten Reich« seien. Fast jeder zweite Befragte fand, daß »viele Juden versuchen, aus der Vergangenheit des Dritten Reiches heute ihren Vorteil zu ziehen und die Deutschen dafür zahlen zu lassen«.[27]

Wie bei dem zurückgetretenen CDU-Bundestagspräsidenten Jen-

ninger sei das Gefühl, einem Kommunikationsverbot zu unterliegen, bei Antisemiten besonders hoch. Die Bereitschaft zur praktischen Diskriminierung und zur öffentlichen Vertretung antijüdischer Standpunkte sei gegenwärtig allerdings weiterhin gering.
Deutlich stärker ausgeprägt als antisemitische Einstellungen sind demgegenüber allgemeinere fremdenfeindliche Ressentiments, die gleichwohl nur Facetten desselben ethnozentrischen Einstellungskomplexes darstellen. So ermittelte eine im Dezember 1981 im Auftrage der Bundesregierung von Infas durchgeführte Umfrage, daß 49 % der Bundesbürger deutlich ausländerfeindlich eingestellt seien, wobei deren Anteil unter Wählern der CDU/CSU knapp über- und bei SPD-Wählern knapp unterrepräsentiert sei.[28]

Die Brücken zwischen rechtsextremem Meinungspotential und organisiertem Rechtsextremismus

Was Georgios Tsiakolos 1983 als »neue Dimension« in den Beziehungen der Bundesbürger zu den hier lebenden Ausländern vermutete, nämlich daß Gewalt ihren Ausnahmecharakter verloren habe und zum Alltag gehöre, daß Diskriminierung offen erfolge und alle Lebensbereiche umfasse, daß schließlich die organisierte Ausländerfeindlichkeit ihre Legitimation aus dem Willen einer schweigenden Mehrheit beziehe, haben die vergangenen Jahre überdeutlich bestätigt. Mit dem Ausländerthema ist es dem organisierten Rechtsextremismus gelungen, eine Brücke hin zu breiteren Wählergruppen zu schlagen, wie die letzten Wahlergebnisse der explizit ausländerfeindlich und rassistisch auftretenden Rechtsparteien belegen. Die »Ausländerfrage« ist gleichsam das ideologische Sprungbrett ins etablierte Parteienlager bis hin zur Sozialdemokratie. Die Bedeutung dieses Themas erhellt eine Untersuchung von Infas, wonach die »Ausländerfrage« für 60 % der NPD- und 30 % der CDU-Anhängerschaft bei der Kommunalwahl vom März 1989 in Frankfurt das mit Abstand wichtigste Thema war.
Gleichwohl ist die Haltung zur Frage der Ausländerintegration und des Asylrechts nur zu verstehen aus dem ideologischen Schlüsselbegriff der »Nation«, der im Zentrum des gesamten Rechtsextremismus steht und eine weitere Brücke ins rechtskonservative Lager schlägt. Der Begriff der Nation besitzt neben seiner stark emotiona-

len Komponente die oberste Wertepriorität. Ihm sind die bürgerlichen Individualrechte untergeordnet und aus ihm leitet sich durchaus konsequent die Haltung zur jüngsten deutschen Vergangenheit, zur deutschen Frage und zur Außenpolitik, zu gesellschaftlichen Minoritäten und anderen ethnischen Gruppen sowie das Staatsverständnis ab. Die Nation wird primär definiert als völkische Gemeinschaft, die inneren und äußeren Bedrohungen durch »artfremde Einflüsse«, internationale Organisationen und andere Nationen ausgesetzt ist. Geschichte erscheint sozialdarwinistisch als Kampf unterschiedlicher Rassen, in dem nur der Stärke obsiegt. Der Staat gilt als Sachwalter nationaler Interessen im Inneren und Äußeren und nicht primär als Garant der bürgerlichen Individual- und Menschenrechte. Vielmehr existiert die Tendenz, den verfassungsrechtlich garantierten Schutz der Menschenwürde nur auf Deutsche im Sinne des Grundgesetzes einzugrenzen.
Aus der Hypostasierung der Nation und des Volkes ergibt sich sowohl die Betonung der Vorherrschaft der Wiedervereinigung Deutschlands und die Konzentration auf die nationalen Interessen bei unterschiedlicher Akzentuierung des Verhältnisses zu den überstaatlichen Institutionen als auch die Forderung nach einem starken, die deutschen Interessen schützenden Staat. Im Innenverhältnis werden multikulturelle Verhältnisse abgelehnt und wird die angstmobilisierende These von der »Überfremdung« des »deutschen Lebensraumes« durch ausländische Arbeitnehmer und Asylsuchende propagiert. Folgen hiervon sind die Forderung nach einer restriktiven Ausländer- und Asylpolitik und ein ethnozentrisch fixiertes Kulturverständnis. Als Voraussetzung eines »gesunden« nationalen Selbstbewußtseins wird das »Ende der Umerziehung« und der »Schlußstrich unter die Vergangenheit« gefordert. Das Verhältnis zum »Dritten Reich« ist daher durchweg ambivalent. Um dem Schatten Hitlers zu entfliehen, wird in der Zwischenzeit fast durchweg die nationalsozialistische Gewaltherrschaft abgelehnt, zugleich aber die deutsche Alleinschuld am Zweiten Weltkrieg bestritten, auf die Leistungen »des deutschen Soldaten« bei der Verteidigung der Nation verwiesen und in universalgeschichtlicher Perspektive der Holocaust relativiert. Formell bekennen sich die meisten rechtsextremistischen Gruppen und Parteien zum Grundgesetz; faktisch aber enthält das Ideologienbündel des Rechtsextremismus einen politischen und gesellschaftlichen »Gegenentwurf«, der mit der Verfassung der Bundesrepublik unvereinbar ist, der vielfach

erst in der praktisch-politischen Auseinandersetzung offenkundig wird und sich nicht unmittelbar aus den taktisch formulierten Programmaussagen ergibt. Von rechtsextremistischen Orientierungen können wir mit Wilhelm Heitmeyer vorrangig dann sprechen, wenn sich die beiden Grundelemente dieses Gegenentwurfes miteinander verzahnen: die strukturell gewaltorientierte Ideologie der Ungleichheit (nationalistische Selbstübersteigerung, Fremdenfeindlichkeit, Behauptung »natürlicher« Hierarchien etc.) und die Akzeptanz von Gewalt als politischer Handlungsform.[29] Gewaltappell und -akzeptanz sind dem Überfremdungssyndrom des Rechtsextremismus immanent. Die Priorität der Nation und des Volkes vor den Staatsbürger- und Menschenrechten und die vermeintlich existentielle Bedrohung durch Fremde legitimierte immer schon außerordentliche Maßnahmen in der Politik bis hin zu Gewalt und Terrorismus.

Die Scharnierfunktion der »Neuen Rechten« und der »Republikaner«

Neben den ideologischen Brücken zwischen dem traditionellen Rechtsextremismus und dem rechtskonservativen Lager erfüllen die Zirkel und Zeitschriften der »Neuen Rechten« und die Partei der »Republikaner« organisatorische Vermittlungs- und Scharnierfunktionen. Während die »Republikaner« eine Absatzbewegung aus dem Lager der etablierten Rechtskonservatismus darstellen und schon von daher ein hohes Maß von gesellschaftlicher Seriosität einbringen, repräsentiert die quantitativ unbedeutende und organisatorisch in eine Vielzahl regionaler und lokaler Arbeitsgemeinschaften aufgesplitterte, für die Formulierung neuer Themen gleichwohl wichtige *Neue Rechte* eine »kritische Absatzbewegung aus dem Lager des organisierten Rechtsextremismus« (H. G. Jaschke). Sozialrevolutionäre, befreiungsnationalistische und ökologische Umorientierungen, wie sie u. a. in den Zeitschriften *criticón, Nation Europa, MUT* und dem *NHB-Report* zu finden sind, üben sowohl Vermittlungsfunktionen hin zum etablierten Konservatismus der Unionsparteien als auch zur Ökologie- und Friedensbewegung aus. Hans-Gerd Jaschke prognostizierte 1985, daß die Ideologiezirkel der »Neuen Rechten« mittel- und langfristig einen allmählichen Wandel der gesamten rechtsextremen Szene bewirken könnten, »indem diese ihre kompromittierenden Ideologien aufgibt und öffentlich diskussionswürdige Programmatiken entwirft«.[29] Schon heute gingen von ihnen wichtige Innovationsimpulse für den gesamten Rechtsextremismus aus, die zu seiner Entstigmatisierung beitrügen. Zunehmend gelinge es der »Neuen Rechten« als ideologischer ›pressure group‹, Themen und Interpretationen bis weit hinein in den politischen Konservatismus von CDU/CSU zu lancieren. Geradezu ein Musterbeispiel für diese Scharnier- und Vermittlungsfunktion ist die Mitte der sechziger Jahre im Umkreis der NPD von deren Bundestagskandidaten und Mitinitiator der »Aktion Widerstand« Bernhard C. Wintzek gegründete Zeitschrift *Mut*, die der Verfassungsschutzbericht 1983 noch zu den rechtsextremistischen Publikationen zählte. Heute gehören zu den Autoren und Interviewpartnern der Zeitschrift namhafte Wissenschaftler wie Heinz Haber, Konrad Lorenz, Golo Mann, Erwin Scheuch, Karl Steinbuch, Martin Kriele und Politiker wie Herbert Gruhl, Gertrud Höhler, Ursula Lehr und Rupert Scholz. Zu den ständigen Lesern von *Mut* zählt auch – nach eigenem Bekenntnis – Bundeskanzler Kohl. Die Zeitschrift thematisiert Fragen der »nationalen Identität«, propagiert als »Voraussetzung für ein selbstverständliches Nationalbewußtsein« die »Entkriminalisierung unserer Geschichte«, polemisiert gegen Geißlers Forderung einer »multikulturellen Gesellschaft«, beklagt die fehlende »geistig-moralische Wende« und fordert die »Bildung neuer Eliten«. Nach Gessenharter ist das entscheidende Kernstück der Ideologie der »Neuen Rechten« ihr dezidierter Antipluralismus. »Der Ausgangspunkt politischer Argumentation ist nicht das Individuum in seiner jeweiligen Unterschiedlichkeit und in seinem selbstverständlichen Menschenrecht auf Schutzwürdigkeit dieser Individualität, sondern die Frage der politischen Entscheidungsfähigkeit der jeweiligen zur politischen Einheit verfaßten Gesellschaft.«[30] Mit der Beteiligung unionsnaher Intellektueller und prominenter Unionspolitiker an Zeitschriften wie *Mut* und *criticón* schwindet die bisherige Schamgrenze zwischen Rechtskonservatismus und Rechtsextremismus und dürfte sich langfristig die Akzeptanz antidemokratischer Ideen verstärken.

Die gegenwärtig bedeutendste Scharnierfunktion übt die 1983 von den beiden CSU-»Dissidenten« Ekkehard Voigt und dem Rundfunkjournalisten und ehemaligen Mitglied der Waffen-SS Franz Schönhuber gegründete Partei der *»Republikaner«* aus, die nach eigenen Angaben im Mai 1989 über 14.000 Mitglieder verfügte. Von ihrer Mitglieder- und Wählerstruktur her deckt die neue Partei das weite Feld zwischen Rechtsextremismus und Rechtskonservatismus ab, indem sie sowohl als Sammelbecken für enttäuschte Unionsanhänger als auch für ehemalige Funktionäre von NPD und DVU fungiert und sich insgesamt als neue rechte Protestpartei der »kleinen Leute« darstellt.[31]

Die neuen Wähler der rechtsextremen Organisationen

Bereits ein Blick auf die Jahresgesamtauflage 1988 der 73 periodisch erschienenen rechtsextremistischen Publikationen von knapp 9 Millionen Exemplaren zeigt, daß der Einfluß des organisierten Rechtsextremismus bis weit hinein in das nichtorganisierte rechtsextreme Meinungsmilieu reicht.
Noch deutlicher belegt die Wahlstatistik, daß es dem Rechtsextremismus mit der Akzentuierung der »Ausländerfrage« und dem Problem der nationalen Identität in den achtziger Jahren sukzessive gelungen ist, neue Wählergruppen anzusprechen. Während die NPD bei der Bundestagswahl 1980 nur 68.100 Stimmen (= 0,2 %) erhielt, vermochten rechtsextreme Listen für eine Ausländerbegrenzung in der Bundesrepublik bei Kommunalwahlen 1982 in Kiel und Hamburg bereits 3,8 % bzw. 0,7 % der Wählerschaft zu mobilisieren. Gegenüber der Bundestagswahl von 1980 konnte die NPD bei der Bundestagswahl des Jahres 1987 mit 227.054 Zweitstimmen (= 0,6 %) ihr Stimmenvolumen mehr als verdreifachen. Dieser Trend setzte sich bei den Landtagswahlen 1988 in Baden-Württemberg fort. Während alle rechtsextremen Parteien zusammen auf 4,9 % der Stimmen kamen, erzielte die NPD mit 2,1 % in Späths »Musterländle« ihr bestes Ergebnis seit 16 Jahren. Die NPD, so der Bundesinnenminister, »hatte den Wahlkampf – im Wahlbündnis mit der DVU-LD – mit heftiger Agitation gegen den weiteren Zustrom von Asylanten geführt und die deutschen Bauern als Opfer der EG-Politik dargestellt«. Bei den Kommunalwahlen in Hessen vom März 1989 konnte die NPD ihren Aufwärtstrend fortsetzen. In den sechs Wahlkreisen, in denen die Partei kandidierte, erhielt sie im Durchschnitt 4,8 % der abgegebenen gültigen Stimmen. Mit einem spektakulären Wahlresultat von 6,6 % zog die NPD erstmals in den Frankfurter Römer ein. Gleichwohl: die Wahlen in Baden-Württemberg und Hessen bestätigten, was sich 1987 bereits im Stadtstaat

Bremen gezeigt hatte: Nur im Wahlbündnis hat die extreme Rechte eine realistische Chance, parlamentarisch wirksam zu werden. Bei der Bremer Bürgerschaftswahl hatte die DVU-LD mit Unterstützung der NPD 13.299 Stimmen (= 3,4 %) der Zweitstimmen erhalten und erstmals wieder seit Ende der sechziger Jahre einen Kandidaten einer rechtsextremen Gruppierung in einem Landtag plaziert. Wie eine Analyse des Wählerverhaltens durch die Bremer SPD zeigte, war die »Liste D« besonders in Wohngebieten mit hoher Arbeitslosigkeit und einer durch soziale Isolierung geprägten Wohnstruktur erfolgreich, die zugleich Hochburgen der SPD waren.
Als erfolgreichste Rechtsaußenpartei agieren seit 1986 bei Kommunal-, Landes- und bundesweiten Wahlen die »Republikaner«. Bei der bayerischen Landtagswahl von 1986 schnitten sie mit 343.000 Stimmen bzw. 3,0 % nur wenig schlechter als die FDP ab. Den wahlpolitischen Durchbruch schaffte die neue Partei mit 7,5 % bei der Wahl zum Berliner Abgeordnetenhaus im Januar 1989. Bei den hessischen Gemeinde- und Kreistagswahlen sechs Wochen später bestätigte sich dieser Trend. Im Rheingau-Taunus- und im Wetterau-Kreis wählten 10,5 % bzw. 7,0 % die Partei Schönhubers. 2,0 Millionen Bundesbürger votierten bei der Europawahl vom 18. Juni 1989 für die »Republikaner«, die bundesweit damit 7,1 % aller abgegebenen gültigen Stimmen auf ihrem Konto verbuchen konnten und ihre rechtsextremen Konkurrenten weit hinter sich ließen.
Die Wahlstatistik belegt somit eine sich seit Mitte der achtziger Jahre rapide beschleunigende Rechtsentwicklung in der Bundesrepublik, die noch nicht ihr Ende gefunden haben dürfte. Waren es bei den Landeswahlen in Bremen 1987 und Baden-Württemberg 1988 zusammen 4,6 % bzw. 4,5 % der Bürger, die eine rechtsextremistische Partei wählten, so stimmten bei der Europawahl vom Juni 1989 insgesamt bereits 9,6 % oder 2,7 Millionen Wähler für eine der sich zur Kandidatur stellenden Rechtsaußenparteien (vgl. Tabelle 4). Das potentielle Wählerreservoir rechtsextremistischer Parteien dürfte damit gleichwohl noch keineswegs ausgeschöpft sein.
Diese Entwicklung zeigt, daß verstärkt seit Mitte der achtziger Jahre traditionelle soziologische und generationelle Immunitätsbarrieren gegenüber dem Rechtsextremismus ins Wanken geraten sind und das Wählerverhalten nicht nur am linken, sondern auch am rechten Rand in Bewegung geraten ist und auch von daher von einer Normalisierung gesprochen werden kann. Zunächst allmählich, in der zweiten Hälfte der achtziger Jahre dann beschleunigt hat sich die

Tabelle 4:

Die Wählerentwicklung am rechten Rand seit 1987 (in Prozent)

	CDU	rechter Rand*
1987		
Hessen	+ 2,7	+ 0,1
Rheinland-Pfalz	− 6,8	+ 2,8
Hamburg	− 1,4	+ 0,6
Schleswig-Holstein	− 6,4	+ 1,3
Bremen	− 9,9	+ 5,2
1988		
Baden-Württemberg	− 2,9	+ 4,9
Schleswig-Holstein	− 9,3	+ 2,8
1989		
Berlin	− 8,6	+ 8,6
Hessen	− 6,8	+ 5,5
Frankfurt a. M.	− 6,8	+ 7,3
Europawahl	− 7,9	+ 9,6

* NPD, Republikaner, DVU-Liste D, ÖDP, Wählergemeinschaften, weitere als rechtsextremistisch eingestufte Splitterparteien

Quelle: Statistisches Bundesamt sowie Landeswahlleiter Berlin und Hessen

Wählerschaft der rechtsextremistischen Parteien vergrößert und vor allem das Integrationsdilemma von CDU/CSU erhöht (vgl. Tabelle 4). Die Gründe hierfür sind mehrschichtig. Zum einen handelt es sich bei den neuen Wählern von DVU, NPD und »Republikanern« um besonders von der Unionspolitik enttäuschte Protestwähler, die sich als Opfer der Arbeitsmarkt-, Sozial-, Finanz- und Wohnungspolitik der Bundesregierung fühlen und zunehmend aus dem Netz der sozialen Sicherheit fallen. Zum anderen sind es traditionelle, bislang von den Unionsparteien und ihrer Galionsfigur Franz Josef Strauß gebundene rechtsextreme Wählergruppen, die der CDU/CSU nun vorwerfen, eine »wahrhafte Wende« z. B. in der Ost- und Deutschlandpolitik, in der Frage der inneren Sicherheit, der Abtreibung und besonders der Ausländerpolitik versäumt zu haben. Kleine Parteien verfügen gerade dort über einen Thematisierungsvorsprung, wo

große Volksparteien aufgrund ihrer heterogenen Wähler- und Mitgliederbasis und den Kompromißzwängen von Koalitionsverbindungen bzw. als Regierungsparteien aufgrund von außenpolitischen Zwängen und völkerrechtlichen Verbindlichkeiten nicht mehr in der Lage sind, vorhandene Ängste – wie die vor ethnischer »Überfremdung« – und Themen effektiv zu besetzen. Diesen Vorteil vermochte der Rechtsextremismus seit der Bonne »Wende« zu nutzen.
Zugleich dürfte die Renaissance des Rechtsextremismus in den achtziger Jahren auch ein Resultat eines umfassenden Normalisierungsprozesses sein, dem rechtsextreme Positionen in der Öffentlichkeit unterliegen. Diskussionswürdig erscheint so die Frage, ob die rechtspopulistischen Wahlerfolge in anderen west- und mitteleuropäischen Ländern, vor allem der Front National Jean Marie Le Pens in Frankreich und der Freiheitlichen Partei Österreichs Jörg Haiders, begünstigend und normalisierend auf das rechtsextreme Wählerpotential in der Bundesrepublik ausstrahlen, indem sie rechtsextremistische Parteien als gleichsam zu einer normalen Demokratie gehörig erscheinen lassen. Als eine Bedingung dafür, ob das latente Meinungspotential in manifestes politisches Verhalten umschlägt, sieht die Theorie des kollektiven Verhaltens das Vorhandensein von Tabuschwellen und Gegenkräften an. Durch die Erosion konservativer Grenzlinien werden solche Tabus und Gegenkräfte derzeit allerdings massiv abgebaut. Was bislang mit einem Thematisierungsverbot belegt war, drängt nun an die Oberfläche und motiviert auch den Rechtsextremismus, mit seinen Vorstellungen verstärkt an die Öffentlichkeit zu gehen. So stimmen seit Mitte der achtziger Jahre die skizzierten allgemeinen nationalistischen und fremdenfeindlichen Einstellungen erstmals wieder mit öffentlich vertretenen Behauptungen von Politikern und Wissenschaftlern überein, erscheinen gesellschaftlich hoffähig und wissenschaftlich legitimiert und erfahren so Bestätigung und Verstärkung. Claus Leggewie hat darüber hinaus vermutet, daß der durch die offiziöse Ideologieplanung angestoßene Normalisierungsprozeß, der die Ausnahmesituation der Bundesrepublik als Nachfolgestaat des »Dritten Reiches« und als Staat der Besiegten von 1945 überwinden soll, einen wichtigen Faktor für den Einflußgewinn des organisierten Rechtsextremismus darstellt, da er die »Vergangenheitsbewältigung« von einem zentralen zu einem peripheren Thema mache und damit die Stigmatisierung der extremen Rechten durch den Nationalsozialismus auflöse. »Das historische Tabu, das eine Partei rechts

von der Union hat, nämlich der ›Schatten Hitlers‹, löst sich allmählich auf.«[32] Diese öffentliche Normalisierung und der Abbau von Tabuschwellen scheint mir neben der neuen organisatorisch-parlamentarischen Offensive und der gestiegenen Gewaltbereitschaft des Rechtsextremismus das eigentliche Charakteristikum der Entwicklung im rechtsextremen Lager der achtziger Jahre zu sein. Erstmals wird von Seiten des Staates und relevanter politischer Gruppen die Kluft zwischen Meinungspotentialen und rechtsextremen Organisationen überbrückt.

Neben grundsätzlichen politischen Kurskorrekturen besonders in der Arbeitsmarkt- und Sozialpolitik und dem langfristig angelegten pädagogischen Bemühen, latente rechtsextremistische Einstellungen und Orientierungen abzubauen, ist es mittelfristig eine Aufgabe von Gegenöffentlichkeit, Gegenkräfte in der politischen Kultur der Republik zu installieren, die der Erosion bisher gültiger Grenzlinien entgegenwirken. Präventive Strafandrohungen, Disziplinarmaßnahmen, der Ruf nach dem staatlichen Verbot können nur der kleinere Teil von Gegenmaßnahmen sein, da deren Wirkungen oftmals kontraproduktiv sind. Politisch-kulturelle Barrieren gegen die Unterhöhlung der Demokratie bestehen vielmehr im Bewußtsein und in der Sensibilität für die gesellschaftlichen und politischen Folgen des Rechtsextremismus, in einer kritischen Geschichtsaneignung und im Widerstand gegen die Relativierung der nationalsozialistischen Gewaltherrschaft sowie alltagspraktisch in der Fundierung des demokratischen Diskurses und im Engagement für ein funktionierendes multikulturelles Zusammenleben.

Anmerkungen

1 Wilhelm Heitmeyer, Rechtsextremistische Orientierungen bei Jugendlichen, Weinheim und München 1988, S. 26.
2 Die folgenden Angaben stützen sich im wesentlichen auf die Auswertung der Verfassungsschutzberichte des BMI und auf eine Auswertung der Presseausschnittsammlung zum Thema Rechtsextremismus am Otto-Suhr-Institut der FU Berlin.
3 Zur Einschätzung vgl. den Beitrag von Gunter Pilz und Klaus Sengebusch »Hooligans und Skinheads« in diesem Band.
4 Eike Hennig, Jugend und Neofaschismus – organisierter Neonazismus und Fußballrowdytum, in: Jugendamt der Stadt Kassel (Hrsg.), Offene Jugendhilfe in Kassel, Kassel 1985; vgl. auch Gerold Hartmann/Fußballfanprojekt, Gibt es eine politische Sozialpädagogik/Sozialarbeit mit nationalistischen Fußballfans?, in: *Widersprüche*, H. 16, 1986, S. 39–44.

5 *Frankfurter Rundschau* (FR), 3. 1. 1989: »Nazi-Computerspiele werden auch über Mailboxen verbreitet«; *Der Spiegel,* Nr. 27/1987: »Hitler auf dem Monitor«.

6 Zu Bremen vgl. Statistisches Landesamt Bremen (Hrsg.), *Statistische Mitteilungen,* H. 67/1987; zu Baden-Württemberg vgl. Statistisches Landesamt Baden-Württemberg (Hrsg.), *Eildienst* Nr. 87/1988 vom 16. 5. 1988; zu Berlin vgl. den Bericht über die INFAS-Analyse in FR, 22. 2. 1989: »Viele Jungwähler stimmten für Republikaner«. Die Hintergründe der Verjüngung des Rechtsextremismus beleuchtet Wilhelm Heitmeyer »Jugend und Rechtsextremismus« in diesem Band.

7 Vgl. den Beitrag von Klaus-Henning Rosen »Rechtsterrorismus« in diesem Band.

8 Eike Hennig, Neonazistische Militanz und Rechtsextremismus unter Jugendlichen, in: Aus Politik und Zeitgeschichte. Beilage zur Wochenzeitung *das parlament,* B 23/1982, 12. 6. 1982 sowie Hans-Gerd Jaschke, Gewalt von rechts vor und nach Hitler, ebd., S. 3–21.

9 Harry H. Kalinowsky (unter Mitarbeit von Richard Blath/Konrad Hobe/Claudia Kothe-Heggemann), Rechtsextremismus und Strafrechtspflege. Eine Analyse von Strafverfahren wegen mutmaßlicher rechtsextremistischer Aktivitäten und Erscheinungen, Hrsg. Bundesminister der Justiz, Bonn, Januar 1985; vgl. auch Eike Hennig, Rechtsextremismus und Rechtsradikalismus in der Bundesrepublik, in: *Wochenschau,* Nr. 5, September/Oktober 1988 (Ausgabe Sekundarstufe II), S. 173 f.

10 FR, 5. 7. 1982: »Jüdische Friedhöfe oft Ziel rechtsradikaler Verwüster.«

11 FR, 3. 8. 1982: »Die Argumente kennen wir von der Agitation der Nazis her«; vgl. auch *Frankfurter Allgemeine Zeitung* (FAZ), 20. 8. 1982: »Baum besorgt über rechtsextremistische Aktionen gegen Ausländer.«

12 FR, 9. 9. 1982: »Ihr Haß richtet sich gegen alles Andersartige und Fremde. Eine Darstellung des Bundesinnenministeriums ›Rechtsextremismus und Ausländerfeindlichkeit‹«.

13 Vgl. Georgios Tsiakolos, Ausländerfeindlichkeit. Tatsachen und Erklärungsversuche, München 1983, S. 59 ff.

14 *FR,* 9. 9. 1982.

15 Wilhelm Heitmeyer, Ökonomisch-soziale Alltagserfahrungen und rechtsextremistische Orientierungen bei Jugendlichen, in: Benseler, Heitmeyer, Hoffmann, Pfeiffer, Sengling (Hrsg.), Risiko Jugend, Leben, Arbeit und politische Kultur, Münster 1988, S. 220.

16 Tsiakolos, Ausländerfeindlichkeit, S. 59.

17 Zit. nach: *Der Spiegel,* Nr. 29/1987: »Revolutionäre Viren«.

18 *Der Spiegel,* Nr. 39/1986.

19 Hennig, Jugend und Neofaschismus.

20 5 Millionen Deutsche: »Wir sollten wieder einen Führer haben ...« Die SINUS-Studie über rechtsextremistische Einstellungen bei den Deutschen, Reinbek 1981.

21 Oskar Negt, Rechtsextremismus und Gewalt. Ein Problem des gesellschaftlichen Zentrums, nicht der Randgruppen, in: Kremeyer/Scherzinger/Koch/Brandes (Hrsg.), Heute schon gelebt? Alltag und Utopie, Offenbach 1981, S. 55.

22 Elisabeth Noelle-Neumann/Erp Ring, Das Extremismuspotential unter jungen Leuten in der Bundesrepublik Deutschland 1984, Bonn 1985.

23 *Wiener,* Mai 1988: »Adolf im Kopf. Die Umfrage, für die wir uns schämen«.

24 Badi Panahi, Vorurteile, Rassismus, Antisemitismus, Nationalismus ... in der Bundesrepublik heute, Frankfurt a. M. 1980, S. 66.

25 Alphons Silbermann, Sind wir Antisemiten? Ausmaß und Wirkungen eines sozialen Vorurteils in der Bundesrepublik Deutschland, Köln 1982, S. 63.

26 TU Berlin. Zentrum für Antisemitismusforschung (Hrsg.), Ausmaß und Formen des heutigen Antisemitismus in der Bundesrepublik Deutschland. Zusammenfassung von Werner Bergmann, unveröffentlichtes Manuskript, Berlin-West 1988.

27 Solche Einstellungsmuster fanden sich in den vergangenen Jahren auch in Äußerungen von Unionspolitikern. So hatte ein Bundestagsabgeordneter erklärt, »die Juden« würden sich immer dann schnell zu Wort melden, »wenn irgendwo in deutschen Kassen Geld klimpert«. Besonders tat sich der Bürgermeister der niederrheinischen Stadt Korschenbroich hervor, der geäußert hatte, »für den Ausgleich des Haushaltes (müßten) einige reiche Juden erschlagen werden«. Erst massiver öffentlicher und parteiinterner Protest zwang den Bürgermeister zum Rücktritt, dessen Äußerungen in der lokalen Öffentlichkeit eine breite Unterstützung erfahren hatten.

28 Infas, Meinungen und Einstellungen zu Ausländerproblemen. Endbericht, Bad Godesberg 1982.

29 Hans-Gerd Jaschke, Was ist, woher kommt, wo steht die »Neue Rechte« in der Bundesrepublik?, in: *Widersprüche,* H. 16, Dezember 1985, S. 24; zur »Neuen Rechten« vgl. auch die umfangreiche Studie von Margret Feit, Die »Neue Rechte« in der Bundesrepublik. Organisation-Ideologie-Strategie, Frankfurt a. M. 1987.

30 Wolfgang Gessenharter, Die »Neue Rechte« – Scharnier zwischen Bürgern und Radikalen, in: FR, 29. 3. 1989.

31 Zur Programmatik der »Republikaner« vgl. Franz Schönhuber, Hat die Rechte in Deutschland eine Chance? in: *Critićon,* H. 87/1985; Claus Leggewie, Die Zwerge am rechten Rand – Zu den Chancen kleiner neuer Rechtsparteien in der Bundesrepublik Deutschland, in: *Politische Vierteljahresschrift,* 28. Jg., H. 4, Dezember 1987, S. 366ff.; Zum Berliner Wahlkampf und dem dortigen Wahlergebnis der »Republikaner« vgl. Hajo Funke; Kein Grund zur Verharmlosung – die »Republikaner« sind eine Jungwählerpartei, in: *Die Neue Gesellschaft/Frankfurter Hefte,* 1989, H. 4, S. 312–320; vgl. FR, 6. 4. 1989. Die ersten umfassenderen Publikationen zu den »Republikanern« liegen vor mit: Claus Leggewie, Die Republikaner. Phantombild der Neuen Rechten, Berlin (West) 1989 und Kurt Hirsch/Hans Sarkowicz, Schönhuber. Der Politiker und seine Kreise, Frankfurt a. M. 1989. Vgl. in diesem Band auch meinen Aufsatz »Republik und ›Republikaner‹. Vergangenheit, die nicht vergehen will?«

32 Leggewie, Die Zwerge am rechten Rand, S. 363f., 379.

Rechtsterrorismus
Gruppen – Taten – Hintergründe

von Klaus-Henning Rosen

»Terrorismus ist der nachhaltig geführte Kampf für politische Ziele, die mit Hilfe von Anschlägen auf Leib, Leben und Eigentum anderer Menschen durchgesetzt werden sollen, insbesondere durch schwere Straftaten, wie sie in § 129 a Abs. 1 StGB genannt sind (vor allem Mord, Totschlag, erpresserischer Menschenraub, Brandstiftung, Herbeiführung einer Explosion durch Sprengstoff), oder durch andere Gewalttaten, die der Vorbereitung solcher Straftaten dienen.« So lautet die amtliche Definition für Terrorismus – von links wie rechts – seit dem Verfassungsschutzbericht 1985. Trotz Unschärfen und Inkonsequenzen – Vorbereitungshandlungen fehlen, Versuche werden in der amtlichen Statistik nur teilweise erfaßt – können mit dieser Definition aus den Straftaten mit rechtsextremistischem Hintergrund solche herausgenommen werden, bei denen durch »Verbreitung von Furcht und Unsicherheit« (Tophoven) ein politisches Programm durchgesetzt werden soll.

Der Hinweis der Sicherheitsbehörden unlängst, daß seit 1979 auf dem Konto rechtsextremistischer Terroristen 27 Todesopfer zu verbuchen sind, widerlegt die Versuche in Politik und Wissenschaft, Terrorismus als ein ausschließlich »linkes« Phänomen darzustellen. So erscheinen etwa in der »Chronik des Terrorismus« bei Hans-Dieter Schwind mit einer Ausnahme keine Terrorakte von rechts.[1]

Uwe Backes und Eckhard Jesse wollen angesichts der von der Forschung herausgearbeiteten »notwendige(n) Definitionskomponenten« nur in vereinzelten Fällen von einem rechtsgerichteten Terrorismus sprechen.[2] Solche Versuche der Bagatellisierung überzeugen nicht. Ihnen stehen nicht nur die Fakten entgegen. Wissenschaftliche Untersuchungen belegen für das rechtsextreme Einstellungspotential eine hohe Bereitschaft zur Gewalt; nach der SINUS-Studie wurde für rund 6 % der Wahlbevölkerung festgestellt, daß sie »rechtsextremistische Gewalttaten im Grund billigen und damit ein recht hohes Sympathiepotential für rechtsterroristische Tätergrup-

pen darstellen.«[3] Nach einer Untersuchung von Elisabeth Noelle-Neumann und Erp Ring bejahten 30 % der rechtsextremen jungen Menschen zwischen 16 und 25 Jahren Gewalt gegen Personen; die Vergleichszahl für junge Linksextremisten lag bei 18 %, so daß es verblüfft, wenn die Autoren die These vertreten, angesichts des hohen Wertes von »Recht und Ordnung« bei Rechtsextremisten sei ihre Gewaltbereitschaft zurückgedrängt gegenüber der von Linksextremisten, weil diese das staatliche Gewaltmonopol ablehnten.[4]
»Wir müssen wieder ja sagen zum Kampf mit der Waffe in der Hand«, wird Manfred Roeder zitiert.[5] »Jedes Volk wendet Gewalt an, wenn es um seine Lebensrechte geht«, hieß es in einem Appell an die Mitglieder der von Roeder geführten »Deutschen Bürgerinitiative«.[6] »Kämpfen und kämpfen lassen« war das Motto von Peter Naumann.[7] Sehr widersprüchlich läßt sich Michael Kühnen ein, der wichtigste Exponent der gewaltbereiten rechtsextremen Szene. So erklärte er im Februar 1982: »Ich halte nichts von bewaffnetem Widerstand, weil ich ihn für politisch aussichtslos halte und auch für organisatorisch aussichtslos.«[8] Aber schon ein Jahr später drohte derselbe Kühnen, »wenn man uns in die Illegalität treibt, dann werden wir Gewalt anwenden«[9], und im gleichen Sinne erklärte er im Prozeß vor dem Oberlandesgericht Frankfurt, nur er könne den Rückfall in die Gewalt und Illegalität und die »Bombenleger aus Verzweiflung« verhindern.[10] Wie stilbildend diese Taktik des Lokkens und Drohens sich durchsetzte, zeigte das Bekenntnis des FAP-Führungsmitgliedes Michael Swierczek: »Ich persönlich lehne Terror selbstverständlich ab. Aber ich gehe davon aus, daß es Kameraden gibt, die ich mit meinem mäßigenden Einfluß leider, leider nicht bändigen kann.«[11] Daß sich die Gewalt auch gegen die eigenen Leute richten kann, zeigten die Morde an Johannes Bügner (ANS) und Roger Bornemann oder die Mißhandlungen von Uwe Mainka und Kai-Uwe Behrendt (beide Wehrsportgruppe Hoffmann) sowie Andreas Sachse (ANS/NA).
Auch wenn der erste Terrorakt in der Bundesrepublik Deutschland, der Frankfurter Kaufhausbrand am 2. April 1968, von einer »linken« Gruppe verübt wurde und die nachfolgenden ca. 2.000 Terrorakte von links ein deutliches Übergewicht gegenüber den ca. 160 rechtsextremen Terrorakten haben[12], wäre es verfehlt, den von Rechtsextremisten verübten Terror als politische Realität der letzten zwanzig Jahre nicht zur Kenntnis zu nehmen. Den ersten Terroristen von links war nämlich bereits wenige Tage später der dem rechten

Spektrum zuzuordnende Josef Bachmann mit dem Anschlag am 11. April 1968 auf Rudi Dutschke nachgefolgt.
Im folgenden Beitrag werden die wichtigsten zum Rechtsextremismus zu zählenden Gruppen und Akteure vorgestellt, die sich an Terrorakten beteiligt haben. Dem schließt sich eine knappe Analyse des rechtsextremen Terrors an.

Täter und Organisationen des rechtsextremen Terrors

Europäische Befreiungsfront (EBF)
Die 1969 in Nordrhein-Westfalen von den NPD-Mitgliedern Helmut Blatzheim, Hartwig Neumann (Kreisvorsitzender in Köln), dem ehemaligen Fremdenlegionär Johannes Brodka sowie dem vom Verfassungsschutz eingeschleusten Krahberg aufgebaute, auf maximal 35 Mitglieder geschätzte Gruppe verstand sich als »Kampfgruppe gegen den Kommunismus«. Mit der Festnahme von vierzehn Mitgliedern der EBF am 20. Mai 1970 wurden die für den folgenden Tag bei dem Treffen von Bundeskanzler Willy Brandt mit DDR-Ministerpräsident Willy Stoph in Kassel geplanten Anschläge auf die Stromversorgung verhindert. Bei der Verhaftung wurden Waffen und Munition, ferner Unterlagen über die Planung von Anschlägen auf die Bundeswehr sichergestellt.
Die Organisation sollte straff militärisch gegliedert werden. Unter dem »Oberkommandeur« Blatzheim mit den Nebenabteilungen »Propaganda« und »diplomatischer Dienst« und zwei »Spezialabteilungen« standen Staffelkommandeure in den Bundesländern, Truppenführer und Kommandos mit drei bis vier Mitgliedern. Gliederungen bestanden in Betzdorf (Sieg), Duisburg, Düsseldorf, Köln, Minden, Mülheim (Ruhr), Oberhausen und Trier. Es gab Kontakte zu ehemaligen belgischen SS-Offizieren und zur französischen Untergrundorganisation OAS. Das Strafverfahren gegen neun EBF-Mitglieder endete mit vier Freisprüchen, im übrigen mit sehr milden Freiheitsstrafen zwischen 6 und 12 Monaten, die gegen mäßige Bußen zur Bewährung ausgesetzt wurden. Der terroristische Hintergrund der Organisation kam vor Gericht nicht zur Sprache.[13]

Gruppe »Hengst«

Aus der NPD kam auch eine 18 Mitglieder umfassende Gruppe im Rhein-Sieg-Kreis, die bewaffnete Aktionen gegen »politisch mißliebige Personen«, u. a. den SPD-Vorstand, Geldinstitute, Bundesbahn und Munitionsdepots plante. Am 13. Februar 1971 wurden in Bad Godesberg das NPD-Mitglied Bernd Hengst (25) und der ehemalige Vorsitzende des NHB, Rüdiger Krauss (27) (1969 Kandidat zum NPD-Vorstand) festgenommen. Bei ihnen wurden eine Maschinenpistole, mehrere Gewehre und Pistolen sichergestellt. Hengst war 1968 durch ein Attentat auf das DKP-Büro in Bonn aufgefallen. Die Gruppe stand in Verbindung mit den Ordnerdiensten der NPD, der »Aktion Widerstand«, der »Deutschsozialen Aktion«, aber auch zu Nationalrevolutionären in Berlin. Zu den Mitgliedern gehörte Werner Wolf (31) (Vorsitzender der NPD im Rhein-Sieg-Kreis), Angestellter in der Abteilung Wehrtechnik des Bundesministeriums der Verteidigung.[14]

Nationalsozialistische Kampfgruppe Großdeutschland (NSKG)

Vermutlich unter dem Einfluß des deutsch-amerikanischen Neo-Nazi Gary Lauck sammelte der Waldarbeiter Manfred Knauber aus Dülken (Niederrhein) etwa ab April 1972 zwei Dutzend Aktivisten (nach eigener, mit Sicherheit überhöhter Angabe: 100) aus Nordrhein-Westfalen und Bayern in der NSKG. Als Gründer rühmte sich in der rechtsextremen Zeitschrift *Das Bataillon* deren Herausgeber Wilhelm Bayer. Die Gruppe betrachtete sich als »Testamentsvollstrecker des Führers«. Mitglieder waren u. a. die Soldaten Gädicke (Oberfeldwebel), Grott (Stabsunteroffizier) und Loew (Oberfeldwebel). Kontakte bestanden zur »Sozialrevolutionären Nationalen Kampfgemeinschaft«, zur »Nationalen Deutschen Befreiungsbewegung« (Roland Tabbert, s. u.) und zum »Bund Deutscher Nationalsozialisten« (Wolf-Dieter Eckert), ferner zum amerikanischen »Bund Deutscher Nationalsozialisten« sowie zu palästinensischen Terroristen. Die Gruppe ist über die Planung von Gewaltakten nicht hinausgekommen.

Im Zuge von Fahndungsmaßnahmen am 11. Oktober 1972 wurden in Mönchengladbach und München eine Maschinenkanone, Maschinengewehre und -pistolen, Sprengstoff, 2.000 Schuß Munition und Eierhandgranaten gefunden. In dem Strafverfahren blieben von 25 Beschuldigten 10 Angeklagte übrig, nur sechs von ihnen, darunter Manfred Knauber und Wilhelm Bayer, wurden als Rädelsführer bzw. wegen Mitgliedschaft in einer kriminellen Vereinigung und Verstoßes gegen das Kriegswaffengesetz zu Freiheitsstrafen bis zu einem Jahr und Geldstrafen verurteilt. Bayer wurde am 2. Juli 1979 Vorsitzender der »Hilfsorganisation für nationale Gefangene« (HNG).[15]

Nationale Deutsche Befreiungsbewegung (NDBB)
Die 1970 von dem Autoverkäufer Roland Tabbert aus Hanau aus Mitgliedern der NPD und des BHJ gegründete Gruppe verstand sich als Vorläufer einer neuen NSDAP. Sie arbeitete mit der »Aktion Widerstand« (Bernd Wintzek) zusammen, die die Ostpolitik der Bundesregierung bekämpfte. Ziel von Aktionen der NDBB war »die Linke«, u. a. verübte sie Anschläge gegen »linke« Lokale und den *Westberliner Extradienst.* Für den zehnten Jahrestag der Berliner Mauer war ein »Großkampftag« mit Bombenanschlägen geplant. Am Vorabend wurde die Gruppe ausgehoben; trotz der Entdeckung von Waffen und Munition war Tabbert für die Sicherheitsbehörden nicht mehr als ein »politischer Wirrkopf«.
Im Frühjahr 1973 versuchten 200 NDBB-Mitglieder in Berlin in der »Wolfsschanze« des Rechtsextremisten Horst Mach eine rechtsextremistische Partei zu gründen. Das scheiterte, aber Mach wurde danach NDBB-Beauftragter für Hamburg und betätigte sich später bei der NSDAP/AO; J. Kösling, zweiter Bundesvorsitzender der NDBB, war 1975 Mitglied im »Bund Freies Deutschland« (BFD) und 1978 im »Freundeskreis der Wehrsportgruppe Hoffmann«. Das Mitglied Röthke schließlich stand im Verdacht der Mittäterschaft an dem Brandanschlag von Ekkehard Weil am 1. August 1977 auf das SEW-Büro in Berlin.

Wehrsportgruppe »Hoffmann«
Die von dem Graphiker Karl-Heinz Hoffmann im Herbst 1973 in Heroldsberg aufgebaute Wehrsportgruppe hat die meisten von deutschen Rechtsextremisten begangenen Morde zu verantworten; alle führenden Neonazis – Kühnen, Marx, Hepp – sind durch seine Schule gegangen. Hoffmann, erstmals 1968 durch einen »Maskenball« in Wehrmachtsuniformen aufgefallen, hatte 1974 von der Stadt Nürnberg unentgeltlich das Schloß Almoshof gepachtet. Alsbald unterwies er in dessen Umgebung mit Geländefahrzeugen und Motorrädern junge Leute in Kampfanzügen an zugeschweißten Waffen im »Wehrsport« und schuf damit eine Bewegung, die sich mit

beängstigender Geschwindigkeit über die ganze Republik ausbreitete.
Im Rückblick erschreckt die Nachsicht, mit der bayerische Landesregierung und Polizei Hoffmann gewähren ließen. So begründete der Bayerische Staatsminister des Innern, Tandler, wenige Monate vor dem Verbot der WSG vor dem Bayerischen Landtag, warum der Wehrsport Hoffmanns, dessen rechtsextreme Ziele mehrfach seit 1976 gerichtlich festgestellt worden waren, nicht strafbar sei, mit nicht zu überbietendem Zynismus: »Wenn sich eine Vereinigung an die allgemeinen gesetzlichen Regelungen, wie zum Beispiel das Uniformverbot ..., das Waffengesetz, das Naturschutzgesetz, die Straßenverkehrsordnung usw. hält, kann die Abhaltung von ›Wehrsportübungen‹ nicht unterbunden werden.«[17] Eine Woche später beklagte der Bayerische Ministerpräsident Strauß, die SPD mache die WSG »durch Ihre ständigen ... überdimensionierten Darstellungen überhaupt erst der bayerischen Bevölkerung bekannt«.[18] Nach dem Verbot vom 30. Januar 1980, das Minister Tandler als »exemplarischen Schlag gegen den Extremismus« begrüßt hatte, erklärte Strauß dem französischen Journalisten Völker: »Mein Gott, wenn jemand Spaß daran hat, am Sonntag mit einem Rucksack und im Kampfanzug mit Koppelschloß durchs Gelände zu spazieren, soll man ihn in Ruhe lassen ... Hoffmann hat sich nichts zuschulden kommen lassen.«[19] Nach dem Fund von Waffen und Ausrüstungsgegenständen auf Almoshof im August 1974 wurde Hoffmann zunächst vom Vorwurf unerlaubten Waffenbesitzes freigesprochen; die vom Berufungsgericht verhängte Strafe von DM 8.000,– zahlte der Münchener Verleger Dr. Gerhard Frey in einem »Akt nationaler Solidarität«.[20] Im Oktober 1974 erging gegen Hoffmann ein Verbot, Waffen zu besitzen, zu dessen Bestätigung das Verwaltungsgericht Ansbach über vier Jahre brauchte. Gleichwohl konnte Hoffmann in seinem Mitteilungsblatt *Kommando* seine Anhänger mit Schußwaffen zeigen. Und beim Verbot der WSG, sechs Jahre nach diesem Schußwaffenverbot, wurde ein Waffenarsenal sichergestellt, das die Bewaffnung der SA vor 1933 an Umfang übertroffen haben soll.[21]
Hoffmanns Truppe war wie die SS gegliedert: Ungeniert wurden die Ränge und das Totenkopfabzeichen übernommen. Die WSG-Kämpfer verstanden sich als »Soldaten gegen die rote Flut«, sie sollten in Krisenzeiten als eine »Bürgerkriegsarmee« gegen streikende Arbeiter und »Kommunisten« an Unternehmer vermietet werden. In einem »1. Manifest der Bewegung zur Verwirklichung der Rational

Pragmatischen Sozial Hierarchie« und dem dazugehörigen »Programm« hatte Hoffmann aus dem NSDAP-Programm das Modell des totalen Staates übernommen.[23]
Nach amtlichen Erkenntnissen hatte Hoffmann maximal 400 – nach eigener Bekundung 600 – Anhänger. Der Schwerpunkt seiner Aktivitäten lag in Franken, wo seit April 1978 die frühere NS-Schulungsstätte Schloß Ermreuth bei Nürnberg als »Hauptquartier« diente; daneben gab es in Frankfurt die »Stammabteilung 7«, kleinere Gruppen in Tübingen, Köln und Bonn. Der »Dienst« umfaßte nach einem Flugblatt Hoffmanns »alle Arten der militärischen Ausbildung, Nahkampf, Tarnung, Fuß- und Motmarsch, Ambush, Counter-Ambush und Überlebenstraining. Theoretisch wie praktisch. Mehrmals im Jahr finden ... Manöver statt.« Hoffmann übernahm den Schutz rechtsextremer Veranstaltungen, etwa dem »Reichstag zu Regensburg« von Manfred Roeder (Deutsche Bürgerinitiativen). Seine eigenen und von ihm beeinflußte terroristische Aktivitäten fallen in die Zeit nach dem Verbot der Wehrsportgruppe.

a) Anschlag auf das Oktoberfest in München

Am 26. September 1980 um 20.20 Uhr detonierte im Eingangsbereich zum Oktoberfest auf der Theresienwiese eine Bombe; der Täter, der 21jährige Geologiestudent Gundolf Köhler, sowie zwölf Festbesucher wurden getötet, 219 Menschen wurden zum Teil lebensgefährlich verletzt. Schon am 2. November 1980 stellte der Generalbundesanwalt das gegen Unbekannt geführte Ermittlungsverfahren ein, denn Köhler habe nach dem Ergebnis der Ermittlungen die Tat allein begangen. Zwar sei nicht auszuschließen, daß er Helfer oder Mittäter gehabt habe, Feststellungen in dieser Beziehungen seien aber nicht getroffen worden.
Köhler hatte 1976 nach Freikauf aus DDR-Haft in Tübingen ein Studium aufgenommen und dort Anschluß an den von Axel Heinzmann geleiteten rechtsextremen »Hochschulring Tübinger und Reutlinger Studenten« gefunden; hier lernte er das WSG-Mitglied Uwe Behrendt kennen. In Hoffmanns Zeitschrift *Kommando* war Köhler in Uniform mit Waffe abgebildet. Unmittelbar nach der Tat hatten Polizei und Justiz, aber auch bayerische Politiker mit Nachdruck ihre Überzeugung vertreten, die Tat sei von einem linksextremen Einzeltäter begangen worden, und so möglicherweise die Fahndung nach Hintermännern verhindert. Eine Gedenkkundgebung wurde 1982 vom Münchner Oberbürgermeister Kiesl sogar mit der

Begründung verboten, »wider besseres Wissen« werde der Anschlag als Tat eines »Faschisten oder Neonazis« dargestellt, obwohl sie unpolitisch gewesen sei. »Es war die Tat eines geistig anomalen Menschen«, beharrte er.[25] Ungeachtet psychischer Auffälligkeiten gibt es in der Biographie Köhlers nichts, was eine Abnormität belegt, die ihn zum Massenmörder werden lassen konnte. Der Rechtsvertreter der Opfer hat beim Versuch, die Wiederaufnahme der Ermittlungen durchzusetzen, gerügt, die Behörden hätten der Beziehung Köhlers zu Hoffmann keine Beachtung geschenkt; zugleich hat er Beweise zusammengetragen, die auf Mittäter hindeuten. So hat ein bei dem Attentat verletzter Zeuge Köhler unmittelbar vor der Explosion in einer Diskussion mit mindestens zwei Männern gesehen; er schloß daraus, sie hätten Köhler, der die Bombe eigentlich im Festzelt hätte ablegen wollen, auf die bevorstehende Zündung hinweisen wollen. Eine Zeugin hatte außerdem am Sonntag vor der Tat Köhlers PKW mit fünf Insassen beobachtet. Weil Köhlers Eltern ihrem Sohn ein Alibi ausstellten, unterblieben Nachforschungen in dieser Richtung. Schließlich hatten sich das WSG-Mitglied Ulrich Behle und (kurz vor seinem Selbstmord) der zum Sturm 7 der WSG gehörende Stefan Wagner der Beteiligung an der Münchner Tat gerühmt.[26]

b) Die WSG Ausland

Am Tag nach dem Anschlag auf das Münchner Oktoberfest wurden auf der Autobahn München-Salzburg drei von Mitgliedern der WSG Hoffmann gesteuerte Militärfahrzeuge angehalten. Die Fahrer und der in Ermreuth verhaftete Hoffmann wurden nach kurzer Haft entlassen. Hoffmanns Truppe war auf dem Weg in den Libanon gewesen, wo Hoffmann seit August 1980 mit Rückendeckung durch die palästinensische *El Fatah* seine Wehrsportaktivitäten wieder aufgenommen hatte. Der Kontakt war durch Udo Albrecht gestiftet worden. Hoffmann hatte Kontakt zur Münchner Firma FINEX, die ausgemusterte Bundeswehrbestände vertrieb. Wie das WSG-Mitglied Odfried Hepp enthüllte, sollten Anschläge gegen Richter und Staatsanwälte in der Bundesrepublik vorbereitet werden. Schließlich wurden Überfälle auf eine Ölraffinerie und US-Einrichtungen sowie israelische Stützpunkte geübt. Die Gruppe hatte bis zu 15 Mitglieder; sie löste sich im Sommer 1981 angesichts der zunehmend brutaleren Disziplinarmaßnahmen auf, die Hoffmann unter Alkoholeinwirkung vollzog. So war dem WSG-Mitglied Fraas mehrfach

Salz eingeflößt worden. Der 18jährige Kai-Uwe Bergmann mußte als Strafe für unerlaubtes Rauchen tagelang einen mit Steinen gefüllten Rucksack tragen. Im gefesselten Zustand wurde ihm ein feuchter Lappen auf den Mund gelegt, so daß er zu ersticken drohte, auf seiner Haut wurden Zigaretten ausgedrückt und Trockenspiritus verbrannt. Am Ende wurde er wahrscheinlich zu Tode geprügelt.[28]

c) Der Mord an Shlomo Lewin und Elfriede Poeschke

Am 19. Dezember 1980 wurden in einem Bungalow, 13 Kilometer vom ehemaligen WSG-Hauptquartier Ermreuth entfernt, der Verleger Shlomo Lewin (69) und seine Lebensgefährtin Elfriede Poeschke (57) erschossen. Mordwaffe war eine MP-Beretta aus Hoffmanns Waffenarsenal. Der Täter, mit ziemlicher Sicherheit war es das WSG-Mitglied Uwe Behrendt, hatte einen nachweislich von Hoffmann gebauten Schalldämpfer benutzt. Hoffmann ermöglichte Behrendt nach der Tat die Flucht, zunächst zu dessen Mutter in die DDR, von wo er in den Libanon auswich. Beamte des LKA Bayern fanden später seine Leiche im Lager Bir-Hassan in Beirut: er hatte vermutlich Selbstmord begangen.

Hoffmann kehrte am 16. Juni 1981 über den Frankfurter Flughafen in die Bundesrepublik zurück, wo er festgenommen wurde. Seine Begleiterin Franziska Birkmann wurde kurz danach in Ermreuth verhaftet. Der Haftbefehl wegen Bildung einer terroristischen Vereinigung wurde vom Bundesgerichtshof aufgehoben, weil eine Vereinigung im Ausland nicht von § 129 a StGB erfaßt sei. Bis zum Beginn des Strafverfahrens gegen Hoffmann und seine Anhänger vergingen mehr als drei Jahre. Das Landgericht Nürnberg hatte es zunächst sogar abgelehnt, das Verfahren zu eröffnen, weil der Nachweis der Hoffmann vorgeworfenen Beteiligung am Mord an Lewin und Poeschke nicht nachzuweisen sei. Die Entscheidung wurde aufgehoben, es dauerte dann ein weiteres Jahr, bis die zuständige Strafkammer gefunden war. Nach der Eröffnung des Hauptverfahrens wurde die Anklage um 40 Anklagepunkte wegen Straftaten Hoffmanns im Libanon erweitert. In dem Verfahren wurden mehr als 100 Zeugen sowie 28 Sachverständige gehört. Hoffmanns Aussage dauerte 55 Stunden, sein Schlußwort nur 30 (statt der angekündigten 100) Stunden. Obwohl die mitangeklagten WSG-Mitglieder Keeß, Mainka und Fraas von Attentatsplänen berichteten, die dem Erlanger Mord im Detail entsprachen; obwohl zahlreiche antisemitische Äußerungen Hoffmanns belegt waren und

bei ihm ein Beitrag des später ermordeten Lewin für die italienische Zeitschrift *Oggi* gefunden wurde, in dem vor den neonazistischen Aktivitäten Hoffmanns gewarnt wurde; obwohl schließlich eine Sonnenbrille der Begleiterin Hoffmanns am Tatort gefunden wurde, sprach das Gericht Hoffmann von der Beteiligung an dem Mord frei. Die Hoffmann belastenden Aussagen der früheren WSG-Mitglieder Hepp, Fraas und Kees wurden vom vorsitzenden Richter Koop als Wichtigtuerei abgetan. Hoffmann wurde schließlich nach 186 Verhandlungstagen durch Urteil des Landgerichts Nürnberg vom 30. Juni 1986 wegen der im Libanon begangenen Taten – Freiheitsberaubung, gefährliche Körperverletzung und Nötigung –, ferner wegen unerlaubten Waffenbesitzes und Geldfälschung zu neuneinhalb Jahren Freiheitsstrafe verurteilt; seine Begleiterin Birkmann wegen der Nichtanzeige der Geldfälschung zu sechs Monaten Freiheitsstrafe, die durch die Untersuchungshaft als verbüßt galt.[29]
Das Urteil gegen Hoffmann ist nach Verwerfung der Revision durch Beschluß des Bundesgerichtshofs vom 25. August 1988 rechtskräftig geworden.

Gruppe Neumann
Nur etwa vier Monate existierte die Ende 1973 von H.-J. Neumann (Mitgründer der »NSDAP München«), H. Müller (»NS-Kampfgruppe Mainz«), W. Wegner, R. Ollmann u. a. aufgebaute Gruppe, die in dieser Zeit aber ein respektierliches Waffenlager aus acht Maschinenpistolen, fünf Gewehren, Pistolen und größeren Mengen Munition gesammelt hatte, das im Harz in einer Höhle, ferner in Mainz und Soltau versteckt war. Die Waffen sollten »im Falle eines kommunistischen Aufstandes an Gleichgesinnte« abgegeben werden.[30]
Die Gruppe plante die Entführung Simon Wiesenthals; ausgeführt wurde nur ein Brandanschlag auf eine »linke« Buchhandlung in Göttingen. Der Gruppe wurden ferner zahlreiche antisemitische Schmierereien zur Last gelegt.
Der Rädelsführer Neumann hatte sich nach der Aushebung der Gruppe im April 1974 nach Südafrika abgesetzt, so daß erst Ende 1976 das Strafverfahren durchgeführt werden konnte. Die Mitglieder wurden wegen Sachbeschädigung, schweren Diebstahls und Brandstiftung verurteilt, der Vorwurf der Bildung einer kriminellen Vereinigung wurde vom Gericht fallengelassen. Ollmann tauchte später in Westberlin als Mitgründer einer NSDAP-Zelle auf.[31]

Gruppe Otte
Als Aktivität im Umfeld der NSDAP/AO stellt sich eine von dem früheren NPD-Mitglied Paul Otte, einem Maschinenschlosser aus Braunschweig, geführte Gruppe dar. Otte war Regionalbeauftragter der NSDAP/AO, sein Mitgründer Hans-Dieter Lepzien, ebenfalls ehemaliges NPD-Mitglied, hatte sich kurz zuvor mit dem US-Nazi Gary Lauck in Kopenhagen getroffen. Die Gruppe konnte Wolfgang Sachse, Verwalter eines Schießplatzes, als Bombenbauer gewinnen. Sprengstoff wurde von Otte und Lepzien in der Schweiz erworben und von einem bei der Schweizer Kreditanstalt geführten Konto »Stille Hilfe Deutschland« bezahlt.[32]
Die Gruppe sah es als ihr Ziel an, Strafprozesse gegen »Nationale« zu verhindern. Am 2. September 1977 explodierte eine Rohrbombe vor der Amtsanwaltschaft Flensburg, die im Juni eine Anklage gegen Manfred Roeder vertreten hatte. Eine zweite Bombe wurde am 21. Oktober 1977 von Oliver Schreiber vor dem Amtsgericht Hannover gezündet. Zur Verhaftung von Otte am 30. November 1977 führte der Fund einer Rohrbombe, die offenbar für einen Sprengstoffanschlag auf die Synagoge in Hannover gebaut worden war.
Beziehungen zwischen Otte und Michael Kühnen kamen im Bückeburger Prozeß im Mai 1979 zur Sprache. Ein Zeuge bekundete, die Übergabe einer Rohrbombe beobachtet zu haben. Das Gericht folgte damals Kühnens ungewöhnlicher Einlassung, er habe die Bombe übernommen, um sie zu entschärfen.[33]
Gegen die Mitglieder der Gruppe Otte verhängte das OLG Celle am 19. Februar 1981 folgende Freiheitsstrafen:

– Paul Otte:	5 ½ Jahre;
– Hans-Dieter Lepzien:	3 Jahre und 3 Monate;
– Wolfgang Sachse:	3 Jahre und 3 Monate;
– Volker Heidel:	2 Jahre und 9 Monate;
– Oliver Schreiber:	6 Jahre Jugendstrafe.

Zur Begründung der milden Strafe gegen Lepzien führte das Gericht aus, er habe dem Verfassungsschutz wertvolle Hinweise gegeben; dieser Dienst habe seinem Leben einen neuen Inhalt gegeben.[34]
Während des laufenden Verfahrens hatte Sachse nachweislich an Rechtsextremisten Waffen verkauft; er wurde nicht als *Mitglied,* sondern nur als *Unterstützer* einer terroristischen Vereinigung verurteilt. Heidel war wegen neonazistischer Betätigung bereits 1979 zu einer auf Bewährung ausgesetzten Strafe verurteilt worden; 1980

hatte das Landgericht Lüneburg eine Strafe von zehn Monaten wegen Aufstachelung zum Rassenhaß wiederum zur Bewährung ausgesetzt. Wenige Wochen nach dem Urteil von Celle wurde Heidel auf freien Fuß gesetzt. Er übernahm alsbald die Leitung der Gruppe Niedersachsen der »Volkssozialistischen Bewegung Deutschland«.[35]

Gruppen um Michael Kühnen

Zu den Führungsfiguren, die kontinuierlich Einfluß auf den gewalttätigen Rechtsextremismus genommen haben, gehört seit der Mitte der siebzier Jahre der frühere Bundeswehrleutnant Michael Kühnen, der das, was sich als Ansatz einer Ideologie der neonazistischen Rechten interpretieren läßt, mitformuliert hat. Obwohl Kühnen sich zumindest verbal von Gewaltaktionen distanzierte, ist sein Name immer wieder mit terroristischen Aktivitäten in Verbindung zu bringen. So erklärte er in einem Interview dem *Allgemeinen Sonntagsblatt,* er halte bewaffneten Widerstand »für politisch und für organisatorisch aussichtslos in unseren Reihen«.[36] Fast zeitgleich sagte er aber auch, durch den »Ausfall so vieler führender Köpfe in der Bewegung« sei eine Radikalisierung eingetreten, »die die Kameraden zu Verzweiflungsaktionen treiben könnte«. Und: »Ich lehne einen Terror ab, der sich gegen Unschuldige richtet. Ich verstehe jede Aktion, die sich gegen dieses System richtet und auch gezielt gegen Repräsentanten dieses System richtet«.[37] Kühnen beschränkte sich stets auf die Agitation (in seiner Anfangszeit sei er der »laute Sprücheklopfer« gewesen, sagte er über sich selbst vor dem Frankfurter Oberlandesgericht) und ließ andere die Drecksarbeit machen. 1976 war Kühnen als Student an der Bundeswehrhochschule zu den in Hamburg aktiven neonazistischen Gruppen gestoßen, die sich 1975 »Freizeitverein Hansa« und später »NSDAP-Gau Hamburg« nannten. In seiner politischen Laufbahn hatte er bei der NPD, der »Aktion Neue Rechte«, der »Deutschen Bürger-Initiative« und für eine kurze Weile auch bei der KPD hospitiert. Kühnen betätigte sich in Hamburg erstmals als der große Organisator, der er bis heute geblieben ist; er führte verschiedene neo-nazistische Kleingruppen im »Freizeitverein Hansa« zusammen, darunter die von ihm selbst gegründete, aus Mitgliedern der »Jungen Nationalen« und der »Wiking-Jugend« entstandene »Aktionsfront Nationaler Sozialisten« (ANS) sowie den 1977 gegründeten »SA-Sturm Hamburg«. Politisches Ziel war in erster Linie die Aufhebung des NSDAP-

Verbots, aber auch der Kampf gegen Kommunismus und Kernkraft. 1978 verfügte Kühnen nach eigenen Worten über 75 Mitglieder; von Hamburg aus breitete sich die Gruppe – Markenzeichen: die schwarzen, der SS nachempfundenen Uniformen – über die Bundesrepublik aus. Die ANS blieb nicht lange bei Hakenkreuzschmierereien oder den Aufmärschen mit Eselsmaske (»Ich Esel glaube noch daran, daß sechs Millionen Juden vergast worden sind«), sondern ging alsbald über zu terroristischen Aktivitäten.

a) Wehrsportgruppe Rohwer

Am Rande der Hamburger Neonazigruppen bildete sich eine aus sieben Personen bestehende »Werwolf«-Gruppe, die zwischen November 1977 und Februar 1978 sieben Anschläge verübte:

22. 11. 1978 Überfall auf einen Unteroffizier der Bundeswehr in der Bismarckkaserne in Wentorf, Beute: ein G-3-Gewehr;

1. 12. 1978 versuchter Überfall auf eine Gaststätte in Köln;

2. 12. 1978 Überfall auf einen Kölner Bauunternehmer, Beute: Bargeld und Wertgegenstände im Wert von 60.000,– DM;

11. 12. 1978 Einbruch in ein Depot der Bundeswehr in Reinbek bei Hamburg, Beute: 1.000 Schuß Minution;

19. 12. 1978 Raubüberfall auf die Filiale der Hamburger Sparkasse, Volksdorfer Damm 272, Beute: 66.000,– DM;

31. 1. 1979 Versuchter Überfall auf die Bundeswehrstreife auf dem Truppenübungsplatz Bergen;

5. 2. 1979 Überfall auf niederländische Soldaten auf dem Truppenübungsplatz Bergen-Hohne, Beute: vier UZI-Maschinenpistolen, 6 Magazine.

Die rasche Abfolge der Taten zeigt die große Gefährlichkeit der Gruppe, die von Lothar Schulte dominiert wurde, einem nach der Fallschirmjäger- und Einzelkämpferausbildung wegen Mißhandlung Untergebener unehrenhaft aus der Bundeswehr entlassenen Unteroffizier. Die Gruppe stand in engem Kontakt zu Michael Kühnen der – nach RAF-Vorbild – mit ihr für einen als letzte Stufe des Untergrundkampfes geplanten »Putsch rechtsradikaler Kräfte« Vorbereitungen traf. Geplant waren die Entführung des Ehepaars Klarsfeld, die Befreiung von Rudolf Heß, ferner Stoßtruppunternehmen gegen DDR-Grenzanlagen und die Sprengung des KZ-Ehrenmals in Bergen-Belsen.

Erstmals wurde in diesem Strafverfahren gegen eine rechtsextremi-

stische Gruppe der Straftatbestand des § 129a StGb (terroristische Vereinigung) angewandt. In dem aus Sicherheitsgründen in die Vollzugsanstalt Bückeburg verlegten Prozeß wurden gegen die Täter durch Urteil vom 13. September 1979 folgende Strafen verhängt:
- Lothar Schulte (geb. 1953): 11 Jahre;
- Uwe Rohwer (geb. 1937), techn. Kaufmann, ehemaliger Vorsitzender des NPD-Kreises Schleswig-Flensburg und Führer des Gaues »Nordmark« der »Wiking-Jugend«: 9 Jahre;
- Klaus-Dieter Puls (geb. 1942), Schlosser: 9 Jahre;
- Lutz Wegner (geb. 1957), Photokaufmann, Mitbegründer des NSDAP-Gaues Hamburg: 6 Jahre;
- Manfred Börm (geb. 1950), Bautechniker, stellvertr. Gauführer der »Wiking-Jugend«: 7 Jahre.

Michael Kühnen wurde zwar vom Vorwurf der Rädelsführerschaft freigesprochen, jedoch wegen Volksverhetzung, Aufstachelung zu Rassenhaß und Gewaltverherrlichung zu vier Jahren Freiheitsstrafe verurteilt.

b) Werwolfgruppe Stubbemann

Über die Planung von Gewalttaten ist die am Rande des »Freizeitvereins Hansa« von dem ANS-Gauführer Frank Stubbemann, Student der Mineralogie und ehemaliger Funktionär der »Jungen Nationalen«, gegründete Werwolfgruppe nicht hinausgekommen. Seinem Gründungsaufruf im ANS-Mitteilungsblatt *Der Sturm* folgten Robert Marchi und Peter Teuffert. Die drei verabredeten im Mai 1978 einen Sprengstoffanschlag auf das KBW-Büro und einen Überfall auf die Theaterkasse in Kiel. Auffallend ist auch bei dieser Gruppe die Nachsicht, die sie bei der Justiz fand. Die Anklage wegen Bildung einer terroristischen Vereinigung wurde fallengelassen, das Landgericht Itzehoe verhängte am 18. September 1979 die folgenden, zur Bewährung ausgesetzten Strafen: Frank Stubbemann: 12 Monate Freiheitsstrafe; Robert Marchi: 10 Monate Freiheitsstrafe; Peter Teuffert: 4 Wochen Dauerarrest. Alle drei Täter waren einschlägig in Erscheinung getreten, Marchi wegen Verstoßes gegen das Waffengesetz vorbestraft. Bei Stubbemann waren im Oktober 1977 670 Gramm Zyankali gefunden worden, mit dem er, um Rudolf Hess zu befreien, die Wachmannschaft des Alliierten Militärgefängnisses in Berlin-Spandau hatte umbringen wollen. Stubbemann wurde damals zu einer unbedeutenden Geldstrafe verurteilt. Im Juni 1978 erging Haftbefehl gegen ihn, als er bei der

Übernahme einer Kiste mit Handgranaten und sieben Kilo Sprengstoff angetroffen wurde. Trotzdem wurden wiederholt die gegen ihn verhängten Strafen zur Bewährung ausgesetzt, die auch nicht widerrufen wurde, als Stubbemann im Februar 1980 wegen seiner NS-Aktivitäten in der ANS ein weiteres Mal zu vier Monaten Freiheitsstrafe (auch diese wurden zur Bewährung ausgesetzt) verurteilt wurde.[39]

Deutsche Aktionsgruppen (DA)
Aus der 1972 von dem Bensheimer Rechtsanwalt Manfred Roeder gegründeten »Deutschen Bürgerinitiative« (DBI) sind 1980 die Deutschen Aktionsgruppen hervorgegangen. Roeder hatte seinen »politischen« Kampf mit Angriffen auf Sexshops begonnen. Auf dem in Flensburg 1975 abgehaltenen »Reichstag« übertrug er von dem früheren Großadmiral Dönitz das Amt des »Reichsverwesers« auf sich. Später wurden gegen ihn mehrfach Ermittlungsverfahren wegen Volksverhetzung geführt. Einen beim Oberlandesgericht Frankfurt anhängigen Strafverfahren entging er durch Flucht. Von der Schweiz aus steuerte er die DBI und gründete die »Freiheitsbewegung Deutsches Reich«. Ein Auslieferungsverfahren scheiterte, weil er nach Meinung der Schweizer Justiz aus politischen Gründen verfolgt wurde.
Im Januar 1980 kehrte Roeder in die Bundesrepublik zurück und bezog eine konspirative Wohnung in Hannoversch-Münden. Der in Lederhose, umgeben von Anhängerinnen in Dirndl, auftretende, aus der Anwaltschaft ausgeschlossene Roeder galt als »Politclown«. Aber schon seit Jahren hatte er seinen Anhängern erklärt, Terror sei eine Hoffnung für Deutschland. Im Stil von RAF-Aufrufen hatte er ausgeführt: »Wir sind gezwungen, wie Guerillas eine Freiheitsbewegung ins Leben zu rufen, das heißt, daß wir wie Partisanen im Volk schwimmen und überall angreifen. ... Jedes Volk wendet Gewalt an, wenn es um seine Lebensrechte geht.« Solche Äußerungen führten dazu, daß die Bundesanwaltschaft ihn bereits Mitte der siebziger Jahre als Anführer einer terroristischen Vereinigung einstufte.[40]
In Hannoversch-Münden nahm Roeder Kontakt zu der Röntgenassistentin Sibylle Vorderbrügge auf, die nach Einschätzung der Justiz in ein »hochgradiges Hörigkeitsverhältnis« zu ihm geriet. In seinem penibel geführten Tagebuch schrieb Roeder, er müsse »aus Protest gegen alle bürgerliche Enge mindestens zwei Frauen« haben.[41] Über

den der DBI verbundenen Kirchheimer Hals-Nasen-Ohrenarzt Heinz Colditz wurde dessen Patient, der Werkmeister Raymund Hörnle, für die Gruppe als Bombenbauer gewonnen. Bis zu Roeders Festnahme am 1. September 1980 wurden fünf der von Hörnle gebauten Bomben gezündet, die im wesentlichen nur Sachschaden anrichten:

- 21. Februar 1980 in Esslingen gegen das Landratsamt, in dem eine Auschwitz-Ausstellung stattfand;
- 18. April 1980 in Ostfildern gegen die Wohnung des Esslinger Landrats;
- 27. April 1980 im Hamburg gegen die Janusz-Korcak-Schule, in der 1945 Kinder nach medizinischen Versuchen umgebracht worden waren;
- 30. Juli 1980 in Zirndorf und am
- 17. August 1980 in Lörrach gegen Flüchtlingsunterkünfte.

Zwei Brandanschläge auf Flüchtlingsunterkünfte am 7. August 1980 in Leinfelden und 21. August 1980 in Hamburg führten zum Tod von zwei vietnamesischen Flüchtlingen.

Nach der letzten Tat suchten Vorderbrügge, Hörnle und Roeder den Forstmeister Heinz Lembke (44) auf, um Waffen und Sprengstoff für weitere Anschläge zu beschaffen. Am 26. Oktober 1981 wurden in der Nähe von Hanstedt 30 von Lemke angelegte Erddepots mit insgesamt 156 kg Sprengstoff, 230 Sprengkörpern, 50 Panzerfäusten, 258 Handgranaten, automatischen Waffen und 13.520 Schuß Munition gefunden.[42] Lembke, ehemaliges NPD-Mitglied, verweigerte im Prozeß gegen Roeder die Aussage als Zeuge und nahm sich nach sechsmonatiger Beugehaft das Leben. Es wird angenommen, daß er seine Waffen zur Verteidigung gegen einen »Angriff aus dem Osten« zusammengetragen hatte.

In ihrer letzten Aktion forderten die DA den Bundeskanzler zur »Einstellung jeder antideutschen Hetze«, zum »Abzug aller Besatzungstruppen«, »Abschiebung aller Nichtdeutschen« und »Freilassung von Rudolf Heß« auf.[43]

Im Strafverfahren vor dem Oberlandesgericht Stuttgart konnte Roeder eine Mittäterschaft an den von der Gruppe begangenen Anschlägen nicht nachgewiesen werden. Er wurde wegen Gründung einer terroristischen Vereinigung zu 13 Jahren Freiheitsstrafe verurteilt, Vorderbrügge und Hörnle erhielten eine lebenslange, Colditz sechs Jahre Freiheitsstrafe.

Aus der Strafhaft setzte Roeder mit dem DBI-Rundbrief die Aktivitäten der »Europäischen Freiheitsbewegung« fort – unbehelligt durch die Justiz; Hauptthema wurde zunehmend die Agitation gegen Flüchtlinge.[44]

Volkssozialistische Bewegung Deutschlands/Partei der Arbeit (VSBD/PdA)
Die 1975 von dem Bochumer Drucker Friedhelm Busse aufgebaute Bewegung zur Einigung der extremen Rechten knüpfte an die von ihm 1971 in Krefeld gegründete »Partei der Arbeit« an, in der sich radikalisierte NPD-Mitglieder, Anhänger der »Aktion Widerstand« und der von Dr. Dierk Schwardtländer, dem ehemaligen Mitglied der »Deutschen Rechtspartei« und stellvertretenden NPD-Landesvorsitzenden, in Nordrhein-Westfalen ins Leben gerufenen »Deutsch-Sozialen Aktion« sammelten. 1978 verlagerte die VSBD/PdA ihre Aktivitäten nach Bayern, wo sie einen Kandidaten für die Wahl des Münchner Oberbürgermeisters aufstellte, und 1980 nach Hessen. Volker Heidel von der Gruppe Otte übernahm die Leitung des nicht sehr aktiven Landesverbandes Niedersachsen. Busse hatte Kontakt zu den Führungsfiguren der rechtsextremen Szene (Hoffmann, Kühnen, Schönborn, Christophersen und Curt Müller).[45] Aus der von Busse geführten Gruppe sind mehrere terroristische Aktivisten hervorgegangen.

a) Frank Schubert
Am Nachmittag des Heiligen Abend 1980 wurden in Nähe der Zollstation Koblenz/Schweiz ein Schweizer Zollbeamter und ein Polizeibeamter erschossen, sein Kollege wurde schwer verletzt. Bei der Verfolgung des Täters kam es zu einem Schußwechsel, in dessen Verlauf ein weiterer Schweizer Polizeibeamter schwer verletzt wurde. In der Nähe des Tatortes wurde die Leiche des mutmaßlichen Täters gefunden, der sich selbst getötet hatte. Es handelte sich um den Mitgründer der VSBD Hessen, den 1977 aus der DDR geflüchteten Koch Frank Schubert. Er war im Januar 1980 nach dem Überfall auf eine gegen die VSBD demonstrierende Gruppe verhaftet worden; er stand ferner im Verdacht, an einem Bankraub in Bensheim beteiligt gewesen zu sein und mit Walter Kexel für die VSBD aus der Schweiz Waffen beschafft zu haben. Es liegt nahe, daß Schubert am 24. Dezember 1980 in der Schweiz erneut Waffen organisieren wollte.[46]

b) Gruppe Uhl

Am 20. Oktober 1981 wurde in München ein mit fünf Personen besetzter PKW angehalten. Einer der Insassen zündete eine Handgranate; die Polizei eröffnete das Feuer und erschoß die VSBD-Mitglieder Klaus-Ludwig Uhl (24) aus Weyher/Pfalz und Kurt Eduard Wolfgram (21) aus Peine; Peter Fabel (18) aus Bremen wurde schwer verletzt, Peter Hamberger (18) aus München-Neuperlach und der Franzose Pascal Coletta blieben unverletzt. Die Gruppe war von der Wohnung Busses zu einem Bankraub in Rennerod/Westerwald aufgebrochen, sie wurde von der Polizei beobachtet, als sie ihr Auto mit mehreren Maschinenpistolen belud.[47]

Uhl, der von der NSDAP/AO kam, hatte 1981 begonnen, eine terroristische Vereinigung aufzubauen. Als 16jähriger Handelsschüler war er erstmals durch NS-Propaganda und antisemitische Schmierereien aufgefallen. Einem Strafverfahren wegen verfassungsfeindlicher Aktivitäten 1979 hatte er sich durch Flucht nach Frankreich entzogen, wo er bei der FANE (Fédération d'Action Nationale et Europééne) Schutz fand. Unter den Pseudonymen »Werdorf« und »Bormann« hatte er sich von dort durch Beiträge zur NSDAP/AO-Zeitung *NS-Kampfruf* an der Agitation der extremen Rechten beteiligt. Wolfgram war Mitglied der »Jungen Nationaldemokraten«, arbeitete dann im Umfeld Ottes; mit ihm wurde er wegen der Planung von Attentaten auf Willy Brandt und Gerhard Stoltenberg 1980 vorübergehend verhaftet. Fabel kam von der Nationalrevolutionären Arbeiterfront (Bremen), Hamberger von der WSG Hoffmann. In dem angehaltenen PKW fand die Polizei sieben Handgranaten, drei Maschinenpistolen, Gewehre und Revolver sowie Munition; Sprengmaterial wurde bei der Durchsuchung der Garage Busses sichergestellt. Wenige Tage nach der Schießerei wurden in Belgien die Eheleute Klaus-Dieter und Christine Hewicker, beide Mitglieder der ANS-Gruppe Braunschweig, verhaftet. Beide hatten am 23. September 1981 an dem ersten Überfall auf die Bank in Rennerod mitgewirkt, die Ziel eines zweiten, vereitelten Überfalles durch die Gruppe Uhl war. Hewickers, in deren Begleitung sich das VSBD-Mitglied Gerhard Töpfer (25) aus Bremen und das NSDAP/AO-Mitglied Ernst Balke (38) aus Celle befanden, hatten wahrscheinlich in Antwerpen an einem Attentat einer belgischen Terrorgruppe mitgewirkt.[48]

Die Uhl-Gruppe hatte die Sprengung einer Autobahnbrücke im Saarland und Anschläge auf Richter und Justizbeamte geplant.

Innerhalb weniger Monate hatte sich die Gruppe ein Waffenarsenal zugelegt, auf Grund dessen sie von den Sicherheitsbehörden als eine der gefährlichsten rechtsextremen Terrorgruppen angesehen wurde. Sie wurde am 27. Januar 1981 zusammen mit der Jugendorganisation »Junge Front« vom Bundesminister des Innern verboten.

Gruppe Hepp/Kexel
Im April 1982 hatten Odfried Hepp (ehemaliges Mitglied der WSG Ausland) und Walther Kexel (geb. 1961; ab 1980 stellv. Vorsitzender der VSBD Hessen) mit dem Aufbau einer terroristischen Gruppe begonnen, die sich deutlich am Linksterrorismus orientierte und sich durch die Qualität von Logistik und Planung, ferner durch konspirative Vorgehensweise deutlich von anderen Gruppen der gewaltbereiten Rechten abhob. Der Gruppe schlossen sich die VSBD-Mitglieder Wulf-Helge Blasche, Ulrich Tillmann und Peter Sporleder (1979 Sprecher der »Grünen Aktion Deutschland«, Mitglied der WSG Hoffmann; 1980 Landesvorsitzender der VSBD Hessen) an, ferner Hans-Peter Fraas (WSG Hoffmann). Die Mitglieder der Gruppe bezogen konspirative Wohnungen in Frankfurt und Nürnberg; Kontakte zu früheren Gesinnungsgenossen wurden abgebrochen. Ihre Ziele legten Hepp und Kexel in einer Erklärung vom 30. Juni 1982 mit dem Titel »Abschied vom Hitlerismus« nieder. Darin verurteilten sie die drei »Abarten des Nationalismus« – Hitlerismus (Hitlerkult der äußersten Rechten); bürgerlichem Nationalismus und »NS- und Uniformfetischismus« – und forderten auf zum »undogmatischen, antiimperialistischen Befreiungskampf«, der identisch sein sollte mit dem »Kampf gegen den Amerikanismus«. Die von den Alliiierten »besetzte« Bundesrepublik sollte nach Hepp/Kexel durch ein »neutrales Deutschland in Friede und Freundschaft mit Sowjet-Rußland« abgelöst werden. Mit ihren terroristischen Aktionen gegen Einrichtungen der US-Armee wollten sie dieses Ziel durchsetzen und die Amerikaner zum Verlassen der Bundesrepublik zwingen. In ihrem Programm erkannten sie ausdrücklich die »antibürgerlich-kapitalistische Stoßkraft des Bolschewismus« an. Hepp und Kexel setzten sich damit deutlich von herkömmlichen Ideologen der extremen Rechten ab, sie propagierten ausdrücklich den Einsatz von Gewalt.
Wie andere Gruppen begannen Hepp/Kexel mit Aktionen zur Beschaffung von Finanzmitteln. Zwischen April und Dezember 1982 begingen sie Überfälle auf fünf Banken im Raum Frankfurt/Gießen

und in Erlangen mit einer Beute von 630.000,– DM. Die Gruppe versteckte ihre 1980 in der Schweiz und 1982 in Frankreich erworbenen Waffen und Sprengstoffe, ferner die Beute aus den Banküberfällen sowie gefälschte Ausweise in Erddepots (von denen nach Aushebung der Gruppe drei bei Dietzenbach/Hessen gefunden wurden).
Unter Leitung von Hepp und Kexel wurde in der Lüneburger Heide der Umgang mit Sprengstoff geübt, was der Vorbereitung auf die im Dezember 1982 begonnenen Angriffe auf US-Einrichtungen diente. In der Nacht vom 13. zum 14. Dezember 1982 wurden drei Sprengstoffanschläge auf PKW in Frankfurt-Fechenbach, Butzbach und Darmstadt verübt, bei denen zwei US-Soldaten schwer verletzt wurden. Die Sprengkörper waren unter den Sitzen deponiert und wurden durch Druckkontakte gezündet. Es wird vermutet, daß auch mehrere Anschläge auf Wohnungen amerikanischer Familien in Eschborn, Frankfurt und Gießen von der Gruppe Hepp/Kexel begangen wurden.
Auf Grund von Hinweisen aus der Bevölkerung wurden Blasche, Fraas und Sporleder am 15. Februar 1983 in einer konspirativen Wohnung in Frankfurt festgenommen. Tillmann und Kexel konnten nach Großbritannien flüchten, wurden aber bereits am 18. Februar 1983 in Poole bei London verhaftet. Hepp setzte sich nach Frankreich ab; er wurde erst am 8. April 1985 bei Paris verhaftet und nach Verbüßung einer in Frankreich verhängten Haftstrafe Januar 1987 an die Bundesrepublik Deutschland ausgeliefert.
In dem wegen Bildung einer terroristischen Vereinigung vor der Staatsschutzkammer des Oberlandesgerichts Frankfurt geführten Verfahren räumten die meisten der Angeklagten die ihnen zur Last gelegten Taten ein. Fraas gab zu, es sei darum gegangen, daß »die Amis in die Luft fliegen«, Kexel habe ihm gegenüber erklärt, es sei ihm »egal, wenn einer hops geht«, weil »auch amerikanische Terroristen Dresden bombardiert« hätten. Kexel bestritt das, es sei nur darum gegangen, die Amerikaner »zu verunsichern«.[49] Am 15. März 1985 wurden die Mitglieder der Gruppe zu hohen Freiheitsstrafen verurteilt: Walther Kexel: 14 Jahre; Helge Blasche: 10 Jahre; Hans-Peter Fraas: 8 ½ Jahre; Dieter Sporleder: 7 Jahre; Ulrich Tillmann: 5 Jahre Jugendstrafe. Odfried Hepp erhielt am 27. Oktober 1987 10 ½ Jahre Freiheitsstrafe. Kexel nahm sich nach der Verurteilung in der Haftanstalt Frankfurt das Leben.

Gruppe Naumann

Die längste neonazistisch-terroristische Laufbahn hat der im Oktober 1987 verhaftete Diplom-Ingenieur Peter Naumann (geb. 1954) hinter sich. Über lange Jahre galt er als Sprengstoffexperte in der rechten Szene. Bereits 1974 war den Behörden bekannt, daß er mit Sprengstoff und Bomben experimentierte, bei der Explosion eines selbstgefertigten Sprengsatzes wurde er selbst schwer verletzt, beim Entschärfen weiterer Bomben kam ein Feuerwerker ums Leben.

Naumann hat eine typische Karriere vom Funktionär der »Jungen Nationaldemokraten« (JN) 1972 in Wiesbaden bis zum Gründer einer terroristischen Vereinigung hinter sich gebracht. 1976 wurde er der stellvertretende Vorsitzende der JN. Er fungierte dann als Leiter der »Arbeitsgemeinschaft Nationaler Verbände/Völkischer Bund« (ANV/VB), die Schulungsveranstaltungen für die »volkstreue Jugend« und Sonnwendfeiern im hessischen Wetteraukreis veranstaltete. Naumann war regelmäßiger Autor in der von dem österreichischen Rechtsextremisten Walter Ochsenberger herausgegebenen Zeitschrift *Sieg*.[50]

Im Strafverfahren vor dem OLG Frankfurt wurde Naumann zur Last gelegt, sich 1979 an Sprengstoffanschlägen auf Sendeanlagen in Koblenz und Nottuln beteiligt zu haben, durch die die Abstrahlung des Holocaust-Films verhindert werden sollte. Dies war zwar nicht nachzuweisen, er wurde lediglich der Verabredung zu diesen Taten für schuldig befunden.

Außerdem wurden Naumann folgende Straftaten nachgewiesen:

- der Sprengstoffanschlag am 30. August 1978 auf das Mahnmal für NS-Opfer an den Fosse Ardeantine bei Rom, wo im März 1944 auf Anordnung des SS-Offiziers Herbert Kappler italienische Geiseln erschossen worden waren;
- der Versuch, Anfang 1982 mit den Neonazis Walther Kexel und Odfried Hepp eine terroristische Vereinigung zu gründen;
- Verstöße gegen das Waffen- und Sprengstoffgesetz, u.a. Beschaffung von 20 kg Dynamit aus Bundeswehrbeständen für einen nicht durchgeführten Anschlag auf das Alliierte Militärgefängnis in Berlin.

Angesichts der von Naumann begangenen Straftaten nimmt sich die gegen ihn verhängte Freiheitsstrafe von viereinhalb Jahren erstaunlich milde aus. Naumanns Mittäter, Bernhard Archner, erhielt wegen der Beteiligung an den Anschlägen auf die Sendeanlagen eine zur Bewährung ausgesetzte Freiheitsstrafe von einem Jahr.[51]

Zur Analyse des Rechtsterrorismus

In der als Anhang abgedruckten Statistik sind mehr als 150 vollendete terroristische Taten mit rechtsextremem Hintergrund für die Jahre seit 1968 gezählt; hinzu kommen Vorbereitungshandlungen und versuchte Taten. Diese Taten wurden begangen von mehr als fünfzehn Tätergruppen sowie zahlreichen Einzeltätern. Eine generalisierende Bewertung des Rechtsterrorismus ist unter diesen Umständen nur behutsam und mit Vorbehalten möglich.

Vergleich Links- und Rechtsterrorismus

Vielfach wird die Frage gestellt, ob der Rechtsterrorismus eine eigene Wurzel hat oder nur die Kopie des Terrorismus von links ist. Zumindest in seiner Frühphase hat er sich nach Ansicht der Sicherheitsbehörden eigenständig entwickelt. Das zeigt sich u. a. an den Abläufen: Während bei den Aktionen von Linksterroristen von Anfang an die Abfolge Planung – Beschaffung – Tatausführung eingehalten wurde, entstanden terroristische Aktionen von Rechtsextremisten vielfach aus dem Besitz von rasch einsetzbaren Waffen. Waffensammeln ist gleichsam typisch für Rechtsextremisten, ohne daß daraus die Bereitschaft von Gewalt in jedem Falle folgt. Der Besitz von Waffen verkürzt jedenfalls bei Rechtsextremisten die Spanne zwischen Planung und Tatausführung. Aktionen von Rechtsextremisten sind deshalb schwerer zu kalkulieren als die von Linksextremisten. Die besondere Gefährlichkeit des Besitzes leicht einsetzbarer Waffen liegt in der Neigung zu spontanen, nicht vorbereiteten Gewaltaktionen, etwa als Ergebnis einer »Sauftour«. So war dem Überfall von Angehörigen der »Taunusfront« am 30. Januar 1988 auf eine Flüchtlingsunterkunft in Schriesheim die Feier des 55. Jahrestages von Hitlers »Machtergreifung« vorangegangen. Angesichts dieser Form der Tatbegehung haben sich Terrorakte der extremen Rechten bislang durchweg gegen zufällig ausgewählte Opfer gerichtet; es hat nur wenige Fälle gegeben, in denen das Opfer gezielt ausgesucht war: das Attentat auf Rudi Dutschke und der Mord an Lewin-Poeschke sind durchaus Ausnahmen (sieht man von Fememorden oder Racheakten ab). Ansonsten wurde das anonyme Opfer zufällig aus einer Gruppe ausgewählt; »der« Ausländer, »der« Asylant, »der« Linke, »der« amerikanische Besatzungssoldat. Roeders Brandsätze töteten beliebige Asylbewerber; Hepp/Kexel legten ihre Spreng-

sätze in die PKW von US-Soldaten, die stellvertretend für »den« Amerikanismus standen; Helmut Oxner erschoß wahllos ausländische Straßenpassanten, Josef Saller zündete einen Brandsatz in einem Haus, von dem er nur wußte, daß es von Ausländern bewohnt war.
Aus den Aufzeichnungen und Aufrufen von Linksextremisten ist vielfach abzulesen, wer als Angriffsobjekt in Betracht kommt. Das läßt im Einzelfall Schutzmaßnahmen zu. Linksterroristen hinterlassen, weil ihr Anschlag einem strategischen Konzept folgt, Bekennerbriefe, die den Zweck ihres Angriffes verdeutlichen und die Tat einer Unterstützerszene verdeutlichen sollen. Nicht nur wegen der Spontaneität der Tatbegehung, auch weil es das anzusprechende Umfeld nicht gibt, sind bei Terroristen von rechts solche Tatbekenntnisse die Ausnahme; dort wo Rechtsterroristen – wie Roeder – sie kopiert haben, haben sie es den Behörden sogar erleichtert, den Tätern auf die Spur zu kommen. Daß es dem Rechtsterrorismus nicht gelungen ist, ein sympathisierendes Umfeld zu organisieren, ist umso verwunderlicher, als Umfragen eine hohe Gewaltbereitschaft der extremen Rechten ausweisen.
Im Gegensatz zu Linksterroristen, die ihre Anschläge aus der Gruppe heraus mit Vorbereitung und Unterstützung durch eine sympathisierende Szene begehen, wird der Rechtsterrorismus durch den zum Exzeß neigenden Einzeltäter geprägt – neben den eben Genannten sind Josef Bachmann, Ekkehard Weil oder Gundolf Köhler zu nennen. Auffällig ist die hohe Selbstmordrate bei entdeckten Rechtsterroristen.
Erst gegen Ende der siebziger Jahre begannen rechtsterroristische Gruppen, sich am Linksterrorismus zu orientieren. Der Grund mag in der Erkenntnis der relativen Erfolglosigkeit ihrer Aktionen zu sehen sein. Die Übernahme von Strategien linker Terroristen beschränkte sich anfangs – etwa bei Kühnen und Roeder – auf Äußerlichkeiten wie Aufrufe und Bekennerbriefe. Manfred Heidenfelder – Fallschirmjäger im Range eines Oberfähnrich der Reserve und Anführer einer »Deutsch-Nationalen Verteidigungsorganisation« (DNVO), die Aufrufe zu Anschlägen auf US-Einrichtungen und gegen Juden verbreitete – spekulierte in einem aus der Frankfurter Strafanstalt geschmuggelten Kassiber über neue Formen der Untergrundarbeit, bei denen er sich ausdrücklich auf das Vorbild der RAF bezog: Aufbau der Verhafteten zu »Helden, Märtyrern oder sonst was positivem« bzw. »Kriegsgefangenen im Kampf gegen

US-Besatzer« oder Aufruf zu Aktionen aus der Haft.[52] Lediglich die Gruppe Hepp/Kexel schaffte es, die von Linksterroristen kopierte konspirative Aktion für eine begrenzte Zeit durchzuhalten.

Zusammenarbeit mit Linksterroristen

Nach Ansicht von Hans-Josef Horchem, ehemals Chef des Hamburger Verfassungsschutzes, haben sich in den achtziger Jahren die Unterschiede zwischen den Positionen und Zielen von Links- und Rechtsextremisten verringert.[53] Als Beleg dient ihm eine einzige Aussage von Eduard Wolfgram, die Anarchisten hätten die gleichen Ziele, denn auch sie wollten den Staat zerstören. Dies ist ebenso wenig schlüssig wie die Feststellung, das Eintreten der Gruppe Hepp/Kexel für einen »antiimperialistischen Nationalismus zur Befreiung Deutschlands« decke sich mit den Aktionen der RAF und der Roten Zellen gegen »US-Imperialismus« und die »multinationalen Konzerne«.

Es hat zu Anfang der achtziger Jahre schüchterne Versuche von rechts zur Kooperation mit der extremen Linken gegeben. Aber der Versuch etwa von Michael Kühnen, mit dem RAF-Mitglied Uwe Folkerts in Kontakt zu kommen, blieb ebenso ohne Echo wie ein Schreiben des Ehepaars Hewicker.[54] Schließlich konnte auch Gary Lauck mit seinem Aufruf an »alle linken Aktionsgruppen« zum gemeinsamen »politischen Aktionismus« keinen Erfolg haben. Seit 1982 beobachten die Sicherheitsbehörden eine ganz entgegengesetzte Entwicklung: die Zunahme gewalttätiger Konfrontationen zwischen Links- und Rechtsextremisten.

Zusammenarbeit mit ausländischen Gruppen

Die immer wieder kolportierte Vermutung, es gebe eine internationale »Zentrale« des Rechtsextremismus, die auch das terroristische Geschehen in der Bundesrepublik Deutschland steuert, hat sich ebensowenig bestätigen lassen, wie die – insbesondere von CSU-Politikern vertretene – These, der Rechtsterrorismus in der Bundesrepublik sei von einem östlichen Geheimdienst beeinflußt. Dieser allzu durchsichtige Versuch, die Deutschen von der Verantwortung für Rechtsextremismus freizusprechen, ist immer wieder gemacht worden, seitdem es Epigonen des Nationalsozialismus gegeben hat. Für antisemitische Schmierereien in Köln und die nachfolgende Welle von Nachahmungstaten wurde das Ministerium für Staatssicherheit der DDR verantwortlich gemacht; wenige Tage nach dem

Attentat auf dem Oktoberfest mutmaßte Ministerpräsident Strauß eine Aktion »des KGB und der verwandten Dienste«.[55]
Versuche, auf den rechtsextremen Terror einzuwirken, hat vor allem der amerikanische Neonazi Gary Lauck immer wieder unternommen, nachweislich mit Erfolg allein im Fall Otte. Im übrigen gab es lose Kontakte der Neonazis in der Bundesrepublik Deutschland mit anderen europäischen Ländern.
Dies ermöglichte es den Aktivisten, im Ausland Schutz vor Verfolgung durch Polizei und Justiz zu suchen, wovon etwa Kühnen, Hepp, Roeder, Mitglieder der Gruppe Uhl Gebrauch gemacht haben. Dabei kann es in Einzelfällen auch zur Zusammenarbeit gekommen sein, die sich aber nie hat nachweisen lassen. So hat Hepp bestritten, er sei auf der Flucht nach Frankreich an Attentaten auf das Pariser Kino Beaubourg-Rivoli oder das jüdische Restaurant Goldenberg in der Rue des Rosiers beteiligt gewesen, bei dem sechs Menschen ums Leben kamen.[56] Der Verdacht, daß die nach Belgien geflohenen Mitglieder der Gruppe Hepp/Kexel an einem Attentat in Antwerpen mitwirkten, hat sich auch nicht erhärtet.[57] Mit Sicherheit ist aber davon auszugehen, daß die Südtiroler Separatisten Unterstützung von Rechtsextremisten aus der Bundesrepublik Deutschland erhielten, die über finanzielle Hilfe hinausgeht. Die Kooperation der *El Fatah* mit der WSG Hoffmann schließlich beruhte nur auf der begrenzten ideologischen Übereinstimmung in der Feindschaft gegen Juden, die sich jedoch bei der Verwirklichung der Ziele der Palästinenser nicht hat nutzbar machen lassen.

Zur Typologie rechtsterroristischer Täter

Aus Untersuchungen der Sicherheitsbehörden, vor allem aber der Wissenschaft lassen sich abgesicherte Hinweise auf Herkunft und Persönlichkeit rechtsextremer Gewalttäter ableiten.
Friedhelm Neidhardt hat bei der Analyse der bis 1978 verurteilten Terroristen der Gruppe Otte, der Gruppen um Kühnen und der »Deutschen Aktionsgruppen« (Roeder) zwei Altersschwerpunkte ermittelt: neben den ganz jungen Aktivisten standen Ältere, die durch den Nationalsozialismus geprägt waren.[58]
Dies hat sich bis zur Mitte der achtziger Jahre deutlich verschoben. So bestätigt die vom Bundesministerium des Innern in Auftrag gegebene Analyse soziologischer Gruppenkriterien der zwischen 1977 und 1985 verurteilten Rechtsextremisten zwar die überdurchschnittlich hohe Beteiligung der Jugendlichen und Heranwachsen-

den (39 %), der von Neidhardt festgestellte statistische Gipfel der Alten ist hingegen weggefallen. Die Verjüngung zeigt sich bei der Aufschlüsselung der 1985 wegen Straftaten mit rechtsextremistischem Hintergrund ermittelten Täter, bei denen der Anteil der Jugendlichen und Heranwachsenden fast 50 % beträgt (die Vergleichszahl für die Gesamtkriminalität lautet 1985: 24 %). Bei den 1985 bekannten 268 Aktivisten, die sich an Gewalttaten beteiligt, Gewalt angedroht oder geplant hatten bzw. Waffen und Sprengstoff besaßen, lag erwartungsgemäß der Anteil der Jugendlichen und Heranwachsenden mit 14 % niedriger; der Schwerpunkt lag hier bei den 21- bis 30jährigen, der Anteil der über 50jährigen war auf 5 % zurückgegangen.[59]
Mehrfach bestätigt worden sind die Unterschiede bei der Zusammensetzung der Geschlechter. Frauen bilden bei den Rechtsterroristen mit 10 % eine deutliche Minderheit, dagegen stellen sie ein Drittel der Linksterroristen dar.[60] Beim Bildungsstand fällt der hohe Anteil der Hochschulbesucher unter Linksterroristen auf (bei Neidhardt: 42 %); die Vergleichszahl rechts liegt mit 10 % deutlich niedriger, während hier die Volksschulbildung mit 49 % (Vergleichszahl für Linksterrorismus: 17 %) deutlich überwiegt. Nicht ohne Grund wenden sich führende Rechtsextremisten wie Hoffmann und Kühnen, aber auch Schönborn, Müller oder Tag, gezielt an junge Menschen mit niedrigem Bildungsniveau, vorzugsweise solche mit persönlichen oder familiären Problemen. Wie terroristische Karrieren von diesen beeinflußt werden, belegen die Untersuchungen von Ronald Grossarth-Maticek[61] und Wilhelm Heitmeyer[62].

Ausblick

Seit der Zerschlagung der Gruppe Hepp/Kexel 1983 ist keine rechtsextremistische Gruppe neugegründet worden, die zur Organisation und Durchführung terroristischer Aktionen in der Lage wäre.* Das folgt unter anderem aus der Entscheidung Michael Kühnens, die Untergrundarbeit aufzugeben und sich der offenen politischen Aus-

* Ob die nach Fertigstellung des Manuskripts im April ausgehobene »Wehrsportgruppe Mündener Stahlhelmbund« in den vorstehenden Zusammenhang einzuordnen ist, läßt sich angesichts des spärlichen nach den Maßnahmen der Staatsanwaltschaft Göttingen bekannt gewordenen Materials nicht abschließend beurteilen.

einandersetzung zu stellen; eine der ersten Entscheidungen Kühnens nach der Entlassung aus der Strafhaft und der Zusammenführung der »Aktionsfront Nationaler Sozialisten« (ANS) mit den »Nationalen Aktivisten« (NA) zur ANS/NA (die freilich inzwischen verboten wurde), war deshalb der »Befehl«, keine Waffen zu verwenden oder Sprengstoffe zu beschaffen.

Alle anderen Aktivisten, die in terroristische Aktionen verwickelt waren, befinden sich in Haft oder haben sich von Gewaltaktionen losgesagt.** Dies ist auch ein Erfolg der Sicherheitsbehörden, deren Arbeit sicher dadurch erleichtert war, daß die extreme Rechte weniger »intelligent« organisiert war als ihr linkes Pendant und ihnen eine den RAF-Unterstützergruppen vergleichbare Sympathisantenszene fehlte. Die »Hilfsorganisation für nationale politische Gefangene und ihre Angehörigen e. V.« (HNG), konzipiert als Organisationsform für die – wie Befragungen zeigen – vorhandene »Szene«, hat in Einzelfällen materielle Unterstützung leisten können. Wegen interner Probleme und der Rivalitäten der Führer untereinander konnte sie ihre selbstgestellte Aufgabe, den Aktivisten politische Unterstützung zu geben, nie erfüllen.

Es wäre hingegen verfehlt, hieraus den Schluß zu ziehen, die extreme Rechte sei auf Dauer unfähig zu Gewaltaktionen. Gegen diese Annahme sprechen eine ganze Reihe von Gründen:

- Ungeachtet des Fortfalles der Führungsfiguren hat die Zahl rechtsterroristischer Gewaltakte – nach einem deutlichen Rückgang Mitte der achtziger Jahre – in den letzten beiden Jahren zugenommen. Der sprunghafte Anstieg von Aktionen gegen Ausländer läßt für das laufende Jahr einen neuen Höhepunkt erwarten.
- Die Mitgliedschaft in rechtsextremen Organisationen hat sich weiter verjüngt. Das dürfte mit einem weiteren Anstieg der Gewaltbereitschaft einhergehen. Ein breites rechtsextremes Vorfeld (etwa Skins) eröffnet auch in der Zukunft gute Rekrutierungsmöglichkeiten. Nach Feststellungen aus dem Bundesamt für Verfassungsschutz ist die Zahl der militanten Rechtsextremisten auf 450 angestiegen (1985 lag sie noch bei 26).[63]

** Angesichts der Milde, die der Begründer der »Wehrsportgruppen«, Karl-Heinz Hoffmann, bei der Justiz und bei Politikern gefunden hat, bleibt abzuwarten, ob er die mit seiner vorzeitigen Entlassung aus der Strafhaft im Juli 1989 verbundenen Erwartungen – im Gegensatz zu Kühnen – erfüllen wird.

- In den Wahlkämpfen in Berlin und Hessen zu Anfang des Jahres gehörten verbale Angriffe gegen Ausländer zur Wahlkampfkonzeption der CDU, die dadurch den Problemdruck erhöht hat, ohne daß sie in der Regierungskoalition angekündigte Lösungen hat durchsetzen können. Es ist zu befürchten, daß sich dadurch die Gewaltbereitschaft gegen Ausländer erhöhen wird.

Vor diesem Hintergrund ist ein Rückgang des Rechtsterrorismus auf absehbare Zeit nicht zu erwarten.

Rechtsextremer Terror – Statistische Übersicht

Jahr		Tatform	
	Tötungsdelikte	Brandstiftungen	Sprengstoffdelikte
1968	1		
1969			
1970	1		
1971		3	
1972		2	
1973		2	
1974		2	
1975		2	
1976			1
1977		1	2
1978		2	1
1979		1	3
1980	14	15	6
1981	3	15	4
1982	3	15	5
1983		1	9
1984	1	11	1
1985		3	
1986		1	1
1987		8	
1988	4	13	
	27	97	33

Anmerkung: Die Angaben sind den Verfassungsschutzberichten des Bundesministers des Innern entnommen; Bewertung und Zählweise terroristischer Handlungen wurden leider nicht einheitlich durchgehalten. Es werden nur vollendete Taten gezählt.

Anmerkungen

1 Hans-Dieter Schwind (Hrsg.), Ursachen des Terrorismus in der Bundesrepublik Deutschland, Berlin-New York 1978, S. 13.
2 Uwe Backes/Eckard Jesse, Totalitarismus – Extremismus – Terrorismus. Ein Literaturführer und Wegweiser im Lichte deutscher Erfahrung, Opladen 1984, S. 245.
3 *SINUS*-Institut, 5 Millionen Deutsche: »Wir sollten wieder einen Führer haben ...«. Die SINUS-Studie über rechtsextremistische Einstellungen bei den Deutschen. Reinbek 1981, S. 82.
4 Der Bundesminister des Innern (Hrsg.), Elisabeth Noelle-Neumann/Erp Ring, Das Extremismuspotential unter jungen Leuten in der Bundesrepublik Deutschland 1984, Bonn 1984, S. 80, 105.
5 *Der SPIEGEL,* Nr. 8/1982, S. 63.
6 *Der SPIEGEL,* Nr. 33/1976, S. 26f.
7 Veronica Blum, in: *blick nach rechts* Nr. 22/87 S. 3.
8 *Deutsches Allgemeines Sonntagsblatt,* 14. Februar 1982.
9 *QUICK,* 1. Juni 1983.
10 Zit. nach: Franz Greß, *blick nach rechts,* 11. Februar 1985, S. 2.
11 *Stern,* 27. August 1987.
12 s. Statistische Übersicht im Anhang.
13 Hartmut Herb, Neonazismus in der Bundesrepublik Deutschland und staatliche Reaktionen, in: *JW-Dienst.* Exclusivbericht Nr. 211, Wiesbaden 1980, S. 17.
14 Verfassungsschutzbericht 1971, S. 22.
15 Herb, Neonazismus in der Bundesrepublik, S. 18.
16 Ebd., S. 19.
17 Bayerischer Landtag Drucksache 9/1051 vom 12. März 1979.
18 Bayerischer Landtag, Sten. Bericht 9/14 vom 22. März 1979.
19 zit. nach *Sozialdemokratischer Pressedienst,* 1. Okt. 1980.
20 *Deutsche Nationalzeitung,* Nr. 35/77, S. 10.
21 *konkret,* Januar 1977, S. 43.
22 *Der SPIEGEL,* Nr. 33/1976, S. 27.
23 Verfügung des Bundesministers des Innern vom 30. Jan. 1980.
24 Alwin Meyer/Karl-Klaus Rabe, Unsere Stunde, die wird kommen. Rechtsextremismus unter Jugendlichen, Bornheim-Merten 1979, S. 79.
25 Otto Köhler in: *Basler AZ,* 28./29. Sept. 1984; s. dazu auch: Ulrich Chaussy, Oktoberfest. Ein Attentat. Darmstadt/Neuwied 1985.
26 *Frankfurter Rundschau,* 30. Sept./1. Okt. 1980.
28 *Arbeiterkampf* 273, 25. August 1986.
29 *Tageszeitung,* 1. Juli 1986; *Deutsche Volkszeitung/die tat,* 6. Juli 1986.
30 *Frankfurter Rundschau,* 11. November 1976.
31 Herb, Neonazismus in der Bundesrepublik, S. 29.
32 *Frankfurter Allgemeine Zeitung,* 20. Febr. 1981.
33 *Frankfurter Rundschau,* 13. Sept. 1979.
34 *Frankfurter Rundschau,* 20. Febr. 1981.
35 Georg Biemann, Rechtsradikalismus-Report. Jahresübersicht 1981/82 über Tendenzen im bundesdeutschen Neofaschismus und seinem Umfeld, in: *Blätter für deutsche und internationale Politik,* 4/1982, S. 471, 474.

36 *Deutsches Allgemeines Sonntagsblatt,* 14. Febr. 1982.
37 *QUICK,* 1. Juni 1983.
38 *Frankfurter Allgemeine Zeitung,* 21. Jan. 1985.
39 *Der SPIEGEL,* Nr. 13/1979, S. 99.
40 *Der SPIEGEL,* Nr. 2/1982, S. 67.
41 *Der SPIEGEL,* Nr. 26/1982, S. 77.
42 Anne Huhn/Alwin Meyer, »Einst kommt der Tag der Rache«. Die rechtsextreme Herausforderung 1945 bis heute, Freiburg i. Br. 1986, S. 63.
43 Franziska Hundseder, in: *blick nach rechts,* Nr. 20/1978 S. 6.
44 *Der SPIEGEL,* Nr. 39/1986 S. 90.
45 Pressedienst Demokratische Initiative (PDI), Die Volkssozialistische Bewegung Deutschlands – Sammelbecken militanter Rechtsradikaler, PDI-Sonderheft 17, München 1981.
46 *Der SPIEGEL,* Nr. 3/1981, S. 84.
47 Huhn/Meyer, »Einst kommt der Tag der Rache«, S. 62.
48 *Der SPIEGEL,* Nr. 44/1981, S. 27ff.
49 *Frankfurter Rundschau,* 25. Febr. 1985.
50 Siehe Anm. 7.
51 Bundesministerium des Innern, Innere Sicherheit Nr. 5 vom 30. Dez. 1988; *Frankfurter Rundschau,* 9. Okt. 1987 und 17. Okt. 1988.
52 *Der SPIEGEL,* 1979 Nr. 17, S. 90.
53 Hans Josef Horchem, Die verlorene Revolution. Terrorismus in Deutschland, Herford 1988, S. 103f.
54 Mitteilung aus dem Verfassungsschutz an den Verfasser.
55 *Abendzeitung,* München, 30. Sept. 1980.
56 *Der SPIEGEL,* Nr. 41/1985 S. 46.
57 *Der SPIEGEL,* Nr. 3/1981, S. 84.
58 Friedhelm Neidhardt, Linker und rechter Terrorismus. Empirische Ansätze zu einem Gruppenvergleich, in: Bundesministerium des Innern (Hrsg.), Gewalt von rechts. Beiträge aus Wissenschaft und Publizistik. Bonn 1982. S. 155.
59 Verfassungsschutzbericht 1985 S. 146f.; s. auch Eike Hennig. Neonazistische Militanz und Terrorismus. Thesen und Anmerkungen, in: Gewalt von rechts, S. 111ff.
60 Neidhardt, Linker und rechter Terrorismus, S. 162f.; Noelle-Neumann/Ring, Das Extremismuspotential unter jungen Leuten, S. 101.
61 Ronald Grossarth-Maticek, Familiendynamische, sozialpsychologische und sozialökonomische Faktoren des linken und rechten Radikalismus, in: Hans-Dieter Schwind (Hrsg.), Ursachen des Terrorismus in der Bundesrepublik Deutschland, Berlin-New York 1978, S. 99ff.
62 Wilhelm Heitmeyer, Rechtsextremistische Orientierungen bei Jugendlichen. Empirische Ergebnisse und Erklärungsmuster einer Untersuchung zur politischen Sozialisation, Weinheim und München 1987.
63 *JW-Informationsdienst* Nr. XXX/2-3 vom 23. Januar 1989.

Hooligans und Skinheads – Die neuen Rechtsaußen der Nation?

von Gunter A. Pilz und Klaus Sengebusch

»Neonazis in den Stadien«, »Hoch die rote Fahne mit dem Hakenkreuz – Beim Fußball-Fanclub Rote Wölfe machen braune Parolen die Runde«, »Der alltägliche Rassismus von Fußballfans«, »In Bomberjacke, Springerstiefeln und mit Glatzkopf begleiten rechtsradikale Skinheads den VfB nach Berlin« – so und anders lauten Überschriften in der Presse. Folgt man der öffentlichen oder besser der veröffentlichten Meinung, dann scheint die Sache klar: die »neue Generation von Fußballfans« ist gewalttätig und rechtsradikal durchsetzt. Allein, so einfach wollen wir es uns nicht machen. Wir werden vielmehr entlang der Frage, wie rechtsextremistisch Fußballfans und Skins in Wirklichkeit sind, aufzeigen, daß es zwar ernstzunehmende Tendenzen einer zunehmenden Ausländerfeindlichkeit und »autoritär-nationalisierender Orientierungen« (Heitmeyer/Peter) unter Fußballfans zu beobachten gibt, von einer rechtsradikalen Unterwanderung der Fußballfanszene aber noch nicht gesprochen werden kann. Dabei werden wir nach einem kurzen Abriß der ersten Rekrutierungs- und Mobilisierungsversuche der Fans und Skins durch den organisierten Rechtsextremismus speziell auf die Entwicklung der hannoverschen Fan- und Skinszene eingehen, um schließlich – bezogen auf die Frage, was getan werden kann und muß, um der nach wie vor, ja vielleicht heute noch bedrohlicheren Gefahr der Vereinnahmung der Skin- und Fanszene durch den organisierten Rechtsextremismus gegenzusteuern – kritisch die Reaktionen der unterschiedlichen Gruppen und Institutionen auf die Auseinandersetzungen zwischen Skins/Hooligans und Türken in Hannover zu beleuchten.

Rechte Parolen – rechte Gesinnung? Rechtsextreme Verhaltensweisen in der Fan-Szene

Mit Beginn der achtziger Jahre tauchten in den Bundesligastadien Sprechchöre, Parolen, Embleme und Symbole auf, die auf rechtsextreme Parolen hinwiesen. Zwar gab es auch vor dieser Zeit schon Fan-Gruppen, die mit entsprechenden Verhaltensweisen auf sich aufmerksam machten. Es handelte sich dabei aber um vereinzelt auftretende Erscheinungen. Seit Herbst 1981 ist eine Generalisierung dieser Tendenzen festzustellen, setzte eine Vermassung von Nationalismen, rechtsextremen Parolen und Emblemen ein. »Deutschland den Deutschen«, »Ich bin stolz ein Deutscher zu sein«, zierten fortan mehr und mehr Kutten wie Bomberjacken. Beschimpfungen der Gegner oder des Schiedsrichters als »Juden«, die man nach Auschwitz wünschte, »Sieg Heil«-Rufe und entsprechende Grüße machten mehr und mehr die Runde und schockierten die Öffentlichkeit. Mit dieser Entwicklung einher gingen auch Wandlungen der Kostümierung und der körperlichen Auseinandersetzungen unter Fußballfans. Gewalttätige Handlungen sogenannter »harter« Fangruppen richteten sich nicht mehr nur gegen gegnerische Fangruppen, sondern auch gegen Ausländer und Andersdenkende. Mit Namen wie »Adlerfront«, »Endsieg«, »Frankenterror«, »Borussenfront« oder »Zyklon B« grenzten sie sich deutlich von anderen Fangruppen ab und signalisierten ihre über den Fußball hinausgehenden Interessen. In der veränderten Kleidung dieser Fans erinnerte kaum noch etwas an die Beziehung zum Fußballverein. Bomberjacken und Kampfstiefel prägten mehr und mehr neben Jogginganzügen oder betont lässiger, sportlicher und teurer Kleidung (Boss-, Lacoste-Hemden) das äußere Erscheinungsbild dieser Fangruppen. Die Haare wurden kurz bis zur Skinhead-Glatze getragen. Aber auch bisher allgemein akzeptierte Regeln der ritualisierten Auseinandersetzungen wurden mehr und mehr gebrochen. Der Gebrauch von Waffen (Regenschirme mit entsprechendem Knauf, Baseballschläger u. ä.), besonders der Einsatz von Distanzwaffen wie CS-Gas oder Leuchtspurstiften setzte die Hemmschwelle zur Gewaltanwendung sichtlich herab. Das »Fertigmachen« von Gegnern, bislang nur als verbale Pflichtübung im Rahmen eher karnevalesker körperlicher Auseinandersetzungen anzusehen, wurde zunehmend Realität. Bereits am Boden liegende gegnerische Fans wurden fortan nicht mehr in Ruhe gelassen, sondern mit Füßen und Fäusten weiter traktiert. Die Gewalt bekam eine neue, bislang nicht gekannte und erschreckende Qualität, die selbst den hartgesottenen und durchaus gewaltgeneigten und -bereiten Hooligans heute unheimlich geworden ist und Anlaß gab, zur Korrektur dieser Entwicklungen aufzurufen. »Hooligan without weapons« heißt der Aufruf, der wieder zu fairen Auseinandersetzungen zwischen den Fans zurückrufen soll. »Gegen faire Boxereien ist nichts zu sagen«, so ein Hooligan in der überregionalen Fanzeitung *FanTreff* 1988, »aber bei Baseballschlägern oder Messern hört der Spaß auf. Hooligan ohne Waffen muß das Motto heißen. Denn gute Kämpfer brauchen keine! Noch vor vier Jahren war das Motto noch erst Fußball und dann den Verein anfeuern, dann erst faire Randale! Wenn 100 Mann grölend in Vereinsfarben und nicht in Boss-Klamotten durch die Straßen ziehen, um mit anderen Streß zu machen, dann ist das geil. Nicht aber, Leuchtkugeln abfeuern, in zivil dann in der Menge untertauchen«.

In der Hoffnung, daß sich im Umfeld der Fußballfanszene aufgrund der hier beschriebenen Gewaltakzeptanz, der Männlichkeits- und Mannhaftigkeitsideale sowie der sozialen Ängste eines Teils der Fußballfans ein willkommenes Rekrutierungs- und Mobilisierungsfeld für rechtsextremistische Gruppierungen befindet, hat im Juli 1983 Michael Kühnen im Informationsbrief Nr. 5 seiner »Aktionsfront Nationaler Sozialisten/Nationale Aktivisten« (ANS/NA) darauf hingewiesen, daß die Kameradschaft ANS I Hamburg den Auftrag habe, den »Einfluß unserer Bewegung auf Skinheads, Fußballfans usw. auszudehnen«. Fortan bemühten und bemühen sich organisierte Rechtsextremisten um jugendliche Fußballfans und Skinheads und versuchen sie für ihre Propaganda und Aktionen zu gewinnen. Erster trauriger Höhepunkt dieser Kampagne waren die Ereignisse um das Fußball-Europameisterschafts-Qualifikationsspiel zwischen Deutschland und der Türkei 1983 in Berlin. Wochen und Monate vor dem Spiel machten die Neonazis für dieses Spiel mobil. Die »Nationalen Aktivisten Großberlin«, eine Berliner Untergruppe der ANS/NA Kühnens, luden für den Vorabend des Spiels bundesweit zu einem »Kameradschaftstreffen« ein. In vielen Bundesligastädten tauchten Flugblätter auf, in denen sich z. B. die Fans von Hertha BSC Berlin »im Namen aller Deutschen an alle deutschen Fußball-Fans« wandten: »Am 26. Oktober 1983 steht dem deutschen Volke der Kampf gegen das stinkende Türkenpack bevor. Dann nämlich, wenn die deutsche Fußballnationalmannschaft gegen die Scheiß-Türken in Berlin um Punkte für die Europameisterschaftsqualifikation antritt. Dieses Spiel muß Signal für das gesamte Volk Deutschlands und vor allem für die Politiker unseres Staates sein. Hinter diesem Spiel steht besonders der Kampf der Deutschen um Arbeitsplätze im eigenen Land und der Wille eines jeden, in Deutschland unter deutschen Landsleuten zu leben und nicht mitansehen zu müssen, wie eine immer größer werdende Ausländerzahl die Zukunft eines starken Deutschlands gefährdet. Wir – zum Teil jugendliche Fußball-Fans – müssen uns erheben und gemeinsam Front machen gegen die Ausländerschwemme (speziell Türken) in Deutschland. Darum AUSLÄNDER-STOPP! und AUSLÄNDER RAUS!. Schluß mit der großen Schlange deutscher Arbeitsloser vor den Arbeitsämtern. Nur Gewalt kann uns noch befreien. Werft die Ausländer raus aus Deutschland. Wir müssen den Anfang machen! Egal welcher Verein: Auf nach Berlin zum KAMPF gegen die KANACKEN!!!«

Trotz der zusätzlichen großen Aufmerksamkeit, die die geplanten Aktivitäten in den Massenmedien erfuhren, trotz deren dramaturgisch geschickter Vermarktung, ist es um dieses Fußball-Länderspiel herum relativ ruhig geblieben. Die Mobilisierungsversuche gegen Türken und andere Ausländer haben wenig gefruchtet. In die damalige Zeit fallen aber auch die Aktivitäten der Frankfurter »Adlerfront«, von »Zyklon B« in Berlin und vor allem der Dortmunder »Borussenfront« mit ihrem »Führer« Siegfried (SS-Siggi) Borchert, die sich durch z. T. massive An- und Übergriffe auf ausländische Geschäfte, ein türkisches Kulturzentrum und Passanten rassistisch-gewalttätig bemerkbar machten. Die meisten Mitglieder der »Borussenfront« waren in der ANS/NA Kühnens organisiert. Nach dem Verbot der ANS traten sie der FAP bei, die Borchert bei der Landtagswahl in Nordrhein-Westfalen sogar als Spitzenkandidat aufstellten. In Hannover wurden zu dieser Zeit dem Fan-Club »Rote Wölfe« Verbindungen zu militanten Rechten nachgesagt. Fan-Clubs sammelten auf Veranstaltungen Spenden für die FAP. Ähnliche Beobachtungen wurden in der ersten Hälfte der achtziger Jahre in vielen Bundesligastädten gemacht. Mit Recht mußte deshalb die Frage gestellt werden, ob diese Erscheinungsformen »Ausdruck für den deklarierten Versuch der ›Neuen Rechten‹ waren, die Straße und die Arbeiterjugend für sich zu gewinnen«.[1]

Die Mobilisierungs- und Unterwanderungsversuche der Fußballfanszene durch die ANS/NA müssen im großen und ganzen als gescheitert angesehen werden. Dies bestätigen nicht nur die Erfahrungen der Sozialarbeiter der einzelnen Fan-Projekte in den Bundesligastädten, sondern auch die Berichte des Verfassungsschutzes. Bei den wenigen, tatsächlich von organisierten Rechtsextremisten durchsetzten Fan-Clubs handelte es sich um kleine – wenngleich durchaus schlagkräftige – Gruppierungen, die in der Fanszene aber bald wieder verschwunden waren.

Daß die Mobilisierungsversuche durch den organisierten Rechtsextremismus damals wenig erfolgreich waren, läßt sich auf mehrere Ursachen zurückführen. Zunächst einmal ist davon auszugehen, daß das Singen und Skandieren von nazistischem Gedankengut, das Verwenden von rechtsextremistischen Emblemen kein Indiz für die politische Gesinnung der Fußballfans war als vielmehr ein Indiz dafür, was gesellschaftlich besonders provokant wirkte. Weniger der politische Gehalt der Parolen und Embleme war entscheidend für deren Benutzung als vielmehr die Erkenntnis, damit provozieren zu können, in der Öffentlichkeit Betroffenheit, Ärger, Wut, Angst und Aggressionen hervorzurufen. Wenn Fußballfans »Sieg Heil« brüllten, den Gastverein oder Schiedsrichter nach Auschwitz wünschten, »Jude, Jude« skandierten, SS-Runen auf ihren Fahnen und Kutten anbrachten, dann taten sie dies weniger aus ideologischen, politischen Gründen, sondern weil sie gemerkt hatten, daß sie damit mehr auffallen und Macht ausüben konnten, als wenn sie den Schiedsrichter als »schwarze Sau«, die Gastvereine und Fans als »Schweine« titulierten. Es handelte sich so weniger um den Ausdruck einer politischen Gesinnung als vielmehr um ein Mittel zur Erregung von Aufmerksamkeit, zur Sicherstellung eigener Erfolgserlebnisse über die Provokation anderer und das Genießen der Betroffenheit der Provozierten. So besehen mußte die große Publizität, die den jugendlichen Fans aufgrund ihrer rechtsradikalen Parolen und Embleme zuteil wurde, diese in ihrem Verhalten geradezu bestätigen und verstärken. Damit ist auch jenen Jugendforschern zuzustimmen, die die nazistischen Parolen und Embleme der Fußballfans als eine bevorzugte »Form jugendlichen Auftrumpf-, Aufruhr- und Protestverhaltens der späten siebziger und der frühen achtziger Jahre« bezeichneten, das sich besonders deutlich im »provokanten Verhalten gegen die bürgerliche Ordnung, ihre Normen und ihre Hüter« artikuliere.[2] Ein Beleg dafür, wie unpolitisch dieses Verhalten größtenteils war, war die beliebige Austauschbarkeit der benutzten Reiz- und Provokationswörter. Skandierten die jugendlichen Fans in den siebziger Jahren mit »Baader, Baader«-Rufen oder »Es lebe die RAF, Baader, Baader, wir wollen noch mehr Tote« durch die Straßen, so schrieen sie 1983 neonazistische Parolen in dem Bewußtsein, daß RAF-Parolen in der Öffentlichkeit erheblich weniger Betroffenheit als »Hitler«- oder »Auschwitz«-Rufe erzeugten. Diese Jugendlichen waren politisch z. T. so weitherzig, daß sie gleichzeitig für Mao, Hitler und Che Guevara schwärmten und Hakenkreuze neben RAF-Emblemen trugen. Man wird den Fans somit keineswegs gerecht, wenn man sie pauschalisierend als Neo-Nazis und als »neue Gefahr von rechts« abstempelt. Solche voreiligen und pauschalisierenden Etikettierungen laufen vielmehr Gefahr, diese Jugendlichen tatsächlich über kurz oder lang in eine rechtsradikale Ecke zu drängen, sie zu ideologisieren und politisieren. Man kann sich des Eindrucks nicht erwehren, daß sich hinter der Art und Weise, wie seinerzeit auf diese Erscheinungen in der Fußballfanszene seitens der Medien und Gesellschaft reagiert wurde, der Versuch verbarg, von der allgemein zunehmenden konservativen Grundstimmung in unserer Gesellschaft abzulenken. So ist verschiedentlich darauf verwiesen worden, daß Fußballfans einer Gesellschaft, die die eigene Gewalt weitgehend verdrängt und nur allzu bereit ist, diese auf Randgruppen zu projizieren, als willkommene Projektionsfläche dienen. »Die Jugendlichen sind in ihren Bedürfnissen und Phantasien nur besondere Kristallisationen für Probleme, die ihren Ursprung im Zentrum der Gesellschaft haben«, bemerkt der Sozialwissenschaftler Oskar Negt.[3] Der Vater des von befreundeten Skins ermordeten 17jährigen Roger Bornemann hat dies – bezogen auf die Gewaltbereitschaft und -tätigkeit von Skins und Hooligans – in dem Film von Andrea Morgenthaler »Es ist einfach nur Haß – Von Skinheads und vom Straßenkrieg in Hannovers Innenstadt« sehr anschaulich beschrieben: »Manches entwickelt sich auch aus einer undefinierten Protesthaltung, und ich darf das vielleicht an dieser Stelle einmal sagen, wenn man auch in den öffentlich-rechtlichen Medien suggeriert bekommt, was z. B. Franz-Josef Strauß sagt über die Folter an chilenischen Bürgern, das wäre eine unfeine Behandlung, dann finden sich auch viele junge Leute in ihrer Behandlungsweise Personen gegenüber oder in ihrem Verhalten legalisiert. Nicht, wenn Folter eine unfeine Behandlung ist, dann kann ja brutales Zuschlagen und Zutreten nicht weit davon entfernt sein«.[4]

Gerade im Bereich der Asylanten- und Ausländerpolitik unterscheiden sich die Sprüche von Skins und Fußballfans kaum von denen an manchen Stammtischen und stellen oft nur weniger verklausuliert und offenere Variationen der offiziellen Politik der Bundesregierung und der Unionsparteien dar. So etwa, wenn ein Skin in Hannover sagt: »Gucken Sie mal an, wieviel' Deutsche gestorben sind im Zweiten Weltkrieg. Sieben Millionen! Die haben ihr Leben gelassen. Wofür? Daß Kanacken jetzt von unserem Geld leben können, von unseren Steuern? Ich zahl' doch nicht für Ausländer hier Steuern, daß die hier tausend Panzen machen und Kindergeld dafür kriegen, was?« In ihrem rechten Weltbild werden solche Jugendlichen zudem oft auch von ihren Eltern unterstützt, wie Andrea Morgenthaler bei ihren Filmarbeiten erfahren mußte. Dies bestätigen auch Erfahrungen aus Bremen: »Der Vorwurf an die Fans, sie seien Neo-Nazis, hat also die Funktion, von der Anfälligkeit unserer bundesrepublikanischen Gesellschaft als Ganzes für ›rechtsextreme‹ Lösungen politischer und sozialer Probleme, abzulenken.«[5]
Ein weiterer Grund dafür, daß eine Indoktrinierung der Fußballfans und Skins durch rechtsextremistische Gruppen bis vor einigen Monaten nicht gelang, ist darin zu sehen, daß sich weder Skins noch Fans gerne unterordnen und in die strengen Ordnungsrituale und Organisationsmuster dieser Gruppen pressen lassen. In Gesprächen mit diesen Jugendlichen taucht bei der Frage, warum sie nicht Mitglied der FAP oder anderer rechtsextremistischer Gruppen seien, stereotyp das Argument auf, daß man dort gezwungen sei, regelmäßig an Kameradschaftstreffen teilzunehmen und dort Ordnung und Disziplin verlangt würden. So äußerte sich ein Skin in Hannover zur FAP: »Alles zu extrem. Die arbeiten also vollkommen nach dem Hitlerprinzip und darauf kann ich also beim besten Willen nicht. Das Privatleben wird dadurch auch ziemlich eingeschränkt, weil die wollen, daß man sich eben dann gruppiert, beim Kameradschaftsabend auftritt einmal in der Woche, bei Aktionen mitmacht, und wenn man nicht mitmacht, dann muß man sich entschuldigen usw. usf. Das ist irgendwie zu hart gewesen.« Obwohl Skins, Fußballfans und Neo-Nazis im Bereich der Ausländerfeindlichkeit, der Gewaltakzeptanz und des Männlichkeitsideals weitgehend identische Wert- und Verhaltensweisen aufweisen, besteht ein zentraler Differenzpunkt darin, daß sich Skins und Fußballfans als unpolitisch verstehen, Politik für sie nichts mit »Spaß« zu tun hat.[6] Mit ausländerfeindlichen Sprüchen wird eher, wie die Jugendforscher Heit-

meyer und Peter betont haben, ein »privates Unbehagen abgearbeitet, denn ein zentrales politisches Motiv verfolgt, für das sich zu handeln lohnte«.[7] Die »spielerisch-karnevalistische Qualität« der Fankultur war für rechtsextremistische Gruppen daher bislang nicht erschließbar.[8] Auszüge aus einem Interview mit einem Fußballfan und Skinhead, das 1986 von Mitarbeitern des Fan-Projektes Hannover durchgeführt wurde, belegen dies.

Interviewer (I): Was macht denn einen Skin überhaupt aus? Ich meine jetzt außer, daß er kurze Haare hat?

Frank (F): Früher (. . .), wo ich anfing, hat mich Politik überhaupt nicht interessiert. Mit 14 Jahren interessiert man sich ja nicht für Politik. Das war einfach unheimliche Kameradschaft, hat jeder jedem einfach beigestanden. Es war lustig, man war zusammen. Deswegen hatte ich damit angefangen. Und dann, als der Ärger mit den Punks anfing, da fing das plötzlich mit Politik an. (. . .) Ich bin auch stolz, ein Deutscher zu sein, aber deshalb laufe ich nicht rum und hebe überall den Arm. Klar, das hat man auch mal gemacht, aber nicht überall und macht da die Sprüche »Sieg Heil« oder so was. Das ist blödsinnig. Wenn man denn mal einen fragt, hier, warum machst du das, und was bedeutet das, was ist Faschismus, ja keine Ahnung, ne. Aber ›Sieg Heil‹ schreien, das finde ich total blödsinnig.

I: Und wie würdest Du Dich heute von der Einstellung her einordnen?

F: Nationalbewußt, auf jeden Fall. Aber nicht rechts. Leichten Rechtsdrall schon, aber nicht direkt rechts, ne.

I: Wie meinst Du das jetzt mit dem leichten Rechtsdrall? Daß da Sachen bei sind, die man als Rechts zuordnet oder wie?

F: Ja.

I: Und was?

F: Ausländerfeindlichkeit.

I: Und das würdest du sagen, das ist ein rechtes Bewußtsein, Ausländerfeindlichkeit?

F: Ja.«

Noch deutlicher bringen die folgenden Aussagen von Skins den Unterschied zu organisierten rechtsextremistischen Gruppierungen (FAP, DVU) zum Ausdruck:

»Der Unterschied zwischen uns und der FAP ist, daß die FAP – so wie ich den Eindruck habe – also die Menschen sozusagen abstempelt und nach Rasse sortiert und dann diskriminiert und dagegen

vorgeht. Wir gehen nicht nach Rassen, das interessiert uns eigentlich gar nicht. Wir gehen eigentlich nur danach: ›wer provoziert uns‹ und ›wer will uns massiv provozieren‹, während die eben, egal wie groß oder wie klein, ob Mann oder Frau, die hauen eben drauf, so sind wir nicht (...)
Da muß differenziert werden auf jeden Fall, weil wir uns nicht als Neo-Nazis verstehen, wir kämpfen nur gegen das, (...) womit wir unmittelbar konfrontiert werden, und wir wollen auf keinen Fall 'ne Diktatur wieder oder so. Wir lieben eben die Demokratie, wir lieben den Wohlstand. Wir wollen eben nur, daß es bei einer Demokratie bleibt, und wir wollen das verteidigen und hier uns, in dieser Demokratie – wie schon gesagt – eben frei bewegen können.«
Solche Aussagen machen deutlich, weshalb der organisierte Rechtsextremismus in der Vergangenheit bei Skins und Fußballfans nicht Fuß fassen konnte. Fans wie Skins haben nicht, wie z. B. Kühnens ANS/NA, die Zerstörung der demokratischen Grundordnung und die Bekämpfung der Gesellschaft im Visier, sie verstehen sich im Gegenteil eher als deren Hüter und Beschützer, als Garanten von Recht und Ordnung. Dies macht es auch verständlich, warum Skins und Fans/Hooligans die Hafenstraße in Hamburg oder das Sprengel-Gelände in Hannover zu Angriffsobjekten auserkoren haben. Sie sehen in Besetzungen einen Verstoß gegen Recht und Ordnung und verstehen nicht, wenn sie bei ihren Versuchen, dies zu ändern, von der Polizei daran gehindert werden. Ja, sie machten sogar der Polizei Angebote, gemeinsam mit ihr oder zumindest unter Duldung durch sie in der Hafenstraße und auf dem Sprengelgelände wieder für »Recht und Ordnung« zu sorgen. Diese Angebote mögen zwar als naiv und zum Teil auch als karnevalistische Äußerungen eingestuft werden; gleichwohl haben sie einen realen Hintergrund und sind z. T. durchaus ernst gemeint.
Auf ein letztes Problem, das die Skins und Fußballfans mit rechtsextremistischen Organisationen haben, weist die folgende Aussage eines hannoverschen Fußballfans hin: »Damals als das groß rauskam mit den Faschisten, 1982 glaub ich, wo das richtig los ging, da kamen sie auch, haben uns angesprochen. Da waren wir auch mal bei so ein paar Treffen am Döhrener Turm da irgendwo bei einem älteren Paar da, auch so gelabert, aber so was blödsinniges, die haben wirklich noch in der Kriegszeit gelebt. Die haben überhaupt nicht mitgekriegt, daß achtziger Jahre sind. Die ganzen Zeitungen von früher, die haben sie immer wieder neu abgedruckt und wieder verteilt,

immer das gleiche. Die haben wirklich noch in so 'ner Zeit vor 45 so gelebt.« Mit anderen Worten: mit der nationalsozialistischen Vergangenheit, mit Hitler u. ä. wollen die Fans nichts zu tun haben. Was sie bedrückt, sind Probleme der Gegenwart. Ihre »rechte« Gesinnung ist nicht Resultat der Beeinflussung durch ewig Gestrige oder eine Folge mangelnder Aufarbeitung und Auseinandersetzung mit der jüngsten deutschen Geschichte, sondern primär ein Ausdruck von aktuellen, gesellschaftlich produzierten Problemlagen und Verarbeitungsformen aktueller Alltagswelterfahrungen dieser Jugendlichen.

Bis zur Fußball-Europameisterschaft 1988 in der Bundesrepublik kann so zunächst resümiert werden: Die aus den Lebenswelten der Skins und Fußballfans resultierenden Wertvorstellungen und subkulturellen Normen der aggressiven Männlichkeit und Mannhaftigkeit sowie die Gewaltakzeptanz stellen durchaus einen gefährlichen Nährboden für Ausländerfeindlichkeit, Extremismus und »autoritär-nationalisierende Orientierungen« dar; die politische Heimat dieser Jugendlichen aber blieb die traditionelle Parteienlandschaft. Diese bisherige Immunität von Skins und Fußballfans gegenüber rechtsextremistischen Mobilisierungs- und Unterwanderungsbemühungen scheint sich allerdings gegenwärtig aufzulösen. Ein Blick auf neuere, sich gleichwohl seit einigen Jahren abzeichnende Entwicklungen in der Fan/Hooligan- und Skinszene am Beispiel Hannovers erscheint daher sinnvoll.

Neuere Entwicklungen in der Fan-/Hooligan- und Skinszene in Hannover

Die Art und Weise, wie Gesellschaft und Ordnungsorgane auf das auffällige Verhalten von Skins und Fußballfans reagierten, die weitere Verschlechterung der Lebens- und Arbeitswelten der Jugendlichen[9], aber auch die politische Wende hin zur konservativen Politik führen zu einer Verstärkung der eingangs aufgezeigten Tendenzen und damit zu einer »Vermassung« ausländerfeindlicher Einstellungen und »autoritär-nationalisierender Orientierungen« unter Jugendlichen. Innerhalb der Fanszene hat dies zur Folge, daß die Auflösung traditioneller Formen der Fankultur und der Bindungen an die Vereine über organisierte Fanclubs beschleunigt werden, daß traditionelle Fanclubs zunehmend in unorganisierte, lose Gruppierungen übergehen bzw. solche mehr und mehr in die Fußballfankultur einbrechen. Die forcierte Professionalisierung und Kommerzialisierung des Bundesligafußballs degradiert die Fans immer stärker zu einem relativ unbedeutenden Faktor in den Finanzplänen der Vereine und zu Stimmungsmachern in den Kurven. Für die Fans bedeutete dies einen Verfall der für sie oft einzigen Identifikationsmöglichkeit mit Spielern und Verein. Die Welt des Fußballs, die ihnen so viel bedeutete, für die sie keine Mühe und Opfer scheuten, für die sie litten und im wahrsten Sinne den Kopf hinhielten, hat mit ihren Lebenswelten immer weniger gemein und eignet sich kaum mehr als Identifikationsobjekt. Die Ausdifferenzierung der Fanszene in »konsumorientierte«, »fußballzentrierte« und »erlebnisorientierte« Fans, wie sie von Wilhelm Heitmeyer und Jörg-Ingo Peters festgestellt wurde, setzt sich rapide fort. Die Balance zwischen diesen Fan-Gruppierungen verlagert sich in Richtung der erlebnisorientierten Fußballfans, die sich ihrem englischen Vorbild entsprechend »Hooligans« bezeichnen und eine Vermischung erlebnis- und abenteuerhungriger, ausländerfeindlicher mehr oder weniger stark ausgeprägter rechtsorientierter Skins und Fußballfans darstellen.

Zwei interessante Entwicklungen innerhalb der Fanszene sind dabei zu erwähnen. Zum einen haben im Zusammenhang mit der Fußball-Europameisterschaft 1988 in der Bundesrepublik, Bemühungen eingesetzt, die Feindseligkeiten unter den bundesdeutschen Fans, den Hooligans, zu begraben und gemeinsam gegen die ausländischen, vornehmlich die englischen und holländischen Fans vorzugehen. So trafen sich anläßlich größerer Bundesligaspiele immer wieder Hooligans und Skins, um auf diese Weise »mobil« zu machen. Die zunehmende Auflösung der Bindungen der Fans an ihre Vereine hat diesen Prozeß erleichtert, und es verwundert heute keineswegs, daß immer mehr Hooligans gar nicht bei Heimspielen ihres Vereins auftauchen, sondern sich stattdessen mit befreundeten Hooligangruppen zu anderen Spielen treffen. Der oft beschriebene »Randale-Tourismus« hat hier seinen Ursprung.

In diesem Kontext gewinnen die Erkenntnisse des englischen Soziologen Dunning an Bedeutung, der darauf hingewiesen hat, daß aufgrund der langen Arbeitslosigkeit und der damit verbundenen »neuen Armut« in Großbritannien in den von diesen Problemen besonders betroffenen sozialen Schichten sich wieder stärker Formen segmentärer Bindung herausbilden, in denen Normen der

Mannhaftigkeit, der Männlichkeit und der Gewalt üblich sind, wie sie in früheren Phasen des Zivilisationsprozesses vorkamen.[10] Die sozialen Schichten und Lebenswelten, aus denen sich ein guter Teil der gewalttätigen Hooligans rekrutieren, lassen sich dabei u. a. wie folgt charakterisieren:

- mehr oder weniger stark ausgeprägte Armut;
- Beschäftigung der Mitglieder dieser Schichten in einfachen (ungelernten) und/oder Gelegenheits-Jobs, verbunden mit einer hohen Anfälligkeit zur Arbeitslosigkeit;
- geringer Grad an formaler Bildung;
- geringe geographische Mobilität;
- mutterzentrierte Familien;
- ausgeprägte Trennung der Lebensbereiche der Geschlechter und ehelichen Rollen, Dominanz des Mannes;
- geringe Überwachung der Kinder durch die Erwachsenen;
- vergleichsweise geringe Fähigkeit, Selbstkontrolle zu üben und Belohnungen hinauszuschieben;
- vergleichsweise gering ausgeprägte Hemmschwellen gegenüber körperlicher Gewalt;
- Bildung von Straßenbanden, starke Zugehörigkeitsgefühle zu eng abgegrenzten Wir-Gruppen, verbunden mit intensiven Feindseligkeitsgefühlen gegen Fremdgruppen.

So antworten befragte Skins denn auch auf die Frage, wie sie sich selbst sehen: »'ne Bewegung, 'ne Jugendbewegung. Ja wir sind Kumpels und wenn's halt mal darauf ankommt, halten wir alle zusammen, und das ist das Gemeinschaftsgefühl, daß wir, wenn es darauf ankommt, halt wirklich alle zusammenhalten.«

Die gering ausgeprägte Hemmschwelle gegenüber körperlicher Gewalt wird durch Aussagen dokumentiert, daß es einfach Spaß mache, sich zu prügeln, daß sie für »faire, geile Boxereien« sind, wobei der Begriff »fair« Auseinandersetzungen mit der Faust und ohne Waffen meint. Die starken Wir-Gruppen- und intensiven Feindseligkeitsgefühle gegen Fremdgruppen, kommen in folgender Aussage eines Skins zum Ausdruck: »Wenn wir losgehen, gehen wir nur zu Punks und Kommunisten hin, und die wollen sich prügeln, denn die provozieren doch mit ihrer Aufmachung, die wollen's doch. Die gehen uns doch entgegen mit ihren vermummten Gesichtern und mit Stahlschleudern, und die schießen auf uns. Wir gehen noch mit Fäusten hin und wollen uns mit denen prügeln, weil wir sie hassen, weil wir sie nicht wollen. Wir gehen doch nur gegen ihre

Einstellungen an, Punk heißt doch Dreck, und wir wollen den Dreck nur von der Straße fegen. Wenn wir uns nicht gegen die wehren würden, dann würden überall nur Punks rumhängen und Kommunisten.«

Die von Dunning angeführten Charakteristika dieser Sozialschichten tendieren dazu, sich gegenseitig zu verstärken, so daß »aggressive Männlichkeit« die höchste Wertschätzung erfährt. Konflikte werden entsprechend meist offen, direkt und körperlich ausgetragen. So ist Kämpfen innerhalb und zwischen diesen Gruppen ein unverzichtbares Mittel, um Ansehen und Prestige zugesprochen zu bekommen und aufrechtzuerhalten. Heitmeyer und Peter machen dabei auf eine in unserem Zusammenhang besonders bedeutsame zusätzliche Problematik aufmerksam: Die Männlichkeitsnormen werden in einer Situation freigesetzt, wo zwar die sozialen Ungleichheiten gleich geblieben – wir meinen im Sinne der neuen Armut sogar schlimmer geworden – sind, sich das Klassenbewußtsein im Rahmen der Individualisierungsschübe aber weitgehend aufgelöst hat. Diese Normen unterliegen damit immer weniger sozialen Kontrollmechanismen und geraten deshalb in Gefahr, »politisch aufladbar und funktionalisierbar zu sein, mit ganz anderen Zielsetzungen und Inhalten«.[11]

Auch wenn sich Skins und Hooligans selbst in der Arbeiterkultur einordnen (»Alle Skins haben gemeinsam, daß sie alle Arbeiter sind und nicht gerade die Reichsten«), so bleibt doch die Tatsache, daß sie mit ihren Problemen nicht mehr in eine intakte Arbeiterkultur integriert sind und sie auch kein ausgeprägtes Klassenbewußtsein zu stabilisieren vermag.

So besehen gewinnt auch die Beobachtung von Sozialarbeitern seit Beginn der Bundesligasaison 1988/89 an Bedeutung, daß wieder verstärkt rechtsextremistische Parolen und »Sieg Heil«-Rufe in den Fankurven auftauchen. Erstmals scheint es, als seien diese Äußerungen nicht mehr nur Mittel der Provokation und des »Auf-Sich-Aufmerksam-Machens«. Sie scheinen mehr und mehr nun auch eine ideologische und politische Dimension zu bekommen. Außerdem fällt auf, daß Hooligans und Skins in den Stadien und den Szene-Treffpunkten wieder verstärkt – und jetzt durchaus mit Erfolg – von organisierten rechtsextremen Gruppen umworben werden.

Durch die Wahlergebnisse in Bremen, Berlin und Hessen haben die rechtsextremen Parteien eine gesellschaftliche und politische Aufwertung und Anerkennung erfahren, die es den Skins und Hooligans leichter machten, hier ihre politische Heimat zu suchen und zu finden, sich offensiver zu dem Gedankengut und den Parolen dieser Parteien zu bekennen. Vor allem die Art und Weise, wie die CDU als große demokratische Volkspartei bei den Kommunalwahlen in Hessen durch entsprechende Wahlaussagen und Parolen Boden auf dem rechten Flügel gutzumachen versuchte, um die Gunst der Wähler rechts der CDU buhlte, hat bei Skins wie Hooligans – und nicht nur bei diesen – mit dazu beigetragen, daß sie »rechte«, ja rechtsextremistische Parolen bewußter und bestimmter vertreten. Parolen wie »Deutschland den Deutschen«, »Ausländer raus« werden fortan (selbst-)bewußter und bestimmter geäußert. Es war schon frappierend mitzuerleben, wie die Wahlerfolge von Republikanern und NPD unter Hooligans und Skins leidenschaftlich und freudig diskutiert wurden. Wir müssen in der Tat festhalten, daß aufgrund dieses einschneidenden Wandels der politischen Landschaft und der Tatsache, daß die rechtsradikalen Parteien durch das Wählerverhalten in Berlin und Hessen nunmehr »salonfähig« geworden sind, von einer Immunisierung der Skins und Hooligans gegenüber diesen Parteien und deren politischen Ideologien nicht mehr gesprochen werden kann. Die wachsende, offene Feindseligkeit in unserer Gesellschaft gegenüber Ausländern und die offensiv durch das rechte Parteienspektrum zum Ausdruck gebrachten autoritär-nationalisierenden Orientierungen führen mehr und mehr zu einer Verringerung der Distanz und Lockerung, ja z. T. Aufgabe der Zurückhaltung der Skins und Hooligans gegenüber rechtsradikalen Parteien.

Bevor wir uns abschließend der Frage widmen, wie diesem Trend entgegengesteuert werden kann, wie die Gesellschaft auf Skins und Hooligans reagieren soll, wollen wir in einem Exkurs auf die Auseinandersetzungen zwischen Skins und Türken in Hannover eingehen, die auch und vor allem als Antwort Jugendlicher auf ihre gesellschaftliche Problemlagen und die allgemein ausländerfeindliche Grundstimmung in unserer Gesellschaft gewertet werden müssen.

Exkurs: Auseinandersetzungen zwischen Skins und Türken in Hannover

Die hannoversche Innenstadt war im Herbst 1988 an mehreren aufeinanderfolgenden Wochenenden Schauplatz gewalttätiger Auseinandersetzungen zwischen deutschen und türkischen Jugendlichen. Schon vorher war es wiederholt zu gegenseitigen Provokationen und zu Schlägereien gekommen. So wurde im September 1987 eine vornehmlich von türkischen Jugendlichen frequentierte Spielhölle von Besuchern der benachbarten Discothek überfallen, die als Treffpunkt von Skinheads, Hooligans und englischen Soldaten gilt. Trotz eines Gegenangriffes der türkischen Jugendlichen auf die Discothek entstanden hieraus keine größeren Gewalttätigkeiten. Neu an den Zusammenstößen im Herbst 1988 war die große Zahl von Jugendlichen, die auf beiden Seiten mobilisiert worden waren, und der lange Zeitraum, in dem immer wieder Konfrontationen gesucht wurden. Es ist müßig, nach dem eigentlichen Auslöser der Krawalle zu suchen. Sowohl auf Seiten der türkischen Jugendlichen, als auch auf deutscher Seite wird jeweils der gegnerischen Gruppe die Schuld an den Ausschreitungen gegeben. Zweifellos hatten sowohl die türkischen wie die deutschen Jugendlichen nach dem ersten Zusammenstoß erfolgreich für das nachfolgende Wochenende mobilisiert, um die erneute Konfrontation mit der Gegenseite zu suchen. Das Alter der an den Auseinandersetzungen beteiligten Jugendlichen bewegte sich zwischen 14 und 20 Jahren. Die jungen Türken rekrutierten sich aus Spielhallen-Besuchern der Innenstadt und wurden an den folgenden Wochenenden durch türkische Jugendliche aus verschiedenen Jugendzentren verstärkt. Auf der Seite der deutschen Jugendlichen waren Skinheads, Hooligans und vereinzelt auch organisierte Rechtsextremisten vertreten. Hinzu kam eine größere Zahl Jugendlicher, die keiner dieser Gruppierungen zuzuordnen waren. Obwohl bei den Auseinandersetzungen Hunderte von Jugendlichen zugegen waren, blieb die Zahl der aktiv an den Schlägereien Beteiligten mit 40 bis 60 Personen verhältnismäßig klein. Das Geschehen konzentrierte sich auf zwei zentrale Orte: einerseits den Steintorplatz als Treffpunkt der türkischen Jugendlichen, auf der anderen Seite sammelten sich die deutschen Jugendlichen um den Kröpke herum. Dazwischen liegt eine Fußgängerzone. Alle Aktionen folgten in etwa dem gleichen Schema. Beide Gruppen

versuchten, den jeweiligen Gegner an dessen Sammelpunkt anzugreifen und zu schlagen. Diese Versuche hatten an den beiden ersten Wochenenden, jeweils Freitag- und Samstagabends, Erfolg, d.h. man schlug mit Latten oder ähnlichen Waffen aufeinander ein, warf Flaschen und Steine oder trat und boxte, bis die Polizei einschritt. Am dritten Wochenende verschärfte sich die Situation vorübergehend, als die mit schwachem Aufgebot vertretene Polizei bei dem Versuch, die deutschen Jugendlichen vor einem Vorstoß in Richtung Steintor abzuhalten, selbst Ziel des Angriffs wurde. Dabei wurden neben Steinen, Flaschen und Signalmunition auch zwei Molotowcocktails eingesetzt. Die seither starke Polizeipräsenz verhinderte weitere gewalttätige Auseinandersetzungen zwischen deutschen und türkischen Jugendlichen in der Innenstadt, ohne daß damit das Problem selbt gelöst worden wäre. Die Auseinandersetzungen verlagerten sich lediglich in die Stadtteile und Vororte: Die Auseinandersetzungen fanden nicht mehr in Form von Angriffen größerer Gruppen statt, sondern wurden von kleinen Gruppen initiiert.
Da die Ursachen für diese Auseinandersetzungen zu sehr in der Alltags- und Berufswelt, in den Sozialisationsbedingungen und den lebensweltlichen Erfahrungen dieser Jugendlichen verankert sind, laufen ordnungspolitische Maßnahmen ins Leere. Besonders die aggressiv demonstrierte Ausländerfeindlichkeit ist Ausdruck von einschneidenden Wandlungen in den Lebenswelten und Lebensräumen dieser Jugendlichen. Innerhalb relativ kurzer Zeit haben viele von ihnen erfahren, wie sich gewachsene, traditionelle Lebensräume und Wohngebiete zu überwiegend von Ausländern bewohnten Stadtvierteln wandelten und mehr und mehr von deren kulturellen Werten und Normen bestimmt wurden. Die von Heitmeyer und Möller beschriebene Auflösung überlieferter und relativ fester Lebensgemeinschaften, die am offenkundigsten die klassischen Arbeitermilieus mit ihren spezifischen Wohnstrukturen, Kommunikationsformen und entsprechenden Wertevorstellungen betreffen[11], erfahren durch diese Wandlungen eine zusätzliche, fast schon dramatische Zuspitzung.
Lassen wir hierzu Skins und Hooligans wieder selbst zu Wort kommen. »Man konnte als Deutscher gar nichts sagen früher, in der Ecke, wo ich wohnte (...) Da waren 70 % Ausländer da in der Gegend. Wenn man das Maul aufmachte, kriegte man was vor den Kopp. Und wenn man sich nicht wehrte, dann machen sie es immer wieder.« Oder ein anderes Beispiel: »Macht ein ausländischer Typ

eines von unseren Mädchen an, passiert gar nichts. Machst du aber ein ausländisches Mädel an und deren Familie erfährt das, dann hast du sofort den dicksten Krach am Hals hängen. Vielleicht aus religiösen Gründen. Ich weiß ja nicht, was die für Sitten haben. Sie sagen es einem auch nicht. Auf der anderen Seite ist es doch nicht meine Aufgabe, mich als Deutscher in eine andere Kultur zu versetzen. Es ist vielmehr die Aufgabe der Ausländer, sich in meinem Land mit meiner Kultur auseinanderzusetzen. Nach außen müssen die sich doch an unsere Lebensweise anpassen und wir uns nicht an deren Sitten und Gebräuche. Du kannst doch nicht, wenn du einen Türken siehst, einen Türken nachempfinden, wenn du einen Itaker siehst, dich wie ein Itaker benehmen und wenn du einen Chinesen siehst, plötzlich einen Chinesen spielen. Ich bin doch in meinem eigenen Land. (...) Ich lebe doch lieber in einem Stadtteil, wo gutbürgerliche Verhältnisse vorherrschen, wo mich die Nachbarn grüßen, wo einer dem anderen hilft, wo mich jeder kennt. In solch einem Stadtteil fühle ich mich doch wohler als in Rödelheim, wo die Ausländer den Stadtteil entfremden. Da wird dir doch die ganze Umgebung gestohlen.« (...) »Schlimm wird es halt nur, wenn die Ausländer probieren, die deutschen Stadtbilder zu verändern. Dazu finde ich, haben sie kein Recht. Wenn ihnen das nicht paßt, dann sollen sie ihren Stadtteil in der Türkei aufbauen, aber nicht in meinem Land, in meinem Stadtteil. (...) Du wirst bei vielen, die gegen Ausländer eingestellt sind, hören, daß die einen ausländischen Bekannten haben, mit dem sie sich eigentlich gut verstehen. Genauso oft wirst du auch hören, daß viele nichts gegen einen einzelnen Türken haben. Die haben etwas gegen die Masse. Und so denke ich auch. (...) Auf jeden Fall finde ich gut, wenn die ganze Ausländergeschichte durch die Skinheads und die sogenannten rechtsradikalen – was ja Blödsinn ist – Fußballfans offen zum Ausdruck kommt. Das ist besser, als wenn das ganze Ausländerproblem in den deutschen Wohnzimmern vor sich hin gärt. Da braucht nur noch einmal so ein Verrückter an die Macht zu kommen, und schon hast du wieder den größten Mist. Ich bin dafür, daß zumindest Ausländerstopp ist. Die Mehrheit der Deutschen, glaube ich, denkt da ebenso. Und zwar deswegen, weil sie gegen Überfremdung ist. Wenn ich durch Bockenheim laufe und mich nicht mehr wie im eigenen Land fühle, weil ich da eine Seltenheit bin, wenn ich sehe, daß in Schulklassen dreißig Ausländerkinder und zwei Deutsche sind, dann ist das für mich Überfremdung. Bei den letzten Wahlen in

Hessen habe ich zwar die Grünen gewählt, aber es stinkt mir schon, daß sie für das Wahlrecht der Ausländer in Deutschland eintreten. Ich sehe doch nicht ein, daß ein Türke hier wählen darf, wenn ein Deutscher in der Türkei nicht wählen darf. Ich finde, daß man so etwas ruhig sagen darf, ohne gleich als Nazi bezeichnet zu werden.«[13]

Diese Klagen von Jugendlichen, daß sie sich gar nicht mehr in Deutschland lebend fühlen, daß sie sich kaum mehr entfalten können, daß sie mit den Werten und Normen der ausländischen Mitbewohner nicht zurechtkommen, daß sie sich unterdrückt, benachteiligt fühlen, müssen ernst genommen werden. Es muß schon ein wenig verwundern, mit welch' emotionaler Teilnahmslosigkeit man von Lehrern mitgeteilt bekommt, daß in ihren Klassen bis zu 80 % Ausländer sind und sie nach wie vor auf Integrationsmodelle für Ausländer setzen, sich aber nicht darüber Gedanken machen, wie sich die deutschen Jugendlichen dabei fühlen. Aus vielen Gesprächen mit deutschen Jugendlichen wissen wir, daß ablehnende Einstellungen gegenüber Ausländern, insbesondere gegenüber Türken, häufig schon aus Kindheitserfahrungen resultieren. Schon auf Spielplätzen und in der Schule werden leidvolle Erfahrungen gemacht, die als Bedrohung der eigenen Persönlichkeit empfunden werden und Neid aufkommen lassen, der leicht in Haß umschlagen kann. Hier sind vor allem die viel stärkeren sozialen und familiären Bindungen der türkischen Mitbürger, der hohe Stellenwert der Familie zu nennen, denen die von fortschreitender Auflösung sozialer Milieus, von Verarmung familiärer und nachbarschaftlicher Bindungen, von Individualisierung von Lebenslagen und Lebenswegen betroffenen deutschen Jugendlichen nichts Adäquates entgegenzusetzen haben. So beklagen deutsche Jugendliche auch, daß ihre türkischen Altersgenossen auf Brüder und Freunde zurückgreifen können, um ihren Willen durchzusetzen oder sich bei Auseinandersetzungen den Rücken zu stärken. Durch die einseitige Rollenverteilung zwischen Mann und Frau in türkischen Familien erwecken türkische Jungen mit ihrem betont männlichen Habitus häufig den Eindruck, selbständiger und reifer zu sein als ihre gleichaltrigen deutschen Kameraden. Besonders deutlich wird die Rivalität zwischen deutschen und türkischen Jungen im Kampf um die Gunst der deutschen Mädchen. Da junge Türkinnen in der Regel von ihren Familien keine Gelegenheit erhalten, am öffentlichen Leben teilzunehmen, in der Familie behütet und beschützt aufwachsen, existiert hier ein reales Ungleichgewicht, das das Konkurrenzverhalten noch verstärkt und immer wieder Anlaß zu Klagen unter deutschen Jugendlichen ist. Hinzu kommt die nach wie vor angespannte Arbeitsmarktsituation. Jugendarbeitslosigkeit, minderwertige, entfremdete, sinnentleerte Arbeit verschärfen die Ziel- und Perspektivlosigkeit, die Sinnkrise in der sich die Jugendlichen befinden und die die deutschen Jugendlichen insofern härter trifft, als die hier erfahrenen Frustrationen nicht in dem Maße durch intakte familiäre, nachbarschaftliche und verwandtschaftliche Bindungen und Beziehungen aufgefangen werden können. Andererseits muß beachtet werden, daß auch türkische Jugendliche und besonders solche, die hier aufgewachsen sind, starke Konflikte austragen müssen aufgrund der Erwartungen ihrer noch vornehmlich der türkischen Kultur verhafteten Familien und der realen Erfahrungen, die sie in unserer auf Individualität und Konsum ausgerichteten Gesellschaft mit ihren Verlockungen und Enttäuschungen, selber machen. Die Suche nach Sündenböcken erleichtert das Tragen dieser Bürde. Aggressionen und Gewalt gegen die vermeintlichen Mitverursacher dieses unverschuldeten Leides erhöhen das eigene Selbstwertgefühl und helfen beim Aufbau einer eigenen Identität.

Auf ein weiteres, gravierendes Problem macht ein Skin aufmerksam, wenn er auf die Frage, warum er sich mit anderen Skins immer auf der Straße trifft, antwortet: »Weil man uns nirgendwo reinläßt. Wenn wir ins Jugendzentrum reingehen und uns öfter dort sehen lassen, dann ist dies ein Angriffspunkt für Linke, dann tauchen die linken Schweine irgendwann mal da auf, das Jugendzentrum geht kaputt quasi, und wir sitzen auf der Straße. Und wir hatten auch schon mal teilweise Bemühungen gehabt, von der Stadt eine Räumlichkeit zu bekommen, aber die können uns keine Räume geben, weil es dann heißt: ›Für Nazis und FAP werden Räume zur Verfügung gestellt, die Stadt unterstützt Nazis.‹ Das ist für keinen Wahlkampf gut. (...) Und es gibt keinen in der Politik, der sich auf unsere Seite stellt, halt wie die Parteien der FAP oder Volksunion, die sich eventuell zu uns auf die Seite stellen, aber uns auch benutzen als Schläger oder als ähnliches, oder um Stimmen zu fangen.«

Die Verunsicherung im Umgang mit den offenen rechtsextremistischen und ausländerfeindlichen Parolen der Skins und Hooligans, mit deren Gewaltbereitschaft, aber auch die Isolierungs- und Ausgrenzungsstrategien der politischen Institutionen und Ordnungsorgane, führen dazu, daß diese Jugendlichen aus Jugendzentren her-

ausgedrängt werden oder gar nicht erst hineinkommen, keine eigenen Räume haben, sich durch »Besetzung« öffentlicher Territorien ihre Räume selbst schaffen. Wenn die meisten hannoverschen Jugendzentren mittlerweile nur noch von ausländischen Jugendlichen genutzt werden, dann ist dies ein Offenbarungseid städtischer und öffentlicher Jugendsozialarbeit, der das vorhandene Konfliktpotential nur noch verschärft.
Mit unseren Ausführungen sollte deutlich werden, daß es sich bei den Äußerungen und Handlungen von Skins und Hooligans größtenteils (noch) nicht um ideologische und politisch verfestigte Verhaltensweisen handelt, sondern (noch) um lebensgeschichtlich gewachsene Bewältigungsversuche aktueller Problemlagen, die allerdings – wie die jüngste politische Entwicklung zeigt – schnell politisch mißbraucht und in verfestigte Ideen gepreßt werden können. Daher erscheint es geboten, hier behutsam aber bestimmt gegenzusteuern. Es gilt, Bemühungen zu forcieren, die Skins und Hooligans nicht ausgrenzen und isolieren, sondern integrieren. Nicht Sprachlosigkeit und Verweigerung des Umgangs mit diesen Jugendlichen dürfen die gesellschaftliche Antwort sein, sondern eine aktive lebensgeschichtliche, am Alltag der Jugendlichen orientierte Auseinandersetzung.

Integration statt Ausgrenzung: eine kritische Auseinandersetzung mit den gesellschaftlichen Reaktionen auf Skins und Hooligans

Die gewalttätigen Auseinandersetzungen zwischen Skins/Hooligans und Türken in Hannover haben nicht zuletzt angesichts der großen Medienresonanz Politiker und Verbände auf den Plan gerufen. Schnelle öffentliche Erklärungen, die Bereitstellung von zwei Sozialarbeiterstellen für die gezielte Straßensozialarbeit mit Skins und Türken, eine öffentliche Anhörung im Jugendwohlfahrtsausschuß und die Gründung eines Komitees gegen Rassismus waren ebenso obligate Schnellschüsse, wie das Beklagen des zunehmenden alltäglichen Rassismus und die Warnung vor den Folgen des Kapitalismus, ja die direkte Aufforderung zum offenen, organisierten Kampf gegen die Rechten durch die »Antifa-Bewegung«.
Als ob dies alles wie aus heiterem Himmel auf Hannovers Innenstadt heruntergefallen wäre, reagierten die unterschiedlichsten Gruppie-

rungen und Institutionen erschrocken, hektisch und dabei an Symptomen ansetzend ohne (selbst-)kritische Reflektion der eigenen, bzw. der gesellschaftlichen Ursachen. Wer nur der Ausgrenzung, der Isolierung und Kriminalisierung dieser Jugendlichen das Wort redet, der macht sich mitschuldig und muß sich den Vorwurf gefallen lassen, das Problem dramaturgisch geschickt für eigene Ziele zu vermarkten, nicht aber bereit zu sein, an den Ursachen anzusetzen, den »angeklagten« Jugendlichen Lebenshilfen zu geben, geschweige denn sich mit deren Problemen auseinanderzusetzen. Wer es sich so einfach macht und statt auf Kommunikation und Integration auf Ausgrenzung und Konfrontation setzt, der setzt den Prozeß der Radikalisierung dieser Jugendlichen erst richtig in Gang und treibt sie endgültig dorthin, wo er glaubt, daß sie sich heute schon befinden.

»Verkopfte« Aufklärungsprogramme und Aktionen antifaschistischer Gruppen, wie sie immer wieder praktiziert werden, erreichen in aller Regel die wirklich Gefährdeten nicht, da sie von den Ursachen und Bedingungen rechtsextremistischer Einstellungen und Verhaltensweisen abstrahieren. Die Klagen der Hooligans und Skins weisen daraufhin, daß Maßnahmen ergriffen werden müssen, die die Jugendlichen vielmehr befähigen, mit den gewandelten Wohnbedingungen, mit den kulturellen Eigenheiten ihrer ausländischen Mitschüler zurechtzukommen und ihre eigene kulturelle Identität zu entwickeln. Zu Recht heißt es daher in einem Papier der Landeshauptstadt Hannover: »Wenn deutsche Jugendliche ihr Unbehagen an einem Ausländeranteil in ihren Wohnquartieren und Schulen äußern, dürfen Pädagogen nicht von vornherein Äußerungen abwürgen, nur weil sie tatsächliche oder vermeintliche ausländerfeindliche Inhalte nicht ertragen. Ein solches Unbehagen ist wie jedes Vorurteil nur dann pädagogisch zu bearbeiten, wenn es wenigstens artikuliert werden darf. Durch Unterdrückung ist es nicht verschwunden, sondern nur der pädagogischen Auseinandersetzung entzogen. Leider neigen nicht wenige Pädagogen eher dazu, Jguendliche, die vermeintlich faschistische oder rassistische Parolen äußern, auszugrenzen, als geduldig daran zu arbeiten, sie aus jenen Ecken zu holen, in die sie sich verrannt haben. ›Sprachlosigkeit‹ gegenüber diesen Jugendlichen muß überwunden werden.«[14]

Nur wenn wir kommunikationsbereit sind, erfahren wir etwas über die Ursachen und Bedingungen ausländerfeindlichen und rechtsextremistischen Verhaltens; nur so lassen sich überhaupt Korrekturen anbringen. Ausgrenzung und ordnungspolitische Maßnahmen, Lamentieren und Konfrontation demgegenüber bergen die Gefahr in sich, daß sich Einstellungsmuster verfestigen und rechtsradikal organisierbar werden. Wir müssen in der Lage sein, auf diese Jugendlichen zuzugehen und zu lernen, die Signale, die sie mit ihren ausländerfeindlichen Parolen und Einstellungen setzen, zu erkennen und zu dechriffrieren als Verarbeitungsformen von Ungleichheiten, Zwangsverhältnissen und übersteigerten Disziplinierungen.[15]

Anmerkungen

1 D. Bott/G. Hartmann, Wir sind alle Frankfurter Jungs. Die Fans der SGE, Frankfurt a. M. 1985, S. 12.

2 K. Weis u. a., Zuschauerausschreitungen und das Bild vom Fußballfan, in: G. A. Pilz u. a., Sport und Gewalt, Schorndorf 1982, S. 93.

3 O. Negt, Rechtsextremismus und Gewalt – Ein Problem des gesellschaftlichen Zentrums, nicht der Randgruppen, in: N. Kremeyer u. a. (Hrsg.), Heute schon gelebt? Offenbach 1981, S. 52.

4 Diese und die folgenden, nicht näher bezeichneten Zitate von Skinheads sind dem Film von Andrea Morgenthaler entnommen.

5 M. Knaust, »Sieg Heil« im Stadion – Sind Fußballfans die neuen Nazis? Bremen 1983 (Manuskript), S. 7.

6 Vgl. E. Hennig, Jugend und Neofaschismus. Organisierter Neonazismus und Fußballrowdytum, in: Offensive Jugendhilfe, Kassel 1985, S. 18.

7 W. Heitmeyer/J. I. Peter, Jugendliche Fußballfans, Weinheim 1988, S. 159.

8 G. Hartmann, Gibt es eine politische Sozialpädagogik/Sozialarbeit mit nationalistischen Fußballfans?, in: *Widersprüche,* 1986, 16, S. 40.

9 Vgl. u. a. P. Becker/G. A. Pilz, Die Welt der Fans. Aspekte einer Jugendkultur, München 1988; K. J. Bruder u. a. Gutachten »Fankultur und Fanverhalten«, in: E. Hahn/G. A. Pilz/H. Stollenwerk/K. Weis (Hrsg.), Fanverhalten, Massenmedien und Gewalt im Sport, Schorndorf 1988, S. 11–52, W. Heitmeyer/J. I. Peter, Jugendliche Fußballfans.

10 E. Dunning, Social Bonding and Violence in Sport: A Theoretical-Empirical Analysis, in: J. H. Goldstein (Hrsg.), Sports Violence, New York, S. 140–141.

11 W. Heitmeyer/J. I. Peter, Jugendliche Fußballfans, S. 47f.

12 W. Heitmeyer/K. Möller, »Nazis raus aus dieser Stadt!«? Für neue Wege im Umgang mit rechtsextremistisch orientierten Jugendlichen, in: *deutsche jugend,* 1989, 1, S. 25.

13 D. Bott/G. Hartmann, Die Fans aus der Kurve, Frankfurt a. M. 1986, S. 79ff.

14 *Informationsdrucksache* der Landeshauptstadt Hannover, Nr. 41, 1989, S. 9.

15 Vgl. D. Keim, Stadtstruktur und alltägliche Gewalt, Frankfurt a. M. 1981, S. 73.

Jugend und Rechtsextremismus
Von ökonomisch-sozialen Alltagserfahrungen zur rechtsextremistisch motivierten Gewalt-Eskalation

von Wilhelm Heitmeyer

Dieser Beitrag basiert auf mehreren Veröffentlichungen, in denen der eigene Untersuchungsansatz theoretisch und empirisch dargelegt worden ist.[1] Im wesentlichen ging es darin um Teilbereiche des politischen Sozialisationsprozesses von Jugendlichen in rechtsextremistische Richtungen. Demgegenüber soll hier der Versuch einer Integration unternommen werden, um den Prozeß von den ökonomisch-sozialen Alltagserfahrungen zur rechtsextremistisch motivierten Gewalt-Eskalation bei Jugendlichen weiter aufklären zu können. Damit wird die Annahme verbunden, daß die Aufklärung über die Hinwendungsursachen und -prozesse sowie die Ausdifferenzierungen im rechtsextremistischen Spektrum auch zu differenzierten Sichtweisen führen können, die Voraussetzungen zu einer Chancenerweiterung politischer und sozialpädagogischer Einflußnahmen bilden.

Die leitende These: Rechtsextremismus wird hier nicht als ein politisches Problem gesehen, das am Rande der Gesellschaft entsteht, sondern das in zentralen ökonomisch-sozialen Bereichen der hochindustriellen Gesellschaft seine Quellen hat. Insofern sind für eine *Ursachen*analyse die rechtsextremistischen oder neonazistischen *Organisationen* eher ein sekundäres (Folge-)Problem. Für eine Prozeßanalyse sind dagegen von primärem Interesse:

- Ökonomisch-soziale Alltagserfahrungen: Ohnmacht, Handlungsunsicherheit, Vereinzelung
- Subjektive Verarbeitungen: Autoritär-nationalisierende Orientierungsmuster und Gewaltakzeptanz
- Soziale Verdichtungen: Problempotentiale in unterschiedlichen Orientierungs-»Milieus«
- Politische Verfestigungen: Organisationsanbindungen im rechtsextremistischen Spektrum und ihre quantitativen Entwicklungen
- Gewalt-Eskalation: Legitimationsbeschaffung durch Normalisierungsprozesse

Zum Kristallisationskern dieses Prozesses gehören die autoritär-nationalisierenden Orientierungsmuster, weil sie zum einen in der Nähe breiter sozialer Akzeptanz lagern, zum zweiten als Legitimationsmuster für subtile wie offene Formen von Gewaltakzeptanz dienen können und drittens, weil sie sich nicht offenkundig in der Ideenkontinuität nationalsozialistischer Prägung mit z. B. antisemitischen Inhalten befinden, sondern die »Ausländerfrage« zum Angelpunkt haben und dadurch in der Lage sind, eine Brücke herzustellen zwischen konservativen und traditionell rechtsextremistischen Positionen. Kern der These ist die Annahme, daß sich der Prozeß der Zunahme rechtsextremistischer Wahlerfolge oder neonazistischer Militanz wesentlich dadurch entscheidet, ob die autoritär-nationalisierenden Orientierungsmuster durch (neo-)-konservative politische Strömungen einen Normalisierungszuwachs erfahren und die Hinwendung von Jugendlichen erleichtern und verstärken.

Die Analyseperspektive: Orientierungsmuster- statt Organisations-Ansatz

Die dominierende Analyseperspektive in der Rechtsextremismusforschung war lange Zeit der Organisations-Ansatz, in dessen Mittelpunkt die Mitgliedschaft in den einschlägigen Organisationen stand. Das bedeutet aber, daß – was Jugendliche angeht – mit einem überholten Politikbegriff gearbeitet wird, weil die Distanz zu politischen Organisationen weitverbreitet ist. Im Gefolge dieses organisationsbezogenen Politikbegriffes setzte man dann auch konsequenterweise am *Endpunkt* des Prozesses an, was zur Folge hatte, daß der Prozeß selbst eher randständig blieb bzw. vom Ausgangspunkt der Mitgliedschaft z. B. in neonazistischen Gruppen zurückverfolgt und rekonstruiert wurde.[2] Da damit durchaus problematische Folgen der politischen (Gegen-) Strategie verbunden sind, weil das Handeln fast ausschließlich auf besonders auffälliges Agieren vor allem von organisierten »Neonazis« gerichtet ist und zumeist in die weitgehend folgenlosen Verbotsforderungen einmündet, wird hier ein anderer Ansatz bevorzugt: die Orientierungsmusterperspektive.
Damit soll das Hauptaugenmerk auf das Geschehen gelenkt werden, was *vor* einer Mitgliedschaft in einschlägigen Organisationen, vor entsprechenden Wahlentscheidungen liegt oder auch mit der Mit-

gliedschaft in sozial akzeptierten Gruppierungen oder Organisationen verbunden ist. Es ist die Konsequenz aus dem banalen Umstand, daß Jugendliche nicht als »Rechtsextremisten« oder »Neonazis« geboren werden, sondern daß sich solche Entwicklungen in der Auseinandersetzung mit der gesellschaftlichen Umwelt im Verlaufe der Sozialisation formen. Sie sind das Ergebnis der Verarbeitung von sozialen Erfahrungen im einzigartigen Lebenslauf, von unmittelbaren Eindrücken aus aktuellen Interaktionssituationen oder aus Informationen der sozialen Kommunikation und projektiven Entwürfen, die sich zu Orientierungsmustern verdichten und Handeln anleiten und begründen.

Während der organisationsbezogene Ansatz nun aufgrund der Mitgliedschaftsrolle über ein ganz trennscharfes Kriterium verfügt, was als »rechtsextremistisch« gilt (was aber gleichzeitig seine analytische Schwäche zur Ursachenanalyse ausmacht), stellen sich beim Orientierungsmuster-Ansatz die Probleme dort, wo bestimmt werden muß, welche Orientierungsmuster als »rechtsextremistisch« gelten können.

Dazu zählen wir zwei Bereiche, die z. T. getrennt, z. T. gemeinsam auftreten. Wenn diese beiden Bereiche zusammenfließen, dann haben wir es mit dem Kern rechtsextremistischer Orientierungen zu tun. Der erste Bereich enthält die *Ideologie der Ungleichheit.* Dazu zähle ich u. a.:

- nationalistische Überhöhungen, also die eigene Nation als Elite zu sehen;
- rassistische Sichtweisen, also die eigene kulturelle und moralische Überlegenheit für sich zu beanspruchen, um andere abzuwerten und als minderwertig anzusehen;
- totalitäres Normverständnis, d. h. die Ausgrenzung von anderen zu fordern, die nicht zur Eigengruppe dazugehören und deren Merkmale tragen;
- Betonung des Rechtes des Stärkeren, weil sich erst durch »Auslese« ein gesundes Volk im Konkurrenzkampf mit anderen Völkern entwickeln kann.

Der zweite Bereich konzentriert sich auf *Gewaltakzeptanz* und *Gewaltanwendung* zur Regelung sozialer Vorgänge. Dazu gehören u. a.

- die Gültigkeit von Feindbildern, um die Zugehörigkeit zur Eigengruppe deutlich zu machen und die Richtung der Aktivitäten zu bündeln;

- die Ablehnung von Konfliktlösung durch Verhandlungen, weil Kampf zum natürlichen, alltäglichen Verhalten gezählt wird, um sich gegen andere zwecks Auslese durchzusetzen;
- die Akzeptanz personeller Gewalt, weil sie »naturgebunden« ist und die natürlichen Vorgänge regelt.

Entscheidend ist nach diesem Konzept weniger, daß alle Elemente auftreten, sondern daß aus beiden Bereichen verschiedene Elemente kombiniert werden. Damit kann dieses Konzept auf die vielfältigen Schattierungen im rechtsextremistischen Spektrum und seinem Vorfeld variabel eingehen und ist nicht an das starre Konzept der Mitgliedschaft gebunden. Es ergibt sich vor allem der Vorteil, daß die (mitgliedschaftsunabhängigen) Verschiebungen in der politischen Kultur thematisiert werden können. Daher geht es hier auch weniger um einen verfassungsrechtlich orientierten Begriff von Rechtsextremismus, sondern um ein Konzept des »soziologischen Rechtsextremismus«.[3]

Der gesellschaftstheoretische Rahmen: Individualisierungsschübe – Kennzeichen der Risikogesellschaft

Zur Charakterisierung gesellschaftlicher Entwicklungen stützen wir uns im folgenden vor allem auf die Analysen von Beck[4], in denen die Individualisierung von Lebenslagen und Lebenswegen herausgestellt wird. Das Kennzeichen der »Risikogesellschaft« liegt darin, daß die Struktur sozialer Ungleichheit eine überraschende Stabilität aufweist, während das Leben jenseits der Klassengesellschaft stattfindet, weil sich die Lebensbedingungen der Menschen drastisch geändert haben. Durch Niveauverschiebungen, insbesondere bei Bildung und Einkommen, durch Wegschmelzen subkultureller Klassenidentitäten, Enttraditionalisierung »ständisch« eingefärbter Klassenlagen, ist – so Beck[5] – das Hierarchiemodell sozialer Klassen unterlaufen. Das zentrale Kennzeichen liegt in der Individualisierung von Lebenslagen und Lebenswegen. Diese ist möglich geworden

- durch soziale und geographische Mobilität, die zur Folge hat, daß Menschen aus ihrer Herkunftsfamilie herausgelöst und durcheinandergewirbelt werden, wodurch einerseits neue Beziehungsmuster entstehen können, die sich aber nicht selbstverständlich weitervermitteln und in der Regel nicht dauerhaft sind;

- durch Schaffung sozialstaatlicher Sicherungs- und Steuerungssysteme, mit denen grundlegende Risiken der Lohnarbeiterexistenz reduziert werden, die aber gleichzeitig keine Ansatzpunkte und Notwendigkeiten zur Bildung von Klassensolidaritäten mehr ergeben;
- durch »künstliche« Binnendifferenzierungen, die z. B. in betrieblichen Statushierarchien gruppeninterne Auf- und Abstiege ermöglichen, ohne Veränderungen der Ungleichheitsrelationen zu bewirken, aber die Ausbildung individueller Aufstiegsorientierungen auferlegen;
- durch Ausweitung von Konkurrenzbeziehungen, die lebenszeitlich immer früher einsetzen, in immer weitere soziale Bereiche vordringen und individuelle Abschottung und Vereinzelung erzwingen;
- durch neue urbane Großstadtsiedlungen, die alte, gewachsene Wohnquartiere ersetzen, aber vorwiegend nur lockere Bekanntschafts- und Nachbarschaftsverhältnisse zulassen;
- durch ein kontinuierliches Sinken der Erwerbsarbeitszeit mit neuen Chancen der Entfaltungsmöglichkeiten, wobei aber auch Belastungen durch neue »unausgefüllte« Zeiträume denkbar sind.

Durch all diese Prozesse und Veränderungen werden die sozialmoralischen Milieus relativiert. Die Einbindung der Menschen in alltags- und lebensweltlich identifizierbare Klassenstrukturen verliert an Bedeutung. Diese Dynamik bewirkt, daß die Menschen aus traditionellen Bindungen und Versorgungsbezügen herausgelöst und auf sich selbst und ihr individuelles (Arbeitsmarkt-) Schicksal mit allen Risiken, Chancen und Widersprüchen verwiesen wurden und werden. Dies läßt sich nach Beck als *historischer sozialer Kontinuitätsbruch* begreifen.

Es liegt nahe, daß diese gesellschaftlichen Entwicklungen auch Wandlungen der Jugendphase bewirken, die nicht in oberflächlichen Erscheinungen wie wechselnden Stilen etc. verbleiben, sondern strukturell angelegt sind. Ein zentrales Kennzeichen dieser Wandlungen ist mit der Entstrukturierung bzw. De-Standardisierung von Lebensläufen[6] beschrieben worden, die vor allem über die Arbeitsmarktdynamik vorangetrieben wird. Der Einzelne wird zum selbstverantwortlichen Akteur auf der gesellschaftlichen Bühne und kann

sich bei z. T. weitreichenden materiell-existentiellen Sanktionen nicht am Leben einer Gruppe orientieren, sondern muß seinen eigenen Lebenslauf aus den gesellschaftlich vorstrukturierten Handlungsangeboten »zusammenbasteln«. Die Schwierigkeit der Synthetisierungsarbeit der Jugendlichen liegt u. a. darin, daß diese Handlungsangebote den Eigengesetzen der ausdifferenzierten und gleichzeitig voneinander relativ abgeschotteten gesellschaftlichen Teilsysteme unterliegen, die wiederum über systemspezifische Sanktionsmechanismen verfügen. Da diese Teilsysteme ihre Handlungsanforderungen in erster Linie für sich selbst formulieren, bleiben Widersprüche nicht aus.[7]
Es ergibt sich also die komplizierte Situation, daß Jugendliche einerseits aufgrund der Individualisierungs-Schübe auf sich selbst zurückverwiesen, dem »Kollektivschicksal der Vereinzelung« (Beck) unterworfen sind, und daß sie andererseits gesellschaftsstrukturell verankerte Widersprüche in ihrem eigenen Handeln auflösen sollen, obwohl sie sich der Bearbeitung durch den einzelnen weitgehend entziehen.

Der Prozeß

Die dargestellten Elemente gesellschaftlicher Entwicklungen enthalten die offene Frage, wie diese Verhältnisse von Jugendlichen subjektiv verarbeitet werden, da die Individualisierungsprozesse ambivalent sind, Chancen und Verhängnisse hautnah beieinander liegen. Da Lebensläufe sich unter diesen Bedingungen nicht mehr quasi von selbst ergeben, sondern vom Einzelnen in eigener Verantwortung und mit allen Risiken selbst hergestellt werden müssen, kann auch nicht von Zwangsläufigkeiten gesprochen werden, wie sich z. B. politische Orientierungen entwickeln. Gleichwohl muß der Ausgangspunkt der Analyse genauer bestimmt werden:

– *Theoretisch* hat sich ein Sozialisationskonzept durchgesetzt, daß die Lebensumstände und die daraus entstehenden Eindrücke, Möglichkeiten, Hemmnisse das »Material« subjektiver Verarbeitung bilden, aus denen Orientierungen dafür produktiv entwikkelt werden, »wie man leben möchte«. Diese Orientierungsmuster entwickeln sich nicht gesellschaftsunabhängig, was bedeutet, daß z. B. eine Psychologisierung etwa von Ausländerfeindlichkeit den Prozeß nicht adäquat erklären kann; sie entwickeln sich aber

auch nicht subjektunabhängig, was bedeutet, daß z. B. einfache politikökonomische Determinierungsansätze nicht erklärungskräftig für eine Prozeßanalyse sind. Dagegen wird der Prozeß aus dem Zusammenwirken von gesellschaftlichen Strukturen und individuellen Handlungspotentialen etabliert und geformt. Genau dies ist die hier unterlegte Sichtweise einer Sozialisationstheorie, die das Subjekt in seiner Auseinandersetzung mit der historisch entstandenen gesellschaftlichen Umwelt begreift.
Diese Dialektik soll im folgenden die Analyse des Prozesses bestimmen.

- *Empirisch* zeigt sich, daß viele Jugendliche, die autoritär-nationalistische oder auch explizit rechtsextremistische Positionen vertreten, die Parteiprogramme, Zeitschriften, Propagandamaterialien der einschlägigen rechtsextremistischen Parteien oder Aktionsgruppen gar nicht kennen.

Sozialisationstheorie und Empirie verweisen daher gleichermaßen auf die ökonomisch-sozialen Alltagserfahrungen, in die Kinder und Jugendliche hineingeboren wurden und mit denen sie sich auseinandersetzen müssen.

Gesellschaftlich hergestellte Kontinuitätsbrüche, subjektive Folgen und politisches Problempotential

Zu den herausragenden sozialen Kontinuitätsbrüchen zählt die Auflösung der sozialen Milieus, deren ambivalenter Charakter in einer Mischung von Begrenzung und Sicherheit besteht. Mit ihrer Auflösung geht die Sicherheit gebende selbstverständliche Zugehörigkeit zu sozialen Gruppierungen verloren. Zugehörigkeiten müssen heute immer wieder neu hergestellt werden über Leistungen.
Subjektive Folgen zeigen sich in den um sich greifenden Vereinzelungserfahrungen, die in verschiedenen Lebenslagen eben nicht mehr uneingeschränkt als Freisetzungen von den Zwängen der Verhaltens- und Moralstandards der Herkunftsmilieus begriffen werden, sondern zu Belastungen werden können, weil die Frage nicht mehr beantwortbar erscheint: Wozu gehöre ich, wohin gehöre ich? Diese Frage ist für Jugendliche deshalb von besonderem Belang, weil sie erst noch auf der Suche nach einer eigenständigen Identität sind, also sich auf dem Wege zu Selbst-Bewußtsein und Handlungsfähigkeit befinden.
Ein weiterer Kontinuitätsbruch ergibt sich im Hinblick auf die

ökonomische Sicherheit mittels einer beruflichen Normalbiographie, die bisher über Ausbildung, vollständige Berufsrolle und dauerhafte Beschäftigung im erlernten Beruf verlief. Weitreichende Veränderungen im Beschäftigungssystem bringen es mit sich, daß diese berufliche Normalbiographie nicht mehr umstandslos erreichbar ist. Erfahrungen der Mal-rein-mal-raus- oder Dauerarbeitslosigkeit, Verkürzungen der Arbeitsverträge oder Unterbeschäftigung, die zu einem »Durcheinanderwirbeln von Individuen« (Beck), zu Instabilität und Unkalkulierbarkeit der Realisierungschancen von Lebensplänen führen, werden zu Kollektiverfahrungen.

Subjektive Folgen zeigen sich in Form von Statusängsten, da Jugendliche einen zunehmend größeren sozialen Druck dadurch spüren, daß sie einerseits aufgrund zumeist massiver Elternerwartungen den Status der Herkunftsfamilie steigern oder zumindest auf dem gegenwärtigen Niveau halten sollen, gleichzeitig aber auch damit rechnen müssen, dies nicht schaffen zu können.

Ein anderer Kontinuitätsbruch zeigt sich darin, daß die Struktur von Lebensphasen und Abläufe von Lebenswegen sich verändern. Es ergeben sich mehr Chancen, aber auch individuell zu verantwortende Verhängnisse, zumal dann, wenn die Integrationswege in die Erwachsenengesellschaft mittels der beruflichen Normalbiographie immer undeutlicher werden und die Störanfälligkeit zunimmt, die sich auch in individueller Handlungsunsicherheit ausdrückt.

Subjektive Folgen bestehen in dem Versuch, diese Störanfälligkeit dadurch zu mindern, indem verstärkt auf Konkurrenz gesetzt wird, was einerseits die Notwendigkeit der Abschottung gegenüber dem anderen mit sich bringt und andererseits die Erfahrung »Der Stärkere setzt sich durch« bereithält. Solidaritäten werden dabei im »Säurebad der Konkurrenz« (Beck) zerschmolzen; der damit einhergehende Verständigungsverlust im Hinblick auf dauerhafte kollektive Aktivitäten dürfte eher zunehmen.

Diese durch den Motor der hochindustrialisierten Produktionsweise herbeigeführten und beschleunigten Kontinuitätsbrüche, die in ihren sozialen Folgekosten inzwischen deutlicher hervortreten, enthalten auch soziale Desintegrationspotentiale, die sich mit der Lockerung der politischen Systemakzeptanz verbinden können, wenn sich etwa folgende *subjektive Verarbeitungen* der Realität des politischen Systems festsetzen:

- Bewältigungsverlust der offiziellen Politik zur Regelung gesellschaftlicher Probleme.

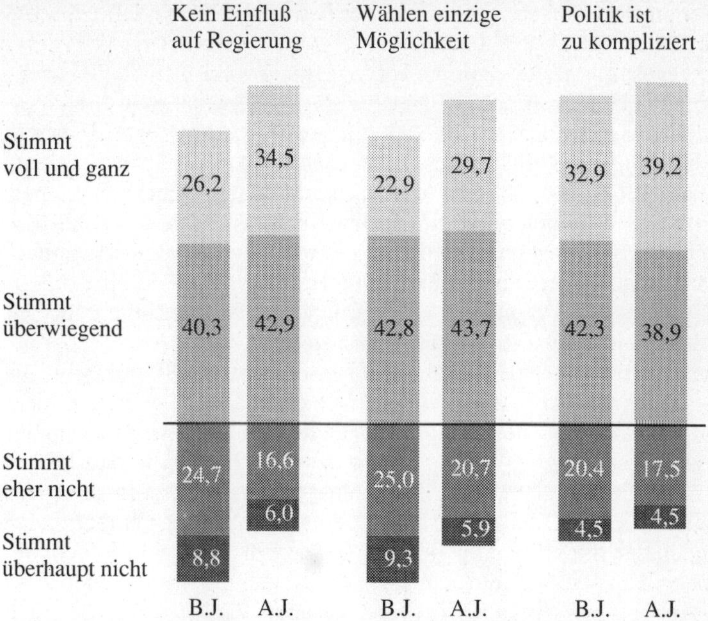

Potentiale politischer Anomie bei beschäftigten (B.J.; n = 1383) und arbeitslosen (A.J.; n = 714) Jugendlichen

Empirisch zeigt sich, daß 54 % der befragten 16–23jährigen Jugendlichen in Nordrhein-Westfalen die Auffassung vertreten, daß die parlamentarische Demokratie die anstehenden Probleme nicht lösen kann.[8]

- Korruptionsvermutungen und -erfahrungen, die mit dem Handeln wirtschaftlicher und politischer Eliten verbunden werden.
  Empirisch zeigt sich bei Jugendlichen immer wieder, daß sie bei Fragen nach herausragenden Ereignissen in der Politik vor allem auf die Skandale und damit verbundene Korruptionen verweisen: Barschel, Neue Heimat, Flick sind beispielhafte Stichworte.
- Die mangelnde Durchschaubarkeit und fehlende Beteiligungschancen in politischen Prozessen.
  Empirisch zeigt sich in der Untersuchung von Roth ein breites Ausmaß von anomischen Tendenzen, in denen sich Ohnmacht widerspiegelt, die bei arbeitslosen Jugendlichen noch verschärft sichtbar wird.[9] (siehe Graphik)

- Junktim zwischen ökonomischer Sicherheit und Akzeptanz des politischen Systems.
  Empirisch zeigt sich in der Untersuchung von Roth, daß Anomietendenzen an Intensität zunahmen, je schlechter man seine persönlichen ökonomischen Zukunftsaussichten beurteilte. Es bricht danach für Roth das fatale Junktim wieder auf, daß politische Stabilität sehr eng mit der wirtschaftlichen Sicherheit einhergeht.[10] Zudem wird in dieser Untersuchung deutlich, wie alltägliche Erfahrungen eine politische Kontur bekommen, da abnehmendes zwischenmenschliches Vertrauen, sei es durch Konkurrenz- oder Vereinzelungserfahrungen zerstört, einhergeht mit zunehmenden anomischen Tendenzen.

Daß es eine erhebliche Distanz zur institutionellen Politik gibt, die Gefahr läuft, sich zur Systemdistanz zu verdichten, setzt sich nicht nur auf der Ebene der Orientierungen fest, sondern wird auch in der Wahlbeteiligung der 18–25jährigen deutlich. Hier ist in den letzten Jahren eine abnehmende Teilnahme festzustellen, die über das »traditionelle« Jungwählerdefizit hinausgeht. Kernpunkt dieser Distanz ist aber eine abnehmende Berechenbarkeit von Lebenswegen und Lebensläufen, die nicht von allen als Chance, sondern von größeren Gruppen als Belastung gesehen wird, zumal die alten Sicherheiten wie z. B. Arbeit und Religion nicht mehr tragfähig sind, um hinreichend Orientierung zu bieten. Dies zeigt sich vor allem auch darin, daß die sozialen Desintegrationstendenzen, die sich politisch umformen, bei arbeitslosen Jugendlichen immer schärfer ausgeprägt sind.

Deutlich werden diese Orientierungsprobleme sowohl in der Untersuchung von Roth[11] als auch in unseren Ergebnissen. (Siehe Tabelle 1)

Darin dokumentiert sich auch die komplizierte Situation, die Jugendliche heute bei der Entwicklung einer eigenständigen Identität vorfinden[12], zumal die Formierungskraft der sozialen Milieus weitgehend geschwunden ist, an deren Moral- und Verhaltenstandards eine Orientierung möglich wäre, und gleichzeitig eine Verschärfung widersprüchlicher gesellschaftlicher Anforderungssituationen stattfindet, die eine widerspruchsfreie eigenständige Persönlichkeitsentwicklung immer unwahrscheinlicher werden läßt und die »Außenleitung« verstärken kann.

Es lassen sich also erhöhte Orientierungsprobleme – die keineswegs in Zeiten der »Neuen Unübersichtlichkeit«[13] allein jugendspezifische

Tabelle 1:

Aussage	Zustimmung
In der heutigen Zeit schaut man nicht mehr durch, was eigentlich passiert	45,7 %
In diesen Tagen ist alles so unsicher geworden, daß man auf alles gefaßt sein muß	77,5 %
Den meisten Menschen fehlt ein richtiger Halt	63,0 %
Es ist heute alles so in Unordnung geraten, daß niemand mehr weiß, wo er eigentlich steht	32,0 %
Das Leben der Menschen ist auch in der heutigen Zeit klar und geordnet	31,2 %

(Quelle: Heitmeyer, Rechtsextremistische Orientierungen, S. 129f.)

sind – ausweisen, die vor dem Hintergrund der Kontinuitätsbrüche entstanden sind, sich in ökonomisch-sozialen Alltagserfahrungen niederschlagen und zum einen Desintegrationspotentiale erzeugt haben, zum anderen bei Teilgruppen eine Distanz zum politischen System – zumindest aber zum Agieren politischer Eliten – signalisieren. Es stellt sich die zentrale Frage nach *Verarbeitungswegen,* um die Ohnmachtserfahrungen, Handlungsunsicherheiten und Vereinzelungen zu überwinden.

Über die Weichenstellungen wissen wir derzeit wenig, aber es lassen sich Suchbewegungen und Einstiegsschleusen benennen, die ins rechtsextremistische Spektrum führen. Drei solcher *Verarbeitungswege* sollen hier herausgehoben werden, die an die ökonomisch-sozialen Alltagserfahrungen anknüpfen und somit noch einmal auf die Ursachen zurückverweisen.

1. *Vereinzelungserfahrungen* wurden zurückgeführt auf die Auflösung sozialer Milieus, so daß die *selbstverständliche* Zugehörigkeit zu sozialen Gruppen, die insbesondere in krisenhaften und orientierungsbedürftigen Zeiten auch Stabilität verleihen kann, nicht mehr umstandslos gegeben ist. Wenn aber unklar ist, zu welchen sozialen Gruppierungen man sich zugehörig fühlen kann, dann gewinnen jene Gruppierungskategorien an Bedeutung, die gewissermaßen zugewiesene *Naturmerkmale* sind oder als solche verstanden wer-

den. Damit sind vor allem die Hautfarbe, Rasse und Nation gemeint. Dies sind Zugehörigkeiten, die einem keiner nehmen und derer man sich kaum entledigen kann, die unabhängig von individuellen Leistungs- und Konkurrenzprinzipien gültig sind. Die im Alltag zerschmolzenen Erfahrungen von selbstverständlicher Zugehörigkeit und Gemeinsamkeit soll also ersetzt werden durch Zugehörigkeitsgefühle zur Nation. Nationale Stimmungen sollen als Bindemittel dafür dienen, was als Erfahrung im nahen Lebensraum nicht mehr bzw. immer weniger erreichbar scheint.
Empirisch zeigt sich z. B. in unserer Untersuchung von 1987 und auch in der mit jugendlichen Fußballfans von 1988 ein enger Zusammenhang, d. h. daß diejenigen, die sich vereinzelt fühlen, auf Nationalstolz in besonderer Weise zurückgreifen. In der Untersuchung von Roth wird ebenfalls hervorgehoben, daß »die entfremdeten Jugendlichen (die über geringes zwischenmenschliches Vertrauen verfügten; W. H.), mehr Stolz bekundeten, Deutscher zu sein« und gleichzeitig rechte politische Positionen vertraten.[14]
Das *politische Problempotential* liegt vor allem darin, daß Politikkonzepte besondere Anknüpfungspunkte finden, die nationalisierende Positionen propagieren, die zugleich Ungleichheitsvorstellungen transportieren.

2. *Handlungsunsicherheiten* wurden zurückgeführt auf die Auflösung der beruflichen Normalbiographie, auf Statusängste und Entstrukturierungen der Lebensphase Jugendlicher. Da die Berechenbarkeit von Lebenswegen sinkt, steigt der Zwang, sich flexibel verhalten zu müssen. Jugendliche *können* daher heute mehr entscheiden als frühere Jugendgenerationen, sie *müssen* aber auch mehr entscheiden – ohne daß oft klar ist, woraufhin sie entscheiden sollen. Die Verarbeitungsformen und -wege von Jugendlichen sind vielfältig und es gibt keine Zwangsläufigkeiten. Notwendig wird vor allem eine Form des flexiblen Umgangs, eine Bastelmentalität, um mit diesen Anforderungen fertigzuwerden. Gleichzeitig sind Jugendliche auch gezwungen, vieles »unter Vorbehalt« zu tun. Orientierungen und Handlungsweisen dürfen sich nicht festsetzen, weil dadurch ein flexibles Reagieren auf schnell wechselnde gesellschaftliche Angebote der Kulturindustrie wie Anforderungen des Berufssystems behindert wird.
Ein Teil der Jugendlichen versucht, den Umgang mit diesen unübersichtlichen Situationen zu regeln, indem nach *Gewißheiten* gesucht

wird, um Verhaltenssicherheit zu erlangen. Zu diesen Gewißheiten gehört auch der Bezug auf eindeutige Normanweisungen; gehört die Totalidentifikation mit Stärke verheißenden Symbolen und Ritualen; die Einordnung in »natürliche« Hierarchien; die Zugehörigkeit zu mächtigen Institutionen, in deren Schutz dann Stärke und Selbstbewußtsein entwickelt werden soll. Vor allem gehört auch die Anbindung an scheinbar natürliche und damit unausweichliche, unabänderliche Prinzipien dazu, die die Situation klären und z. T. den einzelnen auch entlasten sollen. Dazu gehört auch die Position »Der Stärkere setzt sich durch« als klares Prinzip.

Empirisch zeigt sich z. B. in der Untersuchung mit jugendlichen Fußballfans, wie in diesem Sinne Gewißheiten zur Überwindung von Handlungsunsicherheit auf fruchtbaren Boden fallen können. 25,2 % der interviewten Jugendlichen stimmten der Position zu: »Das Recht des Stärkeren gilt in der Natur, es muß auch unter Menschen gelten, denn es ist ein klares Prinzip«.[15]

Das *politische Problempotential* besteht darin, daß Politikkonzepte besondere Anknüpfungspunkte finden, die soziale Vorurteile gegenüber jenen artikulieren, die angeblich den jeweils eigenen Status bedrohen, die versprechen, die »alte Ordnung« (was immer das sein mag) wiederherzustellen, so daß Statusängste gemindert werden. Fremdenfeindlichkeit kann hier als ein politisches Mittel greifen, wenn »natürliche« Vorrechte und Hierarchien als politischer Ansatz »sinnhaft« erscheinen, um Stabilität (wieder) herzustellen. Der Ansatzpunkt liegt darin, nichtbearbeitete ökonomisch-sozial verursachte *Ent*fremdungsangst in *Über*fremdungsangst umzuwandeln.

3. *Ohnmachtserfahrungen* wurden darauf zurückgeführt, daß sich die Konkurrenzerfahrungen als übermächtig erweisen und den Vereinzelten der Erfahrung »Der Stärkere setzt sich durch« auslieferten. Da Ohnmachtserfahrungen die Handlungsalternativen zur Realisierung eigener Lebensplanungen einengen, kann Gewalt in ihren vielfältigen Variationen zu einem subjektiv sinnhaften Mittel oder auch Selbstzweck werden, denn

- sie schafft Eindeutigkeit in unklaren, unübersichtlichen Situationen;
- sie ist eine zumindest augenblicklich wirkende (Selbst-)Demonstration der Überwindung von Ohnmacht;
- sie garantiert Fremdwahrnehmung, die mit anderen Mitteln nicht mehr herstellbar war;

- sie schafft zumindest kurzfristig partielle Solidarität bzw. erweist sich als klar erkennbarer Prüfstein für Solidarität;
- sie erweist sich aufgrund von Sozialisationserfahrungen als ein erfolgreiches Handlungsmodell.[16]

Empirisch zeigt sich z. B. in unserer Untersuchung mit jugendlichen Fußballfans, daß 45,5 % dem Statement zustimmten, »Wer man ist, kann man am besten darstellen, wie man sich gegen andere durchsetzt«. 51,8 % stimmten der Position zu »Jeder Tag ist Kampf, und der Stärkere muß sich durchsetzen«, 36,4 % dem »Ausweg« aus der Ohnmacht: »Man nimmt uns Jugendliche doch erst wahr, wenn wir mal richtig tiefe Spuren hinterlassen«.[17] In der Untersuchung von Roth läßt sich der Einstieg in eine »Gewaltspirale«[18] zurückführen auf Dogmatismus, als Versuch zur Stabilitätsgewinnung über Gewißheiten. Dogmatismus steht wieder in enger Beziehung zu Entfremdung, also zum fehlenden zwischenmenschlichen Vertrauen, was mit Vereinzelung einhergeht.

Das *politische Problempotential* liegt darin, daß Politikkonzepte Anknüpfungspunkte finden, wenn sie darauf setzen, die alltägliche Erfahrung »Der Stärkere setzt sich durch« umzuformen in die politische Maxime »Der Stärkere *soll* sich durchsetzen«. Diese Umformung gelingt umso leichter, je »normalisierter« in der gesellschaftlichen Öffentlichkeit eine Ideologie der Ungleichheit ist, mit deren Hilfe subtile und offene Formen von Gewalt gegenüber macht- und rechtlosen Fremden oder auch Andersdenkenden legitimiert werden können.

Hinweise darauf, ob diese Verarbeitungswege von Jugendlichen als »sinnhaft« angesehen werden, können nun daraus gewonnen werden, ob sich eine Verbreitung von politischen Einstellungen und Orientierungsmustern feststellen läßt, die eine Affinität zu rechtsextremistischen Konzepten aufweisen, in denen Elemente und Verbindungen der Ideologie der Ungleichheit und Gewaltakzeptanz enthalten sind.

Subjektive Verarbeitungen: Autoritär-nationalisierende Orientierungsmuster und Gewaltakzeptanz

Ökonomisch-soziale Alltagserfahrungen schlagen sich in individuellen Einstellungen nieder, da sie Konkretionen von Orientierungsmustern darstellen, die empirisch faßbar werden, weil sie sich als sprachlich formulierbarer Niederschlag individueller, lebensgeschichtlicher Verarbeitung im Umgang mit der eigenen inneren und äußeren Realität verstehen lassen.[19] Wie sehen nun empirische Ergebnisse aus, die sich als Niederschlag der ökonomisch-sozialen Alltagserfahrungen herausgebildet haben und Affinitäten zu rechtsextremistischen Konzepten mit den Bestandteilen der Ideologie der Ungleichheit und der Gewaltakzeptanz bzw. -anwendung aufweisen?

Die historischen Erfahrungen lenken die Aufmerksamkeit zumeist auf die Frage des Antisemitismus. Eine Untersuchung des Zentrums für Antisemitismusforschung kommt zu dem Ergebnis, daß man »von den fünfziger Jahren an von einem Rückgang antisemitischer Einstellungen sprechen (kann), der weitergehen wird«.[20] Eine eigene Sekundärauswertung dieser Daten unter dem Gesichtspunkt der Gleichheit zeigt vor allem bei jüngeren Personen eine deutliche Abschwächung der Ungleichheitsvorstellungen. (Siehe Tabelle 2)

Auch wenn in unserer Untersuchung von 1987 noch 24,8 % der Jugendlichen im Alter von 16–17 Jahren der Relativierung des Nationalsozialismus zustimmten[21], indem sie das politische Konzept für eine gute Idee hielten, die nur schlecht ausgeführt worden sei, so wird die Grenzlinie solcher Relativierungspositionen von den Jugendlichen eindeutig bei der Judenvernichtung gezogen. Zwar bleiben daher andere Schreckensereignisse des Nationalsozialismus aufgrund solcher Relativierungstendenzen unterbewertet, doch kann angenommen werden, daß neonazistische Positionen bei Jugendlichen in größerem Ausmaße keine Zustimmungschancen haben. Zwar können Antisemitismus und Ausländerfeindlichkeit aus vielerlei sachlichen Gründen nicht miteinander kurzschlüssig in Verbindung gebracht werden[22], aber im Alltag vermischt sich dies. So charakterisiert die Position einer Jugendlichen ein verbreitetes Muster: »Hitler soll bleiben, wo der Pfeffer wächst. Aber wenn so was wiederkommt, soll man die Juden in Ruhe lassen und die Türken nehmen.«[23] Die Distanz gegenüber dem historischen Natio-

Tabelle 2:

Gleichheit (Altersvergleich)[1]

	Bevölk. insges.	16–29	30–44	45–59	60 und älter
Ich mache keinen Unterschied zwischen Juden und anderen Menschen	75	80	78	74	66
Juden und Nicht-juden sollen vorm Recht und einfach in allem genau gleichbehandelt werden	70	73	73	71	63
Kinder von Juden sollten auf die gleichen Schulen gehen wie andere Kinder auch	69	74	73	68	60
Israel ist ein Staat wie jeder andere auch	21	20	20	22	21
Juden sollten bei uns nicht Minister oder andere Beamte werden	16	9	12	17	27

Angaben in %

[1]) Die Fragestellungen und Daten sind aus mehreren Skalen zusammengestellt, um die Gleichheitsdimension zu verdeutlichen.

Quelle: Ausmaß und Formen des heutigen Antisemitismus in der Bundesrepublik Deutschland. Vervielfältigtes Manuskript des Zentrums für Antisemitismusforschung der TU Berlin. (Juni 1988)

nalsozialismus bei gleichzeitiger Verengung der politischen Ereignisse wird verbunden mit der Nähe zu autoritär-nationalisierenden Sichtweisen und Gewaltakzeptanz in deren Zentrum die »Ausländerfrage« lagert.

Neben der Verbreitung solcher autoritär-nationalisierender Sicht-

Tabelle 3:

Autoritär-nationalisierende Orientierungen bei 16- bis 17jährigen Jugendlichen	Shell-Jugendstudie 1981* (N = 351)	Heitmeyer 1987 (N = 1257)
Todesstrafe für Terroristen, Rauschgifthändler und Sexualmörder	47,0 %	57,2 %
Deutsche Ausbildungsstätten nur für deutsche Jugendliche	49,3 %	32,7 %
Deutsches Geld nur für deutsche Aufgaben. Gegen das Verschenken unseres Geldes ans Ausland	34,8 %	36,3 %
Schluß mit der weichen Welle im Strafvollzug	32,1 %	66,5 %
Deutschland den Deutschen	36,2 %	43,5 %
Kanaken raus	24,8 %	37,4 %

* Zustimmungswerte auf der 4stufigen Antwortskala nach eigenen Berechnungen für die 16- bis 17jährigen Probanden

(Quelle: Heitmeyer, Rechtsextremistische Orientierungen, S. 182)

weisen (siehe Tabelle 3) wird auch im Vergleich zur Shell-Studie von 1981 ein Zuwachs in den meisten Fragestellungen sichtbar. Rechtsextremistische Konturen nehmen solche Positionen nach unserer Definition nun dann an, wenn sie sich mit Gewaltakzeptanz als normales Regelungsmuster bei sozialen und politischen Konflikten verbinden. In unserer Stichprobe ergab sich dazu eine Größenordnung von 16,2 % der befragten Jugendlichen. Bei dieser Gruppe dürften die Anknüpfungsversuche rechtsextremischer Parteien und unter besonderen Umständen auch neonazistische Aktionsgruppen am ehesten erfolgversprechend sein. Als weitaus größeres Problem erscheint aber die Verbreitung der autoritär-nationalisierenden Orientierungsmuster, die sich in der Regel mit der Mitgliedschaft in sozial akzeptierten Gruppen verbinden.

Ein erheblicher Teil der befragten Jugendlichen vertritt zwar einerseits Elemente der Ideologie der Ungleichheit, lehnt aber gleichzeitig deren Durchsetzung über (personelle) Gewalt ab. Da rechtsextremistische Orientierungen als »Strömungsgröße«[24] zu charakterisieren sind, ist diese Auftrennung weder zwangsläufig noch stabil. Es ist zu berücksichtigen, daß Einstellungen eine Vielzahl von Handlungsoptionen zur Verfügung stellen. Welche sich davon zu einem Muster verbinden und die Handlungen anleiten oder begründen helfen, hängt von zahlreichen Bedingungen ab.

- Eine zentrale Bedingung liegt im öffentlichen Diskurs, der im Hinblick auf die Konturierung rechtsextremistischer Positionen dann problematisch wird, wenn der *Normalitätsgrad* umstrittener Positionen insbesondere durch wissenschaftliche und politische Eliten angehoben wird.[25] Je höher der Normalitätsgrad einer politischen Position (etwa zu rigiden Ausländergesetzen), desto niedriger wird die Chance zu einer öffentlichen Problematisierung und umso leichter fällt auch die Übernahme solcher Positionen und ein entsprechendes Handeln.
- Eine zweite wichtige Bedingung liegt in der Rolle von Gleichaltrigengruppen, die eine zunehmende Bedeutung auch für die politische Sozialisation gewinnen, indem sie Orientierungs-»Milieus« abgeben, in denen sich Orientierungsmuster und Handlungsweisen verdichten.

Soziale Verdichtungen: Problempotentiale in unterschiedlichen Orientierungs-»Milieus«[26]

Als Orientierungs-»Milieus« verstehen wir einerseits eine weitere Verdichtung von Orientierungsmustern und andererseits eine rudimentäre Form von sozialen Milieus, die nach unseren theoretischen Ausgangsannahmen weitgehend, wenn auch nicht völlig, zerschmolzen sind. Damit ist gemeint, daß räumliche, soziale und zeitliche Begrenzungen und alltagsweltliche »Dichte« von Sozialbeziehungen kaum mehr vorhanden sind. Wohnquartiere mit einer homogenen Bewohnerschaft einer sozialen Klasse, die ihr ganzes Leben dort verbringt oder über Generationen dort ansässig ist, sind selten geworden. Damit läßt die früher fast zwangsläufige Orientierungsrelevanz der traditionsvermittelten Werte nach, so daß z. B. das selbstverständliche Hineinwachsen Jugendlicher in bestimmte Parteien oder Gewerkschaften nicht mehr erfolgt.[27]

Orientierungs-»Milieus« fassen wir als »gleichgestimmte« Restbestände sozialer Milieus (empirisch greifbar in der relativ deutlichen Homogenität der sozialen Herkunft Jugendlicher in Gleichaltrigengruppen, insbesondere Freundschafts-Cliquen), die nach unserer Auffassung die einzelnen Orientierungsmuster von Jugendlichen verbinden, ohne sie jedoch zu einer selbstverständlichen und dauerhaften Milieu-»Figur« gestalten zu können. Diese Situation führt einerseits zur Offenheit gegenüber neuen sozialen und politischen Entwicklungen, enthält andererseits – gewissermaßen auf der Schattenseite der Individualisierung – aber auch ständig das Problem der Orientierungsdilemmata.

Da es in dieser Untersuchung um die sozialen und politischen Folgen der Schattenseiten von Individualisierungs-Schüben geht, interessiert uns die Frage, in welchen Orientierungs-»Milieus« sich mögliche Problemlagen verbergen, so daß diese unter bestimmten Bedingungen auch Hinwendungsprozesse zu entweder politisch-regressiven subkulturellen Gruppierungen oder zu politisch-organisatorisch verfestigten rechtsextremistischen Gruppierungen beinhalten können. Wir stoßen damit auf das ungelöste Problem der »Weichenstellung« der Entwicklungsrichtung von Orientierungsmustern und Identitätsentwürfen. Dabei kann es nicht um Prognosen gehen, denn diese Fähigkeit ist in den Sozialwissenschaften generell und deshalb auch in der Jugendforschung niedrig ausgeprägt. Ein weiteres methodisches Problem zur Beantwortung liegt darin, daß sich empirisch immer nur nach Bekanntem fragen läßt, z. T. mit sehr starken Anleihen an den historischen Faschismus, um den Konturen möglicher rechtsextremistischer Bewegungen auf die Spur zu kommen. Diese Situation schafft das Dilemma, daß man nach »Altem« fragen muß, um Tendenzen überhaupt in den Griff zu bekommen, obwohl man gleichzeitig weiß, daß das Alte sich nicht wiederholt, wie die schillernden Veränderungen von Themen und Darstellungen im organisierten rechtsextremistischen Spektrum von Jugendgruppen und Parteien aufzeigen.[28]

Auch die Entwicklungsoffenheit von jugendlichen Lebensläufen, die u. a. aufgrund der bereits angeführten nachlassenden Gestaltungskraft von sozialen Milieus sich stark ausdifferenzieren, erhöht die Schwierigkeiten, die Hinwendungsprozesse zu systematisieren. Insgesamt ergeben sich zahlreiche Probleme bei der Frage, weshalb sich Jugendliche, die sich objektiv in vergleichbaren Lagen befinden, so unterschiedlich orientieren: die einen an Gewerkschaften, die ande-

ren an der Ökologiebewegung, die nächsten an der Friedensbewegung, wieder andere an nationalistisch-autoritären Ideen oder auch an typisch rechtsextremistischen Leitbildern.
Die Frage nach solchen »Weichenstellungen« erscheint derzeit nicht eindeutig beantwortbar. Die Rekonstruktion von Biographien der Mitglieder rechtsextremistischer Gruppen, also von denjenigen, die ihre Orientierungsmuster mit politischen Entscheidungen und Handlungen verbunden haben, weisen breite Differenzierungen auf, die prognostische Aussagen verhindern.[29] In Kenntnis dieser Sachlage soll hier ein Weg beschritten werden, der bei den Orientierungs-»Milieus« ansetzt, in denen Jugendliche eingebunden sind, deren Werte und Handlungsweisen sie teilen und deren »Weiterentwicklung« sie z. T. mittragen, z. T. aktiv daran beteiligt sind, z. T. kritisch gegenüberstehen. Wir unterscheiden dazu vier Orientierungs-»Milieus«, in denen sich Problemlagen erkennen lassen:

a) *Das traditionsgebundene nationalistische Orientierungs-»Milieu«*
Unter dem traditionsgebundenen nationalistischen Orientierungs-»Milieu« ist das kontinuierliche Reservoir für »rechts« stehende Organisationen zu verstehen, das sich aufgrund noch relativ festgefügter Tradition und Autorität weitervermittelt und in dem die »Nationale Frage« die zentrale Orientierungslinie markiert. Aber auch in diesem Orientierungs-»Milieu« haben die Individualisierungs-Schübe insofern ihre Wirkung gezeigt, als sich keine durchgängig selbstverständlichen Orientierungslinien auffinden lassen. Insofern kann man zwar noch einen deutlichen, allerdings nicht ungebrochenen, *Kontinuitätsprozeß* annehmen. Das Problempotential ist an dieser Stelle zu verorten.
Empirische Hinweise auf diesen Kontinuitätsprozeß lassen sich etwa darin erkennen, daß in traditionsgebundenen rechtsextremistischen Jugendorganisationen wie z. B. der Wiking-Jugend oder dem Bund Heimattreuer Jugend in hohem Maße Jugendliche Mitglieder sind, die über familiäre Kontinuität hineingewachsen sind.

b) *Das anomische Orientierungs-»Milieu«*
Mit dem anomischen Orientierungs-»Milieu« sind jene Erscheinungen unter Jugendlichen gemeint, in denen – identitätstheoretisch gesprochen – weder Selbst-Bewußtsein noch Handlungssicherheit in den sozialen Bezügen aufscheinen, die wiederum Produkt und Voraussetzung zugleich sind, um reflexiv eigenständige Positionen zu

entwickeln. Jugendliche sind insofern »auf sich selbst zurückgeworfen« und leben dann davon, daß sich ihre Orientierungen vor allem über klar strukturierte Situationen herstellen. »Solange er sich in klar strukturierten Situationen der Unter- und Überordnung befindet, ›funktioniert‹ er, ohne selbst unter einem persönlichen Leidensdruck zu stehen«.[30] Da diese klaren Situationen aufgrund der widersprüchlichen Handlungsanforderungen sich nicht dauerhaft aufrechterhalten lassen, kann sich – und hier liegt deshalb ein Problempotential – ein *Prozeß der Gewißheitssuche* einstellen, denn: »Jede Abweichung von diesem normalen Lebensmuster – ob bei anderen oder bei ihm selbst – löst jedoch massive Ängste aus, die auf eine Wiederherstellung und Durchsetzung einer homogenen autoritären Ordnung zielen«.[31] Insofern können Handlungsangebote orientierend wirken, in denen Bedrohungsgefühle durch »eigene« Gewaltanwendung bekämpft werden, faktische Ohnmacht durch die Demonstration eigener Macht konterkariert wird, Orientierungslosigkeit durch »eingängige« und »restlose« Erklärungsmuster vollständig zugedeckt wird, um gewissermaßen eine Schneise zu schlagen in die Undurchschaubarkeit gesellschaftlicher Prozesse: »Sehen Sie, wir erwarten uns eine Entwicklung in der Richtung, die wir anstreben, im Grunde hauptsächlich von der Jugend. Und wir sprechen innerhalb dieser Jugend verständlicherweise die an, die besonders wenig zu verlieren haben und die ein besonders hohes Maß an Unzufriedenheit mit den gegenwärtigen Lebensumständen haben. Ob es sich nun um soziale Benachteiligung oder soziale Probleme bei ihnen handelt, oder ob es sich um persönliche Probleme handelt – etwa die Frage der Geborgenheit und ... der Wunsch ..., in einer Gemeinschaft zu leben ..., das hat natürlich auch Konsequenzen in der Frage, die Sie mir gestellt haben. Es kommt als zweites noch hinzu, daß wir hauptsächlich, sagen wir, die Arbeiterjugend ansprechen; hauptsächlich also junge Menschen ansprechen, die nicht so in der Lage sind, sich zu artikulieren und sich so klar zu machen, was sie eigentlich wollen, als wie z. B. die linken Gruppen, die mehr die Intellektuellen ansprechen. Bei uns beruht eben sehr viel mehr auf dem gefühlsmäßigen Lernen als auf dem rationalen Lernen.«[32]

Vor diesem Hintergrund ist auch zu vermuten, daß weniger ideologische Attraktivität[33], als vielmehr die (erhoffte) Verhaltensgewißheit (»Koste es, was es wolle«) in klar strukturierten Positionen den Orientierungsprozeß bestimmen kann, etwa wenn fortlaufend schwere biographische Brüche verarbeitet werden mußten, die durchaus zu Hinwendungen führen können.[34]

c) *Das neoromantische Orientierungs-»Milieu«*
Berührungspunkte zwischen neoromantischem und rechtsextremistischem Orientierungs-»Milieu« ergeben sich vor allem durch die Naturorientierung einerseits und biologistischen bzw. soziobiologistischen Orientierungen andererseits. Auf neoromantischer Seite sind Naturorientierungen damit verbunden, daß u. a. gesellschaftliche Widersprüche dadurch verarbeitet werden (sollen), daß die Flucht oder der Rückzug in »Gemeinschaften« angetreten, die Suche nach identitätsstiftenden Lebenswelten über Primärerfahrungen vorangetrieben wird. Dem stehen aus dem rechtsextremistischen Orientierungs-»Milieu« etwa Versprechungen gegenüber, die Verhaltensgewißheit über das zentrale Muster der »Kameradschaft« betonen. Weitere Berührungspunkte liegen z. T. darin, daß der Gedanke der Aufklärung, vom organisierten rechtsextremistischen Spektrum seit jeher abgelehnt, auch auf neoromantischer Seite zunehmende Skepsis findet, weil er mit für die Entwicklungen der westlichen Industriegesellschaften in ihrer »kalten« Rationalität verantwortlich gemacht wird.[35] Mommsen betrachtet in diesem Zusammenhang die nachlassende Integrationskraft demokratischer Jugendverbände, die »Jugendferne« von Parteien, die analog zur Weimarer Republik mit einer Legitimationskrise des politischen Systems in Verbindung gesetzt werden müssen.[36] Als Problem wertet er deshalb die richtungspolitischen Aufweichungen und ignoranten Beschwichtigungsstrategien ebenso wie die teilweise ahnungslos-euphorisch begrüßten Hinwendungen zu postmateriellen Werten bei Jugendlichen. Die aus früheren Zeiten bekannt riskanten Mischungen von antikapitalistischen Ressentiments, vorindustriellen Romantizismen und Gemeinschaftssehnsüchten könnten allzuleicht in die Leerräume eindringen, die durch Arbeitslosigkeit als gesellschaftliches Strukturproblem erst eröffnet werden. Probleme ergeben sich dann, wenn es zu einem *ideologischen Verlagerungsprozeß* ursprünglich gegenläufiger Zielsetzungen kommt.
Klönne hat eindringlich in einem Rekurs auf historische Verläufe die Umwandlungsgefahren benannt: »Der Protest gegen die Rüstung kann umgebogen werden in das Ressentiment gegen die Rüstungsverfügung der ›fremden‹ Mächte; der Verdruß am staatlichen Reglementieren kann verwandelt werden in die Ablehnung demokrati-

scher Gesellschaftsgestaltung; der Wunsch nach ›natürlicher‹ Lebensweise, nach überschaubaren sozialen Beziehungen kann sich verlagern in den Verzicht auf rationale und analytische Durchdringung gesellschaftlicher Verhältnisse, in die Flucht in den Mythos; der Drang nach sauberer Umwelt kann einmünden in die Aggression gegen ›Überfremdung‹; das Bedürfnis nach selbstbestimmter Arbeitszeit kann instrumentalisiert werden für eine Legitimation von Arbeitsbedingungen, die kollektive Interessenvertretung und den Schutz des Tarifrechts abbauen«.[37] Bezogen auf Jugendliche deuten sich komplizierte Konstellationen an, wenn die Einschätzung zutrifft: »Auf dem Umweg über den Umweltschutz ist in der von der Umerziehung geprägten westdeutschen Jugend der Begriff ›Heimat‹ wieder modern geworden«.[38] Umwelt- und Lebensschutz werden so in einen engen Zusammenhang gebracht. Von daher erklären sich zunehmende Versuche z. B. in rechtsextremistischen Jugendzeitschriften, ökologische Tehmen verstärkt aufzugreifen (»Umweltschutz ist Nationalismus«) und in eine Argumentationsfigur »Saubere Umwelt/sauberes Volk« einzufädeln. »Ausländer-Raus«-Parolen erscheinen dabei intellektualisiert im »Naturrecht auf Bewahrung ihrer ethnischen Eigenständigkeit«.[39]
Zu diesem Orientierungs-»Milieu« kann man jene Gruppierungen rechnen, die z. T. »pfadfinderische« Aktivitäten entfalten mit Lagerleben etc., wie z. B. die »Gemeinschaft Volkstreuer Jugend«, die u. U. auch von der Attraktivität profitieren können, die bei anderen Pfadfindergruppierungen zu verzeichnen ist.
Wie weit ein solches Orientierungs-»Milieu« sich ausweiten kann, hängt wahrscheinlich in hohem Maße mit den Entwicklungen zusammen, die in Teilen der »jugendlichen« Partei der Grünen zu verzeichnen sind, vor allem nach den Infiltrationsversuchen von organisierten Rechtsextremisten in Gestalt von »Nationalrevolutionären« in den Landesverbänden Berlin, Niedersachsen, Nordrhein-Westfalen und Baden-Württemberg.[40] Als Ziel dieser Aktivitäten läßt sich der angedeutete *Verlagerungsprozeß* innerhalb einer sozial akzeptierten und politisch wirksamen Gruppierung erkennen, die im attraktiven Kontext von Partei und sozialer Bewegung verankert ist.

d) *Das (neo)konservative Orientierungs-»Milieu«*

(Neo)Konservative und rechtsextremistische Orientierungs-»Milieus« weisen auf ideologischer Ebene verschiedene Übereinstimmungen auf, z. B. was nationalisierende Sichtweisen angeht. Dies trifft in manchen Zirkeln auch auf die Frage der Modernisierung des Kapitalismus zu, die von der »Neuen Rechten« aufgegriffen wird. »Demokratieentlastung« als eine wichtige Facette (neo)konservativer Politikvorstellung einerseits und Betonung eines starken Staates andererseits bewegen sich als Politikformeln auf einer gemeinsam geteilten Ebene.[41] Dagegen gibt es – die an anderer Stelle bereits aufgeführten – Differenzen zur Frage der Gewalt. Träger (neo)konservativer Politikvorstellungen – so Hennig – bevorzugen oder verteidigen Formen der »strukturellen«, d. h. als solche nicht begriffenen Gewalt, da diese sichere Erfolgschancen zur Durchsetzung politischer Interessen versprechen. Personell angewandte Gewalt wird dagegen abgelehnt.[42] Wichtige Bedingungen für Hinwendungsprozesse von Jugendlichen können nun darin liegen, daß sich ein *Konvergenzprozeß* entwickelt, d. h. daß sich auf der Ebene der Orientierungsmuster u. a. Ideen der Ausgrenzung von Minderheiten oder Andersdenkenden als Facetten einer Ideologie der Ungleichheit weiter ausbreiten und damit *vorbereitend* wirken können, um die Schwelle der Akzeptanz von Handlungen in Form von personell angewandter Gewalt abzusenken.

Zum (neo)konservativen Orientierungs-»Milieu« mit organisierter politischer Ausrichtung und unterschiedlichen Akzentsetzungen zählen wir Teile der Jungen Union, der Schüler-Union, der Jugend der Konservativen Aktion, der Pan-Europa-Jugend.[43] Die Thematik dieser Untersuchung ist nun *nicht* mit den Organisationen insgesamt in Verbindung zu bringen, sondern mit einzelnen Facetten, deren Bedeutung allerdings über »Einzelfälle« hinausgeht.[44]

Die Entfaltung der angeführten Problempotentiale »nationalistischer Kontinuitätsprozeß«, »Prozeß der Gewißheitssuche«, »Ideologischer Verlagerungsprozeß ursprünglich gegenläufiger Ziele« und »Konvergenzprozeß« verläuft über die unterschiedlichen Bedeutungen und Funktionen, die den Orientierungsmustern je nach Orientierungs-»Milieu« zugewiesen werden. Diese hängen wiederum damit zusammen, ob

a) die jeweiligen Orientierungsmuster als *subjektiv* entlastend antizipiert werden, um widersprüchliche Situationen gedanklich aufzuheben. Unter diesem Gesichtspunkt erhalten sie etwa Bedeutung für jene Jugendlichen, die dem anomischen Orientierungs-»Milieu« zuzuordnen sind.

b) Die Entfaltung kann dort vorangetrieben werden, wo die Orientierungsmuster sich in verschiedenen Lebenszusammenhängen handlungsleitend als *Bewältigungsstrategien* bewährt haben.

c) Die Entfaltung kann dadurch gefördert werden, daß als »klärend« empfundene Leitbilder in der *sozialen Kommunikation* aufgenommen und propagiert werden.[45] Zu denken ist dabei an die bereits angeführte Verbreitung nationalistischer Schlagworte in den Medien, die spezifische Thematisierung der »Asylantenschwemme« etc. Die Aufnahme etwa durch Schülerzeitungen, die dem (neo)konservativen Orientierungs-»Milieu« zuzuordnen sind, lassen hier eine besondere Bedeutung erkennen, die Gefahr laufen kann, den markierten »Konvergenzprozeß« zu initiieren oder zu forcieren.

d) Eine weitere Entfaltung ergibt sich aus den *Handlungsangeboten* existierender rechtsextremistischer Gruppen, die die Orientierungsmuster eben mit Handlungsangeboten unterlegen. Für diejenigen, die dem »nationalistischen« Orientierungs-»Milieu« zuzurechnen sind, ergibt sich also hier eine besondere Bedeutung.

Die Szenerie ist insgesamt eher schillernd: kurzbündige Verknüpfungen sind vorsichtig vorzunehmen, denn es ist immer nach den besonderen Konstellationen *in* den Orientierungs-»Milieus« zu fragen, um Bedeutungen und Funktionen der Orientierungsmuster zu bestimmen, die die Entfaltung der Problempotentiale mitformen.

Politische Verfestigungen: Handlungs- und Organisationsformen im rechtsextremistischen Spektrum[46]

Die Orientierungs-»Milieus« mit spezifischen Problempotentialen bilden nach unserem Ansatz eine jugendspezifische Vorstufe im parteipolitischen Spektrum des Rechtsextremismus bzw. der Brükkenpartei:

- Als *Brückenpartei* werden »Die Republikaner« verstanden, weil sie die Verbindung herstellen zwischen konservativen und traditionell rechtsextremischen Parteien. Ihre besonders attraktive Funktion besteht darin, daß der früher notwendige abrupte

»Sprung« ins rechtsextremistische Lager, der immer mit einer gewissen Portion Überwindung verbunden war, weil die Trennungslinien noch intakt waren, heute überflüssig ist und der Weg Schritt für Schritt – weitgehend sozial akzeptiert – gegangen werden kann. Hilfreich sind dazu autoritär-nationalistische Orientierungsmuster.

- Abzusetzen davon sind die traditionellen, »gemäßigten« rechtsextremistischen *Parteien* wie z. B. die Nationaldemokratische Partei Deutschland (NPD) und die Deutsche Volks-Union (DVU).
- Eine weitere Variation bieten die parteiähnlichen neonazistischen *Aktionsgruppen* wie z. B. die Freiheitliche Arbeiter-Partei (FAP), die Nationalistische Front (NF) oder die im Februar 1989 verbotene Nationale Sammlung (NS) von Kühnen, die den neuen Namen »Initiative Volkswille« (IV) angenommen hat.

Betrachtet man nun die quantitative *Entwicklungslinie,* so läßt sie sich wie folgt skizzieren:
Die Parteien des traditionellen, »gemäßigten« Rechtsextremismus setzen im Gefolge der »Republikaner« auf die Anschlußfähigkeit an die traditionellen Parteien des Konservatismus; sie streben einen *Normalitätszuwachs* an, um über diese qualitative Veränderung zu einer quantitativen Ausweitung zu kommen. Verbindend damit hoffen sie, von Integrationsverlusten im traditionellen konservativen Parteispektrum von CDU und vor allem CSU zu profitieren, die ihrerseits in manchen Variationen den »Brückenbereich« (wieder) besetzen möchte und dadurch ebenfalls zum Normalitätszuwachs des autoritär-nationalisierenden Orientierungsmusters beiträgt. Die Zuwächse bei den Brückenparteien und traditionell rechtsextremistischen Parteien bei Wahlen der letzten Jahre sind deutlich. (Siehe Tabelle 4)
Im Jugendbereich zeigt sich, daß der Zuwachs an autoritär-nationalisierenden Sichtweisen als Einstiegsmuster in rechtsextremistische Orientierungen[47] mit einem Zuwachs bei Wahlen korrespondiert. Eine Erklärung für den Wahlerfolg der »Republikaner« bei jüngeren Wählern liegt darin, daß sie es verstanden haben, genau das weitverbreitete autoritär-nationalisierende Orientierungsmuster zu treffen. Fragt man nach überproportionalem Anteil verschiedener Altersgruppen, dann zeigt sich, daß das Muster, die Wählerinnen und Wähler entstammten überproportional der Generation der über 60jährigen und könnten gewissermaßen als »Unbelehrbare« ver-

Tabelle 4: Rechtsextremistische Parteien, Brückenparteien

Bundesländer u. Berlin	Rechts-extre-mistische Parteien, Brücken-parteien	Wahlergebnisse Gesamt-bevölk.	Jüngere Wähler	Alter
Bremen (1987)	DVU/LD; Rep.	4,68 %[1]	3,4 %[2]	Erstwähler
Baden Württemberg (1988)	NPD; Rep.; ÖDP	ca. 6,7 %[3]	ca. 9,7 %[3]	18–24
Berlin (1989)	Republikaner	7,5 %	14,3 %	18–23

[1]) Die Besonderheit des Landes Bremen brachte der DVU/LD ein Mandat ein.
[2]) Die Jungwähler waren die zweitstärkste Altersgruppe.
[3]) Hier können nur ca.-Ergebnisse angegeben werden, weil die rechtsextremistischen Parteien nur unter der Rubrik „Sonstige" aufgeführt worden sind.

nachlässigt werden, nicht mehr stimmig ist. Bremen war insofern ein Wendepunkt. In Baden-Württemberg und Berlin waren die Jüngeren überproportional beteiligt, ohne daß dies bei den Älteren noch der Fall war. Sieht man dies dann noch im Zusammenhang mit der abnehmenden Wahlbeteiligung der jüngeren Wähler, dann bekommen solche Ergebnisse noch zusätzliches Gewicht.

Demgegenüber läßt sich für die parteiähnlichen neonazistischen Aktionsgruppen quantitativ eher eine abnehmende Tendenz feststellen, die – obwohl sich die Altersstruktur verjüngt hat – wohl in erster Linie mit dem Versuch der »historischen Kopie«, allen verbalen Kunstgriffen zum Trotz, verbunden sein dürfte. Das »historische Modell« ist bei Jugendlichen zu sehr belastet, als daß hier so einfach größere Zuwächse zu erreichen sind. Diese Gruppen befinden sich in einem Gewalt-Dilemma[48], das einerseits quantitativen Zuwachs verhindert und *Militanzzuwachs* verstärkt. Bei Wahlen haben diese Gruppen keine Chance, da ihnen zudem die Infrastruktur fehlt. So konnte die FAP bei der Landtagswahl in Baden-Württemberg (1988) nur 58 Stimmen (!) erzielen.

Die Entwicklungslinie der unorganisierten rechtsextremistischen

Protestszene ist aufgrund des fehlenden Indikators der formalen Mitgliedschaft schwer bestimmbar. Verschiedene Untersuchungen zum »soziologischen Rechtsextremismus«, zum jugendkulturellen Bereich der Fußballfans und das Auftreten u. a. von Skinhead-Cliquen in Jugendzentren, an Treffpunkten in öffentlichen Verkehrszonen, bei öffentlichen Anlässen usw. weisen auf das Bestreben einer öffentlich demonstrierten, selbstbestätigenden Machterfahrung und *Machterweiterung* in der Gleichaltrigengruppe hin. Darauf lassen insbesondere gewalttätige Auseinandersetzungen zwischen der unorganisierten rechtsextremistischen Protestszene und größeren türkischen Jugendgruppen, Autonomen, Jugendzentrumsbesuchern, jugendlichen Besuchern von Schulfeten schließen.[49]

Gewalt-Eskalation: Legitimationsbeschaffung durch Normalisierungsprozesse[50]

In diesem Abschnitt soll gezeigt werden, wie konservative, deutschnationale Meinungspotentiale in der Bevölkerung an der Eskalation mitwirken. Dies läßt sich am Beispiel der Verlaufsform der *Fremdenfeindlichkeit* als einem Element der Ideologie der Ungleichheit darstellen. Die NPD hatte schon vor etlichen Jahren mit ihrer Unterschriftenaktion »Ausländer Stopp« versucht, dieses Thema wahlpolitisch zu nutzen. Inzwischen ist die Parole ganz und gar nicht mehr ihr Charakteristikum; entsprechend konnte sie damit kaum Wahlerfolge verbuchen. Dagegen warb z. B. in Hessen bereits zu den Kommunalwahlen *vor* dem mit offener Ausländerfeindlichkeit durchsetzten Wahlkampf vom Frühjahr 1989 eine große Volkspartei mit dem mehrdeutigen Slogan »Frankfurter Ausländerproblem liegt in Ihrer Hand: Festigkeit mit W . . .«. Der Grund dafür, daß für die NPD dieses Thema an politischer Effektivität nachgelassen hat, ist damit angedeutet. Er besteht darin, daß relevante, sozial akzeptierte bzw. herrschende Gruppen der etablierten Gesellschaft die materielle Substanz der Fremdenfeindlichkeit (ohne Verwendung entsprechend platter Parolen) in ihre öffentlich vorgetragene Normalität übernehmen. Es taucht also der brisante Vorgang auf, daß rechtsextremistisches Gedankengut nicht dadurch entschärft werden soll, daß die Ursachen angegangen, sondern dadurch, daß zumindest Schnittmengen dieses Gedankenguts übernommen werden.

Die darin steckende Brisanz läßt sich am Beispiel des Themas Asylbewerber fortschreiben, wie die Debatte im Vorfeld des Bundestagswahlkampfes 1987 zeigte, als die öffentlich erzeugte Stimmung durch Politiker und Medien mittels Begriffen wie »Ausländerschwemme« aufgeheizt wurde. Nicht nur fremdenfeindliche Positionen wurden mancherorts offen vorgetragen, sondern auch Gewalt angedroht, wenn z. B. Asylbewerber-Heime eingerichtet würden. Mithin wurden die Grenzen zu rechtsextremistischen Positionen bereits »gestreift« – bei gleichzeitiger Distanz zu den rechtsextremistischen Organisationen. Als jüngstes Beispiel läßt sich die öffentlich vorgetragene Position des Innenministers eines Bundeslandes hier einreihen, nach der man es nicht zulasse, daß diese Gesellschaft »durchrasst« werde.[51]

Vor dem Hintergrund nachlassender Integrationskraft der konservativen Parteien sind die Prozesse in mehrfacher Hinsicht folgenreich. Zum einen wird durch die entstehende Normalität des Themas eine Problematisierung immer schwieriger, zum anderen wird die Wahrnehmung vernebelt, daß sich die liberale politische Kultur von »innen« aushöhlt.

Rechtsextremistische Gruppen können auf mehrfache Weise daraus Gewinn ziehen. Mit der wachsenden Normalität des Themas »Fremdenfeindlichkeit« ergibt sich auch ein *Normalitätszuwachs* der traditionellen, »gemäßigten« rechtsextremen Parteien, zumal dann, wenn sie – wie oben schon angedeutet – auf der Ebene der Gewalt eher zu institutioneller Gewalt, also z. B. zur Durchsetzung rigider Ausländerpolitik mittels des staatlichen Gewaltmonopols neigen, um dieses Thema zu »bereinigen«, ebenso wie es vor allem in deutsch-nationalen Strömungen innerhalb von derzeitigen Regierungsparteien der Fall ist. Die Wahlerfolge der »Republikaner« in Berlin und Hessen sowie der NPD in Frankfurt 1989 sind Ergebnisse dieses Prozesses.

Durch diese Art (themengebundener) Konvergenz und der dadurch entstehenden erhöhten Konkurrenz konservativer Parteien um Wählergruppen an ihren rechten Rändern kommt es zu getrennten Wegen der »Problembearbeitung«. Während die traditionellen, »gemäßigten« rechtsextremen Parteien nach wie vor eine *Direktbekämpfung* von ausländischen Personen mittels Parolen wie »Ausländer raus!« und institutioneller Gewalt favorisieren, zeigt sich in einigen Varianten konservativer Positionen eine *Umwegbekämpfung* dergestalt, daß die Ausländer*feindlichkeit* zu bekämpfen vor-

gegeben wird mittels Ausländerrückführung bzw. rigiden Ausländerrechts. Im Ergebnis unterscheiden sich beide Vorgehensweisen nicht, weil sie in jedem Fall ausländische Bevölkerungsgruppen unter Druck setzen, was zumindest bei Teilen der ausländischen, vor allem bei türkischen Jugendlichen auch eine eskalationsfördernde Stimmung aufkommen läßt, die aufbrechen kann, wenn verschiedene Zusatzbedingungen bzw. andere Interaktionsgruppen z. B. aus der unorganisierten rechtsextremen Protestszene hinzutreten und sich der bereits »normalisierten« Positionen bedienen.
Die parteiähnlichen neonazistischen Aktionsgruppen ziehen mit ihrer personenorientierten Demonstrativgewalt einen besonderen Gewinn, der eskalierend wirkt. Eine Ausbreitung fremdenfeindlicher Einstellungen und die – über den öffentlichen Diskurs – entstehende Normalisierung liefert ihnen einen Legitimationszuwachs, der benötigt wird, um die – trotz der Ideologie der Ungleichheit – vor allem bei jüngeren Mitgliedern verbliebenen Hemmschwellen gegenüber personeller Gewaltanwendung weiter abzusenken. Sie leiten aus dem Normalitätszuwachs in der Bevölkerung eine besondere Legitimation für einen nationalen Auftrag ab, der in ihren Augen durch die institutionelle Gewalt des Staates bisher nicht gewährleistet ist und weder von konservativen noch den »gemäßigten« rechtsextremistischen Parteien (»Die NPD ist zu lasch, zu reaktionär und demokratisch«) energisch genug betrieben wird: »Zwei Drittel des deutschen Volkes sind für Ausländer raus, des Volkes Wille ist unser Auftrag.«
Es entsteht also der Prozeß, daß über den Normalitätszuwachs von fremdenfeindlichen politischen Einstellungen und Erwartungen im parteipolitisch *nicht*-rechtsextremistischen Bereich eine Eskalation von Gewalt im rechtsextremistischen Bereich möglich wird und als Erwartungsdruck auf konservative (Regierungs-)Parteien und ihre Ausländerpolitik zurückwirkt.
Fazit: Die Zunahme rechtsextremistischer Orientierungen und Wahlerfolge entsprechender Brücken- bzw. traditionell rechtsextremistischer Parteien bei Jugendlichen läßt sich weder erklären durch die Analogiethese, daß es ein mehr oder weniger deutliches Weiterleben nationalsozialistischer Ideen gebe, noch durch die Verführungsthese, daß die rechtsextremistischen Parteien über eine besonders geschickte Propaganda verfügten. Hier wird eine Erklärung in einer *Kombination* von *sozialen Kontinuitätsbrüchen,* wie sie in den Schattenseiten der Individualisierungs-Schübe deutlich geworden

sind und deren Motor die industriegesellschaftliche Produktionsweise ist, und *historisch-politische Kontinuitätsbezügen* gesehen, die in Leitbildern mit autoritär-nationalisierenden Inhalten öffentlich propagiert werden, auf einen Orientierungsbedarf aufgrund von ökonomisch-sozialen Alltagserfahrungen treffen und geeignet sind, die sozialen Kontinuitätsbrüche zu verschleiern und gesellschaftliche Desintegrationsprozesse nicht überhand nehmen zu lassen, die auch ökonomische Verwertungsinteressen gefährden könnten.

Anmerkungen

1 W. Heitmeyer, Identitätsprobleme und rechtsextremistische Orientierungsmuster, in: Baacke/Heitmeyer, Neue Widersprüche. Jugendliche in den achtziger Jahren, Weinheim/München 1985, S. 195–198; Ders., Rechtsextremistische Orientierungen bei Jugendlichen. Empirische Ergebnisse und Erklärungsmuster einer Untersuchung zur politischen Sozialisation, Weinheim/München 1987; Ders., Ökonomisch-soziale Alltagserfahrungen und rechtsextremistische Orientierungen bei Jugendlichen, in: Benseler/Heitmeyer u. a. (Hrsg.), Risiko Jugend. Leben, Arbeit und politische Kultur, Münster 1988, S. 219–232; Ders., Jugend, Staat und Gewalt in der politischen Risikogesellschaft, in: Heitmeyer/Möller/Sünker (Hrsg.), Jugend-Staat-Gewalt, Weinheim/München 1989, S. 11–47; Ders., Rechtsextremistisch motivierte Gewalt und Eskalation, in: ebd., S. 205–218; Ders./J.-I. Peter, Jugendliche Fußballfans. Soziale und politische Orientierungen, Gesellungsformen, Gewalt, Weinheim/München 1988; Ders./Möller, »Nazis raus aus dieser Stadt!«? Für neue Wege im Umgang mit rechtsextremistisch orientierten Jugendlichen, in: *deutsche jugend,* H. 1/1989, S. 19–33.

2 Vgl. E. Hennig, Neonazistische Militanz und Rechtsextremismus unter Jugendlichen, in: *aus politik und zeitgeschichte,* B 23, 1982, S. 23–37.

3 Mit dem Wechsel der Analyseperspektive können auch geschlechtsspezifische Fragen zu diesem Problemfeld neu angegangen werden. Die organiyxsationsbezogene Perspektive reduzierte die Thematik weitgehend auf ein »Männerproblem«, da fast ausschließlich Männer vor allem in neonazistischen Aktionsgruppen auftraten. Die Orientierungsmusterperspektive kann vor allem auch die Fragen aufgreifen, inwiefern Frauen vor allem zustimmende Positionen zur Ideologie der Ungleichheit beziehen. Dies ist nicht unwichtig, weil einerseits diese Ideologie auch zur Legitimation von Gewaltakzeptanz dienen kann. Diese Legitimation ist umso leichter, desto breiter die Ideologie der Ungleichheit auf Zustimmung stößt. Insofern tragen die in unserer Untersuchung bei weiblichen Jugendlichen ermittelten Zustimmungen zum Prozeß bei.

4 U. Beck, Jenseits von Stand und Klasse? Soziale Ungleichheiten, gesellschaftliche Individualisierungsprozesse und die Entstehung neuer Formationen und Identitäten, in: Kreckel (Hrsg.), Soziale Ungleichheiten, Sonderband 2, Göttingen 1983, S. 35–74; Ders., Risikogesellschaft. Auf dem Weg in eine andere Moderne, Frankfurt a. M. 1986.

5 Beck, Jenseits von Stand und Klasse, S. 36.

6 Vgl. Th. Olk, Jugend und gesellschaftliche Differenzierung. Zur Entstrukturierung der Jugendphase, in: *Zeitschrift für Pädagogik,* 19. Beiheft, 1985, S. 290–301.

7 Vgl. W. Hornstein, Jugend 85 – Strukturwandel, neues Selbstverständnis und neue Problemlagen, in: *Mitteilungen aus der Arbeitsmarkt- und Berufsforschung,* 2, 1985, S. 157–166; Baacke/Heitmeyer (Hrsg.), Neue Widersprüche; Heitmeyer, Rechtsextremistische Orientierungen.

8 Infas, Zur Situation der Jugend in Nordrhein-Westfalen, in: 4. Jugendbericht. Landtag Nordrhein-Westfalen. Drucksache 9/1950, 1982, S. 17–40.

9 R. A. Roth, Jugendarbeitslosigkeit und politische Kultur. Eine Regionalstudie zur Untersuchung politischer Einstellungen bei beschäftigten und arbeitslosen Jugendlichen. Forschungsbericht, Passau 1988.

10 Ebd., S. 73.

11 Ebd., S. 36f.

12 Vgl. Heitmeyer, Rechtsextremistische Orientierungen, S. 77–103.

13 J. Habermas, Die neue Unübersichtlichkeit, Frankfurt a. M. 1985.

14 Roth, Jugendarbeitslosigkeit und politische Kultur, S. 36.

15 Heitmeyer/Peter, Jugendliche Fußballfans, S. 88.

16 Vgl. Heitmeyer, Jugend, Staat und Gewalt, S. 26.

17 Vgl. Heitmeyer/Peter, Jugendliche Fußballfans.

18 Roth, Jugendarbeitslosigkeit und politische Kultur, S. 40.

19 Vgl. A. Fischer/H.-U. Kohr, Politisches Verhalten und empirische Sozialforschung, München 1980.

20 W. Bergmann, Statement anläßlich der Vorstellung der Studie »Ausmaß und Formen des heutigen Antisemitismus in der Bundesrepublik Deutschland«. Pressekonferenz in der TU Berlin am 9. 6. 1988 (vervielfältigtes Manuskript).

21 Heitmeyer, Rechtsextremistische Orientierungen, S. 149.

22 Vgl. M. Brumlik, Gestern Juden, heute Türken? Überlegungen zu einem falschen Vergleich, in: *Deutsche Volkszeitung/die tat,* 28. 10. 1988, S. 11.

23 Vgl. Heitmeyer, Rechtsextremistische Orientierungen, S. 151.

24 Vgl. R. Stöss, Ursachen und Ausmaß der NS-Renaissance unter Jugendlichen in Berlin (West) und bildungs-politische Maßnahmen zu ihrer Bewältigung, FU Berlin o. J.

25 Vgl. Heitmeyer, Rechtsextremistische Orientierungen, S. 18f.

26 Dieser Abschnitt ist meiner Untersuchung »Rechtsextremistische Orientierungen bei Jugendlichen« entnommen.

27 Vgl. dazu H. Mommsen, Die Last der Vergangenheit, in: Habermas (Hrsg.), Stichworte zur »Geistigen Situation der Zeit«. Bd. 1, Frankfurt a. M. 1979, S. 164–184.

28 Vgl. H. G. Jaschke, Wölfe im Schafspelz? Der europäische Rechtsradikalismus bemüht sich um ein intellektuelles Profil, in: *Die Zeit,* 10. 1. 1986, S. 16.

29 Vgl. Hennig, Neonazistische Militanz und Rechtsextremismus.

30 A. Wacker, Zur Aktualität und Relevanz klassischer psychologischer Faschismustheorien. Ein Diskussionsbeitrag, in: Paul/Schoßig (Hrsg.), Jugend und Neofaschismus. Provokation oder Identifikation? Frankfurt a. M. 1979, S. 114.

31 Ebd.

32 Michael Kühnen zit. nach E. Hennig, »Wert habe ich nur als Kämpfer«. Rechtsextremistische Militanz und neonazistischer Terror, in: Steinweg (Hrsg.), Faszination der Gewalt. Politische Strategie und Alltagserfahrung, Frankfurt a. M. 1983, S. 102.

33 Belege bei Heitmeyer, Rechtsextremistische Orientierungen, S. 226f.
34 Hennig, Neonazistische Militanz und Rechtsextremismus.
35 Vgl. Jaschke, Wölfe im Schafspelz?; A. Klönne, Zurück zur Nation? Kontroversen zu deutschen Fragen, Düsseldorf 1984.
36 Mommsen, Die Last der Vergangenheit.
37 Klönne, Zurück zur Nation, S. 31f.
38 Vgl. *Deutsche Monatshefte,* zit. nach Klönne, Zurück zur Nation, S. 13.
39 Vgl. Jaschke, Wölfe im Schafspelz?
40 Ebd. Inwiefern die Ökologisch Demokratische Partei ÖDP hier eine Brückenfunktion einnehmen kann, muß abgewartet werden. Daß es Probleme gibt, zeigt sich u. a. daran, daß die Partei im Frühjahr 1989 anläßlich der Erfolge der »Republikaner« ausdrücklich sich zu Abgrenzungsbeschlüssen herausgefordert sah.
41 Vgl. J. Habermas, Die Kulturkritik der Neokonservativen in den USA und in der Bundesrepublik, in: *Merkur,* 1982, H. 11, S. 1047–1061.
42 E. Hennig, Konservatismus und Rechtsextremismus in der Bundesrepublik: Fragen der Berührung und Abgrenzung, in: Hennig/Saage (Hrsg.), Konservatismus – eine Gefahr für die Freiheit? München-Zürich 1983, S. 311.
43 Vgl. K. Farin/L. A. Müller, Die Wendejugend, Reinbek 1984.
44 Vgl. Belege in Heitmeyer, Rechtsextremistische Orientierungen, S. 227f.
45 Vgl. W. Bergmann/R. Erb, Kommunikationslatenz, Moral und öffentliche Meinung. Theoretische Überlegungen zum Antisemitismus in der Bundesrepublik Deutschland, in: *Kölner Zeitschrift für Soziologie und Sozialpsychologie,* 38, 1986, S. 223–246.
46 Wesentliche Teile dieses Abschnitts entstammen meinem Aufsatz »Rechtsextremistisch motivierte Gewalt und Eskalation«.
47 Vgl. die Vergleichszahlen in Heitmeyer, Rechtsextremistische Orientierungen, S. 182.
48 Ebd., S. 24.
49 Vgl. beispielhafte Belege in Heitmeyer, Rechtsextremistisch motivierte Gewalt und Eskalation.
50 Dieser Text entstammt meinem Aufsatz »Rechtsextremistisch motivierte Gewalt und Eskalation«.
51 Diese Position stammt vom bayerischen Innenminister Stoiber aus dem Herbst 1988. Er hat sich nach einer öffentlichen Diskussion bereit erklärt, den Ausdruck nicht mehr zu verwenden. Hat sich damit sein Denken auch verändert?

Republik und »Republikaner« Vergangenheit, die nicht vergehen will?

von Gerhard Paul

Es ist nicht ihre Republik, in der sie leben. Für sie ist es eine verordnete Republik, eine Zwangseinrichtung, an der sie leiden, nichts organisch Gewachsenes, eine Republik, von der sie sich im Stich gelassen fühlen. Eigentlich träumen sie auch von keiner Republik – der Name ist Schall und Rauch –, sondern von einem Reich, einem großdeutschen natürlich, das territorial die Grenzen der Bundesrepublik überwunden hat, in dem Ausländer höchstens Gastrecht besitzen. Es ist das Reich der kleinen Leute und der Opportunisten, der Stammtische und des gesunden Volksempfindens, in dem es ordentlich und sauber zugeht, das nicht mit den Verbrechen des großdeutschen Wahnsinns belastet ist, vielmehr ein stolzes und starkes Reich ist, in dem soziale Gerechtigkeit – ausschließlich für Deutsche – herrscht, »linke Chaoten« hinter Gittern sind, die Zeit stillsteht.

Der Erfolg der »Republikaner« bei der Europawahl 1989 ist der verzweifelte und letzte Aufstand der Anhänger des Nationalstaates der Vergangenheit gegen die Zukunft eines geeinten Europa. Es ist die schiefgeratene und ohnmächtige Rebellion der sozial Verunsicherten und aus der Wohlstandsgesellschaft Ausgegrenzten gegen die Schickeria der Fitness-Studios und Turbobräuner, der Modernisierungsopfer gegen eine atemlose Zeit ohne gültige Werte, einer traumlosen Jugend gegen eine Zukunft ohne Traum, der alten Nazis gegen den »Besatzungsstaat«.

Ihnen allen gemein ist das Bild einer anderen Republik, deren Konturen bewußt undeutlich bleiben, die als Warenhaus grandioser Wünsche erscheint, die alles offenläßt und nichts erfüllt und gerade dadurch an Sogkraft gewinnt. Diese Rebellion mit dem Wahlzettel unterscheidet sich vielfach von der krampfhaften Renaissance des älteren Rechtsextremismus und hat doch vieles mit jener Vergangenheit gemein, »die nicht vergehen will«: die Bierzeltatmosphäre des frühen Nationalsozialismus, das aggressive Ressentiment gegen politische Außenseiter und Fremde, den Eklektizismus des Programms, das propagandistische Image von Aufbruch und Jugendlichkeit, die apokalyptischen Themen, die Verkehrung der Worte und die Umwertung der Werte, die Wiederkehr der Demagogie, das Biedermannhafte seines »Führers«, in dem der Brandstifter schlummert. Über all das kann auch der verfeinerte Rassismus und der »demokratisch geläuterte Patriotismus« der propagierten Politik nicht hinwegtäuschen. Unter der neuen Fahne versammelt sich das Deutschland von gestern und das ohne morgen.

Geburtshelfer und *Connections*

Das neue Pflänzlein gedieh im Schatten der Wende.[1] Seine ersten Blüten im Rampenlicht der Öffentlichkeit markieren das Ende des Wendestaates, nicht das Ende der Republik. Die im November 1983 von den drei CSU-Dissidenten, dem Sprecher des wehrpolitischen Arbeitskreises der CSU Ekkehard Voigt, dem Bundestagsabgeordneten Franz Handlos und dem zunächst noch unscheinbaren Rundfunkjournalisten und ehemaligen Hauptabteilungsleiter beim Bayerischen Rundfunk Franz Schönhuber gegründete Partei begann als Spaltpilz im Unionslager und jagte zunächst der CSU Mitglieder und Wähler ab: *die CSU-Connection.* Anlaß der Parteigründung war der vom ehemaligen CSU-Chef Franz-Josef Strauß vermittelte Milliardenkredit der Bonner Koalitionsregierung an die DDR, der insbesondere von der bayerischen CSU-Basis als »Verrat« an fundamentalen deutschlandpolitischen Grundsätzen der Union betrachtet wurde. Ein Feindbild war ins Wanken geraten. Nach dem Ausbooten von Voigt und Handlos gelang es Schönhuber 1985, sich als Alleinherrscher der neuen Rechtsaußenpartei durchzusetzen und seine Partei zunehmend als Sammlungspartei zwischen enttäuschtem Rechtskonservatismus und frustriertem Rechtsextremismus zu profilieren. Das auf dem Bundesparteitag am 16. Juni 1985 in Siegburg angenommene »Siegburger Manifest« bot allen Gruppen etwas.[2] Anleihen genommen hatte man u. a. bei einem rechtsgerichteten Intellektuellenzirkel, dem »Deutschlandrat«, der sich mit seiner Forderung nach der »Entkriminalisierung unserer Geschichte als Voraussetzung für ein selbstverständliches Nationalbewußtsein« als Speerspitze des historischen Revisionismus verstand.[3]
Ihre Wählerresonanz testeten die »Republikaner« erstmals bei den

bayerischen Landtagswahlen vom 12. Oktober 1986. Mit 3 % der abgegebenen gültigen Stimmen gelang es der CSU-Konkurrenz einerseits – wie z. B. in Mittelfranken – an ältere rechtsextreme Regionaltraditionen anzuknüpfen, »andererseits auch in katholisch-ländlichen Regionen Oberbayerns (zu) reüssieren, wo Rechtsextreme nie Fuß fassen konnten und die CSU absolut hegemonial ist«.[4] Der Wahlerfolg in Bayern, der der Partei eine Wahlkampfkostenerstattung in Höhe von 1,3 Millionen DM einbrachte, leitete eine Phase der innerparteilichen Konsolidierung und des organisatorischen Ausbaus ein. 1985 löste sich die »Kieler Liste für Ausländerbegrenzung« auf, die es bei den Kommunalwahlen in Schleswig-Holstein 1982 auf respektable 3,8 % gebracht hatte. Ihr Vorsitzender baute den Kieler Verband der »Republikaner« auf und empfahl seinen Anhängern, zur Partei Schönhubers überzuwechseln. Wahlpolitische Erfolge aber blieben zunächst aus. Bei den Landtagswahlen 1987 in Schleswig-Holstein und Rheinlandpfalz zog die Partei ihre Kandidatur überraschend zurück. In Bremen kam sie im gleichen Jahr nur auf 1,2 % und blieb im Schatten von Freys DVU-Liste D. Ähnlich erging es ihr 1988 bei den Landtagswahlen in Baden-Württemberg (1 %) und Schleswig-Holstein (0,6 %), wo sie gegenüber der NPD den kürzeren zog. Der Bundesparteitag 1987 in Bremerhaven bekräftigte die herausragende Führungsrolle Schönhubers und signalisierte mit der Nominierung von Johanna Grund, Redaktionsmitglied der Vertriebenenzeitschrift *Schlesier,* und Prof. Emil Schlee[5], Vizepräsident im »Bund der Mitteldeutschen«, als neuen Stellvertretern die neue Strategie der Umwerbung der Vertriebenen: *die Vertriebenen-Connection.* Den wahlpolitischen Durchbruch aber brachten erst die Wahlen 1989 zum Abgeordnetenhaus in Berlin und die Kommunalwahlen in Hessen. Sie zeigten zugleich, daß die »Republikaner« zunehmend nun auch von der NPD unterstützt wurden, die in einem Wahlappell in Berlin zum Votum für die Schönhuber-Partei aufrief, bzw. daß es der neuen Partei wie in Hessen gelang, sich erstmals gegenüber der rechtsextremistischen Konkurrenz zu behaupten. Der Wahlaufruf der NPD, die Rekrutierung führender Parteifunktionäre aus den Reihen von NPD, DVU und anderen rechtsextremen Gruppierungen – so ermittelte der *Spiegel,* daß 10 der 19 Vorstandsmitglieder der »Republikaner« in Nordrhein-Westfalen eine explizit rechtsextreme Vergangenheit bei NPD, DVU, Jungen Nationaldemokraten usf. hinter sich haben[6] –, die Nominierung des früheren NPD-Landeschefs und

Verlagskaufmanns Rudolf Kendzia[7] für die Abgeordnetenliste des Berliner Stadtparlaments sowie die NPD- bzw. DVU-Vergangenheit des ehemaligen Generalsekretärs der Partei und gegenwärtigem Vorsitzenden der »Republikaner« in Bayern, Harald Neubauer[8], konterkarieren die wiederholte Behauptung Schönhubers, seine Partei habe nichts mit dem älteren Rechtsextremismus gemein. Neben der CSU- und der Vertriebenen-Connection existiert demgegenüber drittens *die Connection ins rechtsextreme Lager.* Im Unterschied zu NPD und DVU ist es den »Republikanern« gelungen, rechte Intellektuelle um sich zu scharen, die regelmäßig im Organ der Partei publizieren und sich um eine intellektuelle Unterfütterung des Programms und eine politische Profilierung der Partei bemühen.[9]

Organisatorisches

Organisatorisch gliedert sich die Partei in Landesverbände, Kreisverbände und Ortsgruppen. Insbesondere auf Kreis- und Ortsebene steht der Organisationsaufbau erst am Anfang. Während die »Republikaner« in Süddeutschland allein aufgrund ihrer längeren Organisationsgeschichte bereits über ein relativ dichtes Organisationsnetz verfügen, weist dieses in Norddeutschland und hier insbesondere in Nordrhein-Westfalen noch große Lücken auf. In einigen Regionen der Bundesrepublik ist die Schönhuber-Truppe gegenwärtig noch gar nicht präsent, fanden zur Europawahl keine Veranstaltungen statt, trat sie auch durch Plakate optisch nicht in Erscheinung. Was hier fehlte, machte die Fernsehwerbung und die öffentliche Diskussion über die »Republikaner« wett, die ein diffuses Image verbreiteten, das ausreichte, daß auch in den organisatorisch rückständigen Landstrichen Schönhuber in jedem Wohnzimmer präsent war und die Partei Wählerstimmen erhielt. Gegenwärtig verfolgen die »Republikaner« eine Strategie der Bildung von regionalen Bastionen und örtlichen Hochburgen, um von hier aus – wie einst die NSDAP der »Kampfzeit« – das Umland zu »erobern«. Der Wahlkampf zur Europawahl konzentrierte sich daher primär auf die Städte und setzte auf Massenversammlungen mit Schönhuber, der hier als neuer Volkstribun auftrat und eifrig sein rhetorisches Vorbild Franz-Josef Strauß kopierte. Trotz eines formaldemokratischen Parteiaufbaus sind die »Republikaner« ganz auf ihren Chef fixiert. Ohne Schönhuber läuft nichts in der Partei, die so mehr einer autoritären »Führerpartei«, denn einer demokratischen Volkspartei ähnelt. Seit dem Ausbooten der beiden Mitbegründer agiert Schönhuber als unumschränkter Alleinherrscher der Partei. Er ist das propagandistische Zugpferd, ohne das die Partei zusammenbrechen würde, und er allein präsentiert die Partei nach außen.[10] Während die »Republikaner« vor der Europawahl, was ihre finanzielle und organisatorische Potenz anbetraf, sich noch deutlich im Schatten von Freys DVU und der NPD befanden, ist anzunehmen, daß sie durch die erwartete Wahlkampfkostenerstattung in Höhe von 16,5 Millionen DM ihren Organisationsapparat bundesweit ausbauen und im Bundestagswahlkampf 1990 optisch allgegenwärtig sein werden.

Das Programm: Nationalismus, Rassismus und die Vergötzung eines autoritären Staates[11]

Programmatisch steht das als Nationalstaat verfaßte Volk im Zentrum der Politik der »Republikaner«. Alles, was dessen Einheit und Interesse zuwiderläuft, wird als Ausdruck von Chaos und Tod attackiert; alles, was diesen Staat stabilisieren könnte, gilt als positiv. Individuelle Bürger- und Freiheitsrechte werden dem größeren nationalstaatlichen Zweck untergeordnet, Innen- wie Außenpolitik von hier aus beurteilt; die Forderung nach einem hierarchisch gegliederten, starken und entscheidungsfähigen Staat und die Ablehnung innenpolitisch konkurrierender Machtzentren und supranationaler Institutionen erhalten von hier ihren Sinn. Trotz dieses nationalistisch-völkischen Kerns bleibt das Parteiprogramm in vielen Einzelfragen mehrdeutig und offen und lädt zu Assoziationen geradezu ein. Programmatische Festlegungen werden angesichts einer potentiell heterogenen Wählerschaft und dem drohenden Stigma der Verfassungsfeindlichkeit geradezu vermieden und erscheinen während der gegenwärtigen Sammlungsphase taktisch auch wenig sinnvoll.

Der Wahlerfolg der »Republikaner« in Berlin, kommentierte Schönhuber nach der Wahl, sei auch ein Erfolg des »demokratisch geläuterten Patriotismus«, den er den Deutschen zurückgeben wolle. Hinter dieser Propagandaformulierung, die seine Partei vom verfassungsfeindlichen älteren Rechtsextremismus abgrenzen und ihr Wählerpopulationen aus den etablierten demokratischen Parteien

zuführen soll, verbirgt sich gleichwohl nichts Anderes als das alte nationalistische Programm: die Vergötzung der über rassistische Kriterien definierten eigenen Nation und der Haß gegen alles Fremde. Das Stichwort »nationale Identität«, seit der Bonner Wende wieder verstärkt in die öffentliche Diskussion eingebracht, rangiert in den verschiedenen Programmen und Manifesten der neuen Rechtsaußenpartei jeweils an oberster Stelle. »Nationale Identität« aus der Perspektive der »Republikaner« meint dreierlei: die Forderung nach »nationaler Selbstbestimmung« und nach Wiederherstellung des »Deutschen Reiches in allen seinen Teilen«, die Ablehnung einer multikulturellen Gesellschaft in dem Postulat »Deutschland darf kein Einwanderungsland werden« und die Entsorgung der Geschichte. Damit die Deutschen wieder stolz auf ihre Geschichte sein könnten, fordert das Parteiprogramm die »Entkriminalisierung deutscher Kultur, Geschichte und ihrer Menschen« durch die Aufhebung der Fixierung des öffentliches Interesses auf die zwölf Jahre nationalsozialistische Herrschaft. Die Deutschen sollten nicht länger im Büßerhemd herumlaufen, sondern sich ihrer positiven Traditionen und Werte – z. B. der Ehre des deutschen Soldaten – wieder besinnen. Die Zeit der »Umerziehungsdiktatur« sei vorbei. »Wir wehren uns dagegen, daß unsere Geschichte permanent auf Auschwitz reduziert wird«, posaunte Schönhuber bei seiner Aschermittwochrede 1989 in Cham. »Wir erklären hiermit feierlich die Umerziehung der Deutschen für beendet und den Fahrkartenschalter nach Canossa für geschlossen.«
Ziel der Innenpolitik, so das Programm, sei »die Erhaltung des Bestandes des deutschen Volkes, seiner Gesundheit und seines ökologischen Lebensraumes«. Umwelt- und Bildungspolitik, Familien- und Gesundheitspolitik werden diesem Ziel untergeordnet. »Überbevölkerung« und rassische Durchmischung durch Ausländer und Asylanten bedrohten die »nationale Identität« und verschärften die ökologische Problematik. Aus dem Basistheorem der »Überbevölkerung unseres Lebensraumes« – einer Formel, die fatal zurückerinnert an Hans Grimms »Volk ohne Raum« – und der Forderung nach Wiederherstellung »nationaler Identität« ergibt sich folgerichtig eine geopolitische Raumvorstellung vom »Deutschen Reich«, das die Grenzen der Bundesrepublik überschreitet, und ein Gesellschaftsmodell, in dem Ausländer keinen Platz mehr haben. In der Atmosphäre der Bierzeltversammlungen konkretisiert Schönhuber: »Wir wollen, daß Deutschland deutsch bleibt. Dazu gehören auch

das Sudetenland, Ost- und Westpreußen.« Für die »Republikaner«, so Schönhuber, gebe es weder eine BRD noch eine DDR, denn das »Deutsche Reich besteht bis zum Abschluß eines Friedensvertrages in den Grenzen von 1937 weiter«. Wer hiervon Teile preisgebe, sei ein »Landesverräter«. In praktische Politik umgesetzt bedeuten solche Aussagen eine Kampfansage an die in der Bundesrepublik lebenden Ausländer und an die Nachbarn im Osten. »Demokratisch geläutert« ist an diesem »Patriotismus« nichts.

Auch hinter dem sprachlich verfeinerten und ökologisch aufgemotztem Rassismus der »Republikaner« verbergen sich die alten Vorstellungen und Ressentiments – nur aktuell verpackt. Die »Lösung der Ausländerfrage« – auch hier werden negative Assoziationen wach – bildet gleichsam die andere Seite der Forderung nach »nationaler Identität«. Um das vermeintlich zentrale Problem der Nation, die Bedrohung unseres Landes durch »Überfremdung« (wie es im »Siegburger Manifest« heißt) zu lösen, wird einer Entrechtung der in der Bundesrepublik lebenden Ausländer das Wort geredet. Die Verweigerung von Bürger- und Menschenrechten für Ausländer, die Eingrenzung der im Grundgesetz verankerten Menschenrechte ausschließlich auf »Deutsche« und die vehemente Ablehnung eines Wahlrechts für Ausländer erweisen sich als taktische Voraussetzung einer flexiblen, durch keine rechtlichen Bindungen eingeschränkten Handhabung des Ausländerproblems. Wenn es im Parteiprogramm in eindeutiger Anlehnung an das NSDAP-Programm von 1920 heißt: »Ausländer sind Gäste«, oder Schönhuber betont: »Wir wollen Ausländer wie Gäste behandeln, aber wir wollen nicht, daß die Gäste über unser Leben bestimmen«, so beinhaltet dies, daß Ausländer jederzeit wieder vor die Tür gesetzt werden können. Ihre proklamierte Entrechtung auf den Status von Gästen macht flexible, normativ nicht überprüfbare Maßnahmen möglich. Die »Republikaner« fordern nicht einfach wie ihre rechtsextremen Konkurrenten: »Deutschland den Deutschen – Ausländer raus!«, sondern sprechen davon, daß Deutschland kein »Gastarbeiterland«, kein »Einwanderungsland«, nicht das »Sozialamt des Mittelmeerraumes« werden dürfe. Realistischer als andere anerkennen sie die ökonomische Notwendigkeit der Beschäftigung von ausländischen Arbeitnehmern in der Bundesrepublik und favorisieren daher eine Strategie der Entrechtung, nach der Ausländer jederzeit ein weiterer Aufenthalt verweigert werden kann, wenn dies ökonomisch oder politisch wünschenswert erscheint. In Wahlkampfveranstaltungen plädiert Schönhuber sogar dafür, Arbeitsverträge mit Ausländern auf höchstens drei Jahre zu befristen, »dann müssen sie wieder zurück in ihre Heimat«. Für Asylbewerber und andere »ungebetene Gäste« sollen Schnellgerichte an den Grenzen errichtet werden, die die sofortige Abschiebung veranlassen können. Die propagandistisch simple Zurückführung aller Übel, angefangen von der Arbeitslosigkeit, der steigenden Kriminalität, über die ökologische Zerstörung bis hin zum Problem der Rentenversicherung auf die vermeintliche »Überfremdung« der Republik läßt die Abschaffung des grundrechtlich verankerten Asylrechts und die rechtliche Diskriminierung von Ausländern zu Menschen zweiter Klasse als legitime Notwehrmaßnahme erscheinen. Der FDP-Vorsitzende Graf Lambsdorff sah das Modell einer modernen Sklavenhaltergesellschaft am Horizont heraufziehen. Die Verweigerung der Familienzusammenführung für die in der Bundesrepublik lebenden Ausländer sei »grundgesetz- und menschenrechtswidrig«. Der Verlust des Anspruchs auf Sozialleistungen bedeute, daß ausländische Arbeitskräfte keinen Versicherungs- und Altersschutz mehr besitzen. »Sollen sie hier als Sklaven arbeiten?« fragte der FDP-Chef.

Sicherheits- und ordnungspolitisch profilieren sich die »Republikaner« als »law-and-order«-Partei, als Garanten der klassischen deutschen Sekundärtugenden, mit denen – wie es Oskar Lafontaine einmal gesagt hat – auch ein Konzentrationslager zu betreiben ist. »Wir sind die deutschen Patrioten, die neue Kraft, die wieder Sauberkeit und Ordnung schafft«, reimt Schönhuber, und sein Berliner Landesvorsitzender führte den dortigen Wahlerfolg darauf zurück, daß »wir deutsche Werte wieder auf unsere Fahnen geschrieben haben«. Der Staatsräson und dem Gemeinwohl ordnet die neue Rechtspartei die Bürger- und Individualrechte unter. Sie plädiert für eine Verschärfung des Demonstrationsstrafrechts und eine bessere Ausrüstung der Polizei und möchte die Gewerkschaften auf parteipolitische Neutralität und das »Wohl der Arbeitenden und das Gedeihen ihrer Arbeitsstätten« beschränkt wissen. Staatliche Entscheidungseffizienz besitzt Vorrang vor der Sicherung von Individual- und Gruppeninteressen. Im Parteiprogramm heißt es schlicht: »Staatsräson und Gemeinwohl (haben) Vorrang vor Parteiräson und Gruppeninteressen.« Der einzelne habe sich der »Lebens-, Leistungs- und Wertegemeinschaft aller« unterzuordnen. Individuelle Rechte müßten mit den »gemeinschaftsbezogenen Pflichten« wieder in Einklang gebracht werden. Fundamentale Grundrechte wie das

der Pressefreiheit werden zur Disposition gestellt. Juristisch dominiert ein Verständnis des »kurzen-Prozeß-Machens«. Dialogfähigkeit und die Gültigkeit rechtsstaatlicher Verfahren gerade auch im Umgang mit Andersdenkenden werden aufgekündigt. Schönhuber kurz und bündig während einer Rede in der Münchner Olympiahalle: »Mit Autonomen diskutiert man nicht; Autonome sperrt man ein!«
Die Realisierung der wenigen hier angedeuteten Programmpunkte zielt auf eine andere Republik, die quer steht zum Bonner Grundgesetz. »Wenn man sich die programmatischen und Parteiblatt-Äußerungen anschaut«, so der Berliner Politikwissenschaftler Hajo Funke, »wird das Rassistische, Neofaschistische der ›Argumentation‹ der ›Republikaner‹ sichtbar«.[12] Zwar bekennt sich das Parteiprogramm der neuen Partei formell zum Grundgesetz und hat sich damit die Nichtobservierung der Verfassungsschützer erkauft, gleichwohl lasse – so der Vorsitzende der »Gewerkschaft der Polizei« Hermann Lutz (CDU) – eine Analyse des Programms an mehreren Stellen z. T. bis in wörtliche Formulierungen hinein, wenn vom Gastrecht der Ausländer oder von den »Arbeitsstätten« die Rede ist, die »Nähe zu nationalsozialistischem Gedankengut« klar erkennen. Das programmatische Bekenntnis sage noch nichts über die wirkliche Verfassungstreue der »Republikaner« aus.[13]

Propagandastrategien: Apokalypse, Verfolgungssyndrom und ein smarter Retter

Noch deutlicher wird die Nähe zu jener Vergangenheit, »die nicht vergehen will«, wirft man einen Blick auf die Propagandastrategien Schönhubers und seiner Truppe. Aktuelle Problemthemen werden wie einst in der NSDAP-Propaganda der »Kampfzeit« zu apokalyptischen Entscheidungssituationen verdichtet, so wenn Schönhuber die drohende »Vernichtung des deutschen Volkes« in immer neueren Variationen beklagt, davon redet, durch »Überfremdung« sei der »Bestand unseres Volkes« gefährdet oder die Kreuzberger Krawalle vom 1. Mai 1989 zu »Anfängen eines Bürgerkrieges« aufbläht. Existenz- und Todesängste werden mobilisiert, so als im Fernsehspot der »Republikaner« in Berlin die Bilder von spielenden türkischen Kindern mit der Melodie »Spiel mir das Lied vom Tod« unterlegt wurden oder Schönhuber den EG-Binnenmarkt als »Todesdrohung für unser Volk« bezeichnete, da durch die Öffnung der Grenzen Mafia und Camorra, Drogenhändler und internationale Verbrecherbanden über Deutschland hereinbrechen würden.

Die Propagierung einer Endzeit- und Untergangsstimmung bildet die emotionale Folie der Selbstdarstellung und der Anpreisung vermeintlich Verantwortlicher für die drohende Apokalypse. Durch Unterstellung, Diffamierung und Kriminalisierung werden politische Gegner zu Feinden aufgebaut und in die klassische Sündenbockrolle gedrängt. Wenn Schönhuber vom »linken Verbrechergesindel« und vom »Lumpen Momper« spricht, seinen Zuhörern verkündet, die Grünen seien die »Todesschwadron unserer Gesellschaft, die apokalyptischen Reiter«, die Liberalen ein »Krebsgeschwür«, so deutet dies sprachlich bereits die Ausgrenzung an, wird immanent gefordert, sozusagen als Selbstschutzmaßnahme, das Krebsgeschwür zu beseitigen, die Todesschwadron zu vernichten, das Verbrechergesindel und den Lumpen hinter Schloß und Riegel zu bringen. Das ist die alte Methode des Brandstifters, des faschistischen Agitators, zunächst das Bedrohungsszenario eines von Ausländern, Chaoten, Kommunisten, Aids-Kranken, Mafiosi und Drogendealern eingekreisten und bedrängten Deutschland zu skizzieren und sich dann als Retter aus der Not anzubieten, als »Widerstandskämpfer gegen die moralische Versumpfung unseres Volkes« (Schönhuber).[14] Hinter der Reduktion komplexer gesellschaftlicher und wirtschaftlicher Zusammenhänge auf griffige Parolen, hinter der Schuldzuweisung für alle Übel dieser Welt auf klar abgegrenzte Bevölkerungsgruppen und hinter der Propagierung einfacher und populärer Lösungsstrategien verbirgt sich das alte propagandistische Muster, von den tatsächlichen politischen und ökonomischen Verantwortlichkeiten in der Krise zu abstrahieren und insbesondere sozial Benachteiligten Ventilmöglichkeiten für aufgestaute Aggressionen anzubieten. Wohin die Gefühlspropaganda und die Ausgrenzung und Entrechtung ganzer Populationen führen kann, hat uns der deutsche Faschismus anschaulich vor Augen geführt. Auch Schönhubers Forderung, nicht ständig an Auschwitz zu denken, Hitlers Schatten verblassen zu lassen, erhält von hier aus ihren Sinn.

Der PEN-Club der Bundesrepublik hat auf seiner Jahrestagung in Köln kürzlich vor der »Propagandasprache« der selbsternannten »Republikaner« gewarnt, die verglichen mit Gruppierungen wie NPD und DVU ein »Fortschritt an demagogischer Professionalität«

bedeute. Diese Sprache lehne sich einerseits an das altbekannte »Vokabular der Unbekehrbarkeit« an und stelle die Schutzbehauptung der Verfassungstreue auf, »andererseits kombiniert sie dieses Vokabular mit sprachlichen Signalen der Bereitschaft zur Unterdrückung und der ›verfolgenden Unschuld‹ (Karl Kraus), welche jedem alten und neuen Kämpfer klarmachen: Wir waren dabei«. So entstehe eine »Metasprache der ressentimentgeladenen Verlogenheit, die den juristischen Nachweis verfassungswidriger Absichten erschwert, eine politisch und gesellschaftlich desorientiere Jugend über die nazistische Kontinuität dieses Geistes hinwegtäuscht und die vernünftige Diskussion legitimer Konflikte unmöglich macht.«[15]
Schon der Parteiname täuscht und suggeriert, als stünden die »Republikaner« zu dieser Republik. Mit wirklich republikanischen Organisationen – Anwaltsvereinen, republikanischen Clubs – haben sie nicht das geringste gemein. Die Entlehnung aus dem Vokabular der Republik blendet und provoziert und täuscht über den wahren Charakter der neuen Rechtsaußenpartei hinweg, so wie einst die »Entlehnung der Kommune« die NSDAP als sozialistische Arbeiterpartei profilieren sollte, die sie nicht war. Die Sprache der »Republikaner« deutet an und relativiert permanent. Auschwitz, so Schönhuber, sei nicht zu vergessen, »aber« auch nicht der »Idealismus und die Opferbereitschaft jener Menschen, die an die nationale Revolution glaubten«; mit Antisemitismus wolle er nichts zu tun haben, »aber« – so fragt Schönhuber seine Zuhörer – müsse man nicht den Eindruck haben, »der Zentralrat der Juden ist die fünfte Besatzungsmacht auf deutschem Boden«? Während der Vorsitzende so einerseits Verfassungskonformität, Seriosität und den Bruch mit der NS-Vergangenheit und dem älteren Rechtsextremismus bekundet, signalisieren seine Relativierungen andererseits, was wirklich gemeint ist. Der Kreis zwischen Redner und Zuhörern schließt sich. Es ist eine assoziative Sprache, die vieles offenläßt, bei der sich jeder seinen Teil denken kann.
Propaganda und Veranstaltungsliturgie sind ganz auf die Person Schönhubers zugeschnitten. Der smarte Parteichef, der sagt, was er denkt, der Volkes Stimme spricht und sich auch »von einem Herrn Galinski nicht das Wort verbieten läßt«, der weiß, wie man mit den Medien umzugehen hat, sich seiner ausgezeichneten Verbindungen ins Zentrum der Macht – zu Bundeswehrgeneralen, Industriellen und hohen Unionspolitikern – rühmt, präsentiert sich selber gerne als Verfolgter, ja als Märtyrer, der beschimpft und verleumdet wird.

Er propagiert das Bild eines Retters, der die großen Themen und Wahrheiten der Zeit artikuliert, das Mitleid erheischende Bild eines Propheten, gegen den die ganze Welt steht. Schönhuber nach der Europawahl: er habe einen »Wahlkampf gegen nahezu die ganze Welt« geführt. Das verstärkt die Identifikationsbereitschaft seiner Anhänger. Zudem präsentiert sich Schönhuber nicht als verkniffener Agitator wie sein Konkurrent Frey, sondern eher als telegener Populist und sympathischer Nachbar von nebenan.

Zu Schönhubers Propagandastrategie gehören auch die Angaben zur soziologischen Zusammensetzung der Partei und der Versuch, gesellschaftliche »opinion leader« für die Partei zu gewinnen. Schönhuber selbst gab im Mai 1989 die Zahl der Parteimitglieder mit 14.000 an. Seine weiteren Angaben, die die Presse kritiklos übernimmt, sind widersprüchlich und vom Interesse geleitet, die »Republikaner« in der Öffentlichkeit als eine jugendliche Partei und eine Partei der »Staatsdiener« erscheinen zu lassen. Während er einmal den Anteil der jungen Mitglieder unter 30 Jahren mit 70 % beziffert, sind es ein anderes Mal nur 50 bis 60 %. Auch die Daten über die Berufszusammensetzung schwanken. Während Schönhuber einmal erklärt, etwa die Hälfte der Mitglieder seien »Polizisten, Grenzschützer, Bundeswehrangehörige, Beamte«, sind es in einem anderen Interview plötzlich nur mehr 30 bis 40 %. Zu bezweifeln ist auch der Hinweis der »Republikaner«, in ihren Reihen seien 800 Bundeswehrangehörige organisiert und in »einigen Bundesländern« übe mindestens jedes vierte Parteimitglied den Polizistenberuf aus. Das ständige Herausstellen besonders des hohen Beamtenanteils bei den »Republikanern« in fast jedem Interview Schönhubers hat den Sinn, die Partei als eine seriöse, verfassungstreue politische Kraft zu profilieren. Tatsächlich dürfte das öffentliche Bekenntnis von gesellschaftlich anerkannten »opinion leadern« zu den »Republikanern« – wie Hochschulprofessoren, ehemaligen CDU- und SPD-Mandatsträgern – und die Wahl von Polizeibeamten zu Vorsitzenden von Landesverbänden in gegenwärtig zwei Bundesländern nicht unwesentlich zum Positivimage der Partei und ihrer vermeintlichen Verfassungstreue beigetragen haben und den »Republikanern« neue Anhänger zuführen.[16]

Die Protestwahl von Berlin

Von ihrer Entstehungsgeschichte her und von dem wenigen, was wir bislang über die Zusammensetzung der Mitgliederbasis und deren parteipolitischer Herkunft wissen, lassen sich die »Republikaner« primär als Sammlungsbewegung des älteren, wahlpolitisch erfolglosen Rechtsextremismus und als Absetzbewegung wendeenttäuschter Bürger aus dem Umkreis von CDU/CSU charakterisieren. Diesen Gruppen stellt sich die neue Partei als »neuer rechter Fundamentalismus« (Arno Klönne) dar, als Bewahrerin traditioneller Werte und Grundüberzeugungen, die mit der Bonner Wende unter die Räder geraten sind.

Auf der Ebene ihrer Wähler demgegenüber erscheint sie zunehmend als rechtsextreme Protestpartei sozial verunsicherter und deklassierter Bevölkerungsgruppen. Markantes Beispiel hierfür sind die Ergebnisse der Wahl zum Berliner Abgeordnetenhaus vom 29. Januar 1989, bei der es die »Republikaner« mit 90.140 Stimmen auf respektable 7,5 % brachten, wobei insbesondere die Gewinne in den traditionellen Arbeiterwohngebieten überraschten. Mit elf Abgeordneten zogen die »Republikaner« in das Schöneberger Rathaus ein; 36 Abgeordnete plazierten sie in den Bezirksparlamenten. Der Einzug in den Bundestag 1990 ist ihnen damit sicher.[17]

Während die Schönhuber-Partei im bürgerlichen Zehlendorf mit 4,3 % unter der 5 %-Marke blieb, erreichte sie ihre Spitzenergebnisse in den beiden alten Arbeiterquartieren, in Wedding mit 9,9 % und in Neukölln mit 9,6 %. Insgesamt lagen fünf der zehn Wahlkreise mit den höchsten Stimmenanteilen in Neukölln, dem größten Berliner Bezirk, der eine gänzlich heterogene Struktur aufweist und alle Formen urbanen Wohnens von der Vorstadt über die Mietskasernen bis hin zu Großwohnsiedlungen umfaßt. Allein in Neukölln leben etwa 300.000 Menschen, davon 45.000 Ausländer und 17.000 Sozialhilfeempfänger. Während die »Republikaner« in den Teilen Neuköllns mit noch gewachsenen und partiell funktionierenden Sozialmilieus nur Durchschnittswerte erzielten, brachten sie es in den Großwohnsiedlungen wie der Gropiusstadt z. T. auf Werte über 20 %. Ganz ähnlich sah es in der Betonwüste des Märkischen Viertels im Norden Berlins aus. Insgesamt votierten in solchen Großwohnsiedlungen nach einer INFAS-Untersuchung des Berliner Wahlergebnisses 10,1 % der Wähler für die neue Rechtspartei. In Wahlkreisen, die überwiegend aus einfachen Nachkriegsbauten bestehen, brachten es die »Republikaner« ebenfalls auf überdurchschnittliche Werte (z. B. Wahlkreis Wedding 5 12,1 %; Wahlkreis Reinickendorf 1 10,6 %). Das Wohnumfeld und das Thema Wohnen erwies sich nach der INFAS-Untersuchung als ein entscheidender Faktor für die Hinwendung zu den »Republikanern«, wobei dies eine Berliner Sondersituation widerspiegelt. Durch die Aufhebung der Mietpreisbindung durch den CDU/FDP-Senat wurden akzeptable Wohnungen für Bevölkerungsgruppen mit niedrigem Einkommen nahezu unerschwinglich. Verschärft wurde die Konkurrenz auf dem (Sozial-)Wohnungsmarkt 1988 noch durch etwa 30.000 Zuwanderer aus der DDR und Polen, die bevorzugt Sozialwohnungen zugeteilt bekamen. Der Kampf um den zu teuren und zu knappen Wohnraum – so existiert in Berlin ein Fehlbedarf von mindestens 50.000 Wohnungen – konnte so zum Nährboden für fremdenfeindlich eingefärbten Sozialneid werden, insbesondere dort, wo es Sozialdemokraten und Alternativen nicht gelang, die wirkliche Verantwortlichkeit für die existierende Wohnungsmisere deutlich zu machen. In diesem Sinne war das Wählervotum für die »Republikaner« auch Ausdruck des Deutungsverlustes und der Thematisierungsunfähigkeit der Linken.

Als einen weiteren wichtigen Faktor für die Wahl der Schönhuber-Partei gaben die Wahlforscher die berufliche Situation und die ökonomische Zukunftsprognose an. So lagen in insgesamt 19 Berliner Wahlkreisen mit einem »sehr hohen Arbeiteranteil« die Stimmengewinne der »Republikaner« bei überdurchschnittlichen 8,8 %, während sie in Wahlkreisen mit »sehr hohem Angestelltenanteil« nur 5,4 % erreichten. Eine INFAS-Repräsentativerhebung vor der Wahl, die ein Rechtsaußenpotential in der Stadt von 12 % ermittelt hatte, hatte ergeben, daß Berufstätige mit 15 % gegenüber Nicht-Berufstätigen mit 9 % deutlich eher bereit waren, eine Partei rechts von der CDU zu wählen. Unter den Berufstätigen waren es mit 18 % vor allem die Arbeiter und mit 16 % Beamte und Angestellte, die eine solche Wahl für möglich hielten. Mitarbeiter der Mannheimer »Forschungsgruppe Wahlen« allerdings machten deutlich, daß der hohe Wähleranteil der »Republikaner« in den Berliner Arbeiterwohngebieten noch nicht unbedingt bedeute, daß sich deren Stimmen ausschließlich aus der Arbeiterschaft rekrutierten. Die Wahlergebnisse verdeutlichten vielmehr, daß in diesen Gebieten ein »politisches Kleinklima« entstanden sei, »das durch soziale Verunsicherung und Angst vor Statusverlusten gekennzeichnet ist«, auf das die

etablierten Parteien nach Meinung der Betroffenen keine glaubwürdige Antwort mehr böten.
Bislang gibt es keine Hinweise dafür, daß Arbeitslose überdurchschnittlich stark zu den »Republikanern« tendieren. Vielmehr scheinen es »bessergestellte Arbeiter« zu sein, die noch in Arbeit stehen, aber mittel- und langfristig ihren Arbeitsplatz und erreichten sozialen Status gefährdet sehen. Dies entspräche den Erkenntnissen der historischen Wahlforschung, daß keineswegs die Arbeitslosen Hitler an die Macht brachten, sondern eher deklassierte und sozial verunsicherte Mittelschichtangehörige. Historisch tendierten arbeitslose Arbeiter stärker zu den Kommunisten, während arbeitslose Angestellte eher die NSDAP favorisierten. Damals wie heute scheint weniger die Erfahrung realer Arbeitslosigkeit als vielmehr die Angst vor sozialem Abstieg für rechtsextremes Wählervotum verantwortlich zu sein und eine enorme politische Sprengkraft in sich zu bergen. Dies bestätigt auch eine INFAS-Repräsentativerhebung, die im August/September 1987 in Bremen durchgeführt wurde. Danach waren Befragte, die eine negative Prognose der wirtschaftlichen Verhältnisse abgaben, deutlich eher bereit, eine Rechtspartei zu wählen als diejenigen, die die ökonomische Zukunftsentwicklung positiv beurteilten. Die Sorge um den Arbeitsplatz und die Angst vor einer möglichen wirtschaftlichen Verschlechterung dürften daher ein zweiter entscheidender Faktor des Votums für die »Republikaner« gewesen sein, wobei auch hier das Eindringen leistungsfähiger und -motivierter Um- und Aussiedler auf den Arbeitsmarkt und deren soziale und finanzielle Unterstützung als Bedrohung und soziales Unrecht empfunden und von den »Republikanern« politisch in ihrem Sinne genutzt wird.
Interessant in diesem Zusammenhang ist die Beobachtung, daß ein unmittelbarer Zusammenhang zwischen einem hohen Ausländeranteil und einem Votum für die Schönhuber-Partei nicht erkennbar ist, wie dies vorschnell vermutet werden könnte. »Aufschlußreich ist«, so die »Forschungsgruppe Wahlen«, »daß in den Wohnvierteln, in denen besonders viele Ausländer leben – ihr Anteil variiert hier zwischen 10 und 40 % –, die Republikaner praktisch genauso abschnitten wie dort, wo der Anteil der Ausländer besonders niedrig ist. (...) Die Republikaner schnitten am besten in den Arbeiterwohngebieten ab (9,4 %), in denen wenig Ausländer wohnen, während in denen mit hohem Ausländeranteil die AL auf hohem Niveau noch Stimmen hinzugewinnen konnte«.[18] Ein ähnlicher Negativzu-

sammenhang zwischen Gemeinden mit einem hohen Anteil an jüdischer Bevölkerung und NSDAP-Votum war bereits für die beginnenden dreißiger Jahre beobachtet worden. Antisemitismus und Ausländerfeindlichkeit blühten und blühen vornehmlich dort, wo die Argumentationsmuster der rechtsextremen Propaganda nicht durch eigene Anschauung korrigiert werden können und keine Kommunikationsnetze zwischen Deutschen und Ausländern existieren.

Insbesondere für sozial verunsicherte Wählergruppen spielte die »Ausländerfrage« als Deutungsmuster für ihre schwierige Situation auf dem Arbeits- und Wohnungsmarkt eine entscheidende Rolle, wobei der Begriff Ausländer verstärkt auch Aussiedler und »alles Fremde« einzuschließen scheint und sich zu einem globalen Erklärungsmuster auszuweiten droht. Repräsentativumfragen unter den Wählern der »Republikaner« in Berlin ergaben, daß zwei Drittel von ihnen der Ausländerproblematik vorrangiges Interesse zubilligen. Über 90 % fanden es »nicht in Ordnung, daß es in Berlin so viele Ausländer gibt«, während diese Meinung »nur« 40 % der Berliner Gesamtbevölkerung teilten. 72 % der Wähler der neuen Rechtspartei waren mit der »Gesundheitsreform« nicht einverstanden; 64 % beklagten die Situation auf dem Berliner Wohnungsmarkt; 63 % machten sich Sorgen um ihren Arbeitsplatz, während dies im Durchschnitt der befragten Berliner »nur« jeder zweite tat.

Aufsehen erregte nach der Wahl der hohe Anteil der Jung- und Erstwähler, die für die »Republikaner« votierten. Einen Trend in diese Richtung hatten bereits die vorangegangenen Wahlen in Bremen und Baden-Württemberg erkennen lassen, wo sich das Aufbrechen der bislang stabilen Generationsbarriere gegen den Rechtsextremismus erstmals angedeutet hatte; gleichwohl überraschte es, daß 14,3 % der Wähler zwischen 18 und 23 Jahren die Partei Schönhubers favorisiert hatten und immerhin noch 9,6 % der 24- bis 29jährigen, während die »Republikaner« bei den über 60jährigen nur auf unterdurchschnittliche 4,6 % kamen. In der Gruppe der männlichen Wähler zwischen 18 und 23 Jahren gar betrug der Anteil der »Republikaner« 18,8 % und entsprach damit fast genau dem Anteil der Alternativen Liste an dieser Gruppe. Wenn auch Frauen mit 5,9 % nur unterdurchschnittlich für die »Republikaner« gestimmt hatten, so wäre es dennoch verfehlt, die neue Rechtspartei auf der Wählerebene als eine Männerpartei zu charakterisieren und – wie dies gerne getan wird – von einer generellen Immunität von Frauen gegenüber dem Rechtsextremismus zu sprechen. Vor allem jüngere Frauen

unter 30 Jahren waren in Berlin bereit, den »Republikanern« ihre Stimme zu geben. Immerhin betrug der Wähleranteil der Schönhuber-Partei, die ein traditionalistisch-konservatives Frauenbild propagiert[19], in der Altersgruppe der 18- bis 23jährigen Frauen überdurchschnittliche 9,1 %.
Bedeutsam war das Wählervotum der jungen Berliner insofern, als es Schönhuber gestattete, sein propagiertes Image der Jugendlichkeit seiner Partei zu untermauern und umgekehrt die »Republikaner« vom traditionellen Negativimage rechtsextremistischer Parteien als Alt-Herren-Vereinen befreite. Die Gründe für den überdurchschnittlich hohen Wähleranteil der Jungen dürften von denen der Älteren nicht verschieden sein. Jugendliche und junge Leute erleben noch bedrückender als Erwachsene, daß es für sie keine Arbeit gibt, geschweige eine befriedigende, daß für sie Wohnungen unerschwinglich sind, daß es zuwenig Jugendeinrichtungen, geschweige finanziell und personell optimal ausgestattete, gibt, daß ihnen nicht nur die Gegenwart, sondern auch die Zukunft verstellt ist und sie auf nichts, am allerwenigsten auf sich selbst »stolz« sein können. Das schafft Kompensations- und Identifikationsbedürfnisse und verschärft den Sozialneid gegenüber denjenigen, denen es vermeintlich besser geht. Durch die Fixierung der Grünen und Alternativen als linken Protestparteien auf Ökologiethemen und ihr Mittelschichtklientel und durch die Deutung der Sozialdemokratie als für ihr Dilemma ursächlich mitverantwortlich haben sich für diese jungen Wähler die Möglichkeiten des Wählerprotests auf das rechtsextreme Spektrum verengt. Ihrerseits haben die Bundestagsparteien auch nichts dazu beigetragen, die Ängste und Bedürfnisse dieser Wählergruppe zu thematisieren.
Die Analyse der Wählerwanderungsbilanz in Berlin durch die »Forschungsgruppe Wahlen« hat ergeben, daß die Wähler zu etwa 60 % bei der vorangegangenen Wahl CDU, zu jeweils 15 % SPD und die rechtsorientierte »Demokratische Alternative« gewählt hatten bzw. aus dem Reservoir der Nichtwähler kamen. Insbesondere in den Arbeiterwohngebieten habe die CDU die Wählerschichten an die »Republikaner« verloren, die sie 1985 der SPD abgenommen habe. Bezogen auf die Wahl von 1981 relativiert sich allerdings der Befund zur Wählerwanderungsbilanz. Etwa nur mehr die Hälfte der heutigen Schönhuber-Wähler hatte damals CDU gewählt; 25 % der heutigen »Republikaner« hatten demgegenüber vor acht Jahren noch für die SPD gestimmt. Die CDU erscheint danach als »Zwischenwirt«

ehemaliger SPD-Wähler auf dem Weg nach rechtsaußen. Insbesondere in den Arbeiterwohnvierteln und Großsiedlungen ist die SPD nur mehr partiell in der Lage, ihr traditionelles Klientel zu integrieren und dessen in erster Linie sozialen Probleme zu thematisieren. Das Integrations- und Mobilisierungsproblem der SPD verschärft sich noch dadurch, daß auch Jung- und Erstwähler der SPD zunehmend den Rücken kehren. So wählte die Altersgruppe der 18- bis 29jährigen in Berlin mit 36,5 % nur unterdurchschnittlich sozialdemokratisch. Für Selbstzufriedenheit in der SPD besteht daher kein Anlaß. Die »Republikaner« sind auch ihr Problem. »Die Alleinverantwortung der Union für die neue Gefahr von rechts«, so Günter Verheugen im *Vorwärts,* »erlaubt es der SPD gleichwohl nicht, sich für unbeteiligt zu halten. Der SPD ist es weder in Berlin noch in Hessen gelungen, sozial Benachteiligte, die bisher sozialdemokratisch gewählt haben, an sich zu binden. Sie sind in einer so nennenswerten Zahl nach rechts abgewandert, daß sie die Abwanderung bürgerlicher Wähler von der CDU zur SPD beinahe kompensiert haben.«[20]

Insgesamt machen die Berliner Wahlergebnisse deutlich, daß traditionelle generationelle und soziologische Immunitätsbarrieren gegenüber dem Rechtsextremismus unter dem Druck der Krise und der Wendepolitik brüchig geworden sind. Grob vereinfacht lassen sich die Berliner Wähler der »Republikaner« in zwei Gruppen aufteilen: in die sozial Verunsicherten und vom sozialen Abstieg Bedrohten, die sich von den etablierten Parteien nicht mehr vertreten fühlen und für die die Angebote der Linken keine Deutungs- und Überzeugungskraft besitzen. Walter Momper hat nach der Wahl vom »Aufstand der kleinen Leute« gesprochen, vom unteren Drittel der Gesellschaft, von den sozial am härtesten von der Bonner Wendepolitik Betroffenen, die nun bei der extremen Rechten ihr »Heil« – Halt, Sicherheit, Anerkennung, eine Besserung ihrer finanziellen und sozialen Lage – suchen. Es scheint, daß insbesondere dort, wo Arbeitsplatzängste, Wohnungsnot, soziale Isolierung durch das Fehlen traditioneller Milieustrukturen oder alternativer sozialer Netze unvermittelt auf die Menschen durchschlagen und zugleich Orientierungsvakuen existieren, rechtsextreme Parteien Zuspruch finden. Darüber hinaus rekrutieren sich die »Republikaner« aus den Resten des traditionellen, rechtsautoritär und nationalistischen Wählerreservoirs, den nach wie vor vorhandenen »Ewiggestrigen«.
Daß es neben sozialen Faktoren auch ideologische Traditionslinien

sind, die sich bei den »Republikanern« bündeln, machte eine im Auftrag des *Spiegel* nach der Berliner Wahl von EMNID durchgeführte Umfrage unter den Anhängern Schönhubers deutlich. Danach hatten 51 % der Befragten über Hitler eine positive oder zumindest keine explizit negative Meinung. Ohne Krieg und Holocaust, so meinten 67 %, wäre Hitler »einer der größten deutschen Staatsmänner«. 78 % befanden, daß in den Schulen »zu negativ« über das »Dritte Reich« unterrichtet werde. Eine »Führerpersönlichkeit, die Deutschland zum Wohle aller mit starker Hand regiert«, wünschten sich 67 %, und 72 % stimmten dem Statement zu, »das Deutsche rein (zu) erhalten und Völkermischung (zu) verhindern«. Für 62 % der »Republikaner« endet Deutschland noch immer nicht an Oder und Neiße. 52 % fanden in der Bundesrepublik lebende Juden nicht sympathisch. Der *Spiegel* kommentierte: »Die meisten Anhänger der fünften Partei schleppen mehr braunen Ballast mit, als bislang vermutet wurde.«[21]

Ordnungshüter auf dem Weg nach rechtsaußen?

Ein Beispiel dafür, wie soziales Protestverhalten und traditionell konservatives bis reaktionäres Ordnungs- und Sicherheitsdenken eine brisante Gemengelage bilden, ist das Wahlverhalten der Berufsgruppe der Polizeibeamten. Nach Beobachtungen des bayerischen Landesverbandes der »Gewerkschaft der Polizei« seien mehr als die Hälfte der bayerischen Polizisten derzeit bereit, die »law-and-order«-Partei Schönhubers zu wählen. Viele Ordnungshüter fühlten sich nur mehr von der neuen Rechtsaußenpartei verstanden. Auch der GdP-Kreisgruppenvorsitzende in Kassel hat »in allen Revieren die Neigung gespürt, Republikaner zu wählen«. Besonders jüngere Polizisten zwischen 20 und 30 Jahren, deren sozialer Integrations- und beruflicher Aufstiegswille an Schichtdienst und Beförderungsplan scheitere, würden sich offen und trotzig zu der neuen Partei bekennen. Das Gefühl dauernder Unterprivilegierung gegenüber anderen Beamten des öffentlichen Dienstes, hohe Arbeitsbelastung, zahllose Überstunden, die Funktionalisierung zum Prügelknaben für politische Fehlentscheidungen – all dies treffe im Kleinklima städtischer und ländlicher Reviere mit Versagensängsten und dem Gefühl mangelnder gesellschaftlicher Anerkennung zusammen und begünstige eine sozial motivierte Protesthaltung, die die »Republikaner«

geschickt zu mobilisieren verstünden. Daß es gerade die Schönhuber-Partei ist, der dieser Protest zu Buche schlägt, hängt zugleich mit einer durchweg konservativen Ausbildung der Polizeibeamten zusammen, die – so die GdP – konservative bis reaktionäre Einstellungen fördere.[22] Eine im April 1989 vom Meinungsforschungsinstitut Wickert unter rund 1.200 Polizisten durchgeführte Befragung ergab ganz in diesem Sinne eine große Affinität zwischen der Weltanschauung der »Republikaner« und der der Polizisten. 69 % der Befragten waren der Meinung, daß gegen politisch motivierte Täter und »Chaoten« »härter« durchgegriffen werden müsse; drei Viertel hielten die Begnadigung der Ex-Terroristin Angelika Speitel für falsch, und 78 % fühlten sich von den Politikern der etablierten Parteien in ihrer Situation »im Stich gelassen«.[23] Genau an solchen Einstellungs- und Deutungsmustern setzen die »Republikaner« ihre Wahlkampfstrategien an.

Berlin war nur der Anfang

Das Berliner Wahlergebnis war für die weitere Entwicklung der extremen Rechten in der Bundesrepublik in zweierlei Hinsicht bedeutsam: Mit dem Überspringen der 5 %-Hürde war ein Damm gebrochen, der lange Zeit als unüberwindbar galt. Insbesondere die Wähler der »Republikaner« mußten nun nicht mehr befürchten, daß ihre Stimme verloren ging. Zudem signalisierten die aufgeregten Reaktionen der etablierten Parteien und der publizistischen Öffentlichkeit, daß man sich durch extremes Wahlverhalten Gehör verschaffen konnte. Die Schönhuber-Partei, lange Zeit in den Medien unbeachtet, hatte plötzlich öffentliches Interesse gefunden. Schlagartig schnellte die Zahl der Neuaufnahmen in die Höhe, war wie einst nach Hitlers Machteinsetzung 1933 von »Märzgefallenen« und »Maiveilchen« die Rede. Wichtiger aber noch erscheint ein Zweites: Geschickt verstanden es die »Republikaner« nach Berlin, ihr Positivimage zu verstärken, sich als verfassungstreue, seriöse und zudem jugendliche Interessenvertretung und Protestpartei der »kleinen Leute« darzustellen. Die parteipolitische Herkunft eines Teils der Mitglieder- und Wählerschaft aus den Lagern der etablierten demokratischen Parteien und der angeblich hohe Anteil von »Staatsdienern« unter den Anhängern gestattete es Schönhuber, seine Partei vom öffentlichen Stigma der Verfassungsfeindlichkeit zu befreien.

Auch das Nichtobservieren und die Reaktionen in Unionskreisen auf den Wahlerfolg der »Republikaner« trugen hierzu bei. Während der CDU-Generalsekretär Koalitionen seiner Partei mit der Schönhuber-Truppe auf allen Ebenen ausdrücklich ausschloß, bescheinigte der Fraktionschef der CDU/CSU im Bundestag den Anhängern der neuen Rechtsaußenpartei, sie seien »gute Demokraten«, wurden Kontakte zwischen Heinrich Lummer und Schönhuber bekannt und machten namhafte Unionspolitiker Koalitionsüberlegungen von der weiteren Entwicklung der »Republikaner« abhängig. Der rheinland-pfälzische Ministerpräsident Carl-Ludwig Wagner ging sogar soweit, den »Republikanern« öffentlich zu attestieren, sie stünden der Verfassung näher als die Grün-Alternativen. »Ist der Mainzer Regierungschef ein politischer Amokläufer?« fragte die *Süddeutsche Zeitung*, nachdem Wagner Koalitionen mit der Schönhuber-Partei nicht explizit ausgeschlossen hatte. Die Äußerungen Wagners, so die Zeitung, »lassen befürchten, daß die Akzeptanz der Union nach Ultrarechts immer stärker wächst«.[24] Auch der zum Beraterkreis der CDU um Kanzler Kohl zählende Pater Basilius Streithofen erklärte die »Republikaner« für koalitionsfähig, und der ehemalige Berliner Innensenator und CDU-Bundestagsabgeordnete Lummer bezeichnete wiederholt die Schönhuber-Truppe als »mindestens genauso koalitionsfähig« wie die Alternative Liste. Die »Republikaner« hätten »den Respekt vor der Verfassung nicht verloren«. Trotz der Distanzierungen der Unionsspitze rissen in der Folgezeit solche Äußerungen nicht ab. Populär wurde eine neue Variante der Totalitarismusdoktrin, wonach die »Republikaner« den Grünen gleichgesetzt wurden. Schließlich müßte sich auch der Ehrenvorsitzende der SPD und Ex-Kanzler Willy Brandt fragen lassen, ob nicht auch seine Entscheidung, seine Memoiren durch den Verleger Fleissner – der auch Schönhubers SS-Memoiren vertreibt – zu publizieren, das Positivimage des »Republikaner«-Chefs begünstigen wird.[25]
Obwohl die »Republikaner« bundesweit noch kaum präsent waren, hatte sich nach Berlin der Name der Partei als »Markenzeichen« des Protests von rechts eingebürgert. Das diffuse Positivimage der »Republikaner« als neuer und salonfähiger nationalistischer Protestpartei der »kleinen Leute« reichte aus, um ihr neue Wähler zuzuführen.
Waren die Mitarbeiter der »Forschungsgruppe Wahlen« nach der Berliner Wahl noch skeptisch, was die weitere Entwicklung der

»Republikaner« in anderen Bundesländern anbetraf und verwiesen auf Berliner Besonderheiten, so stabilisierten die hessischen Kommunalwahlergebnisse vom 12. März 1989 den Trend und bestätigten spätere Umfrageergebnisse den Höhenflug der neuen Rechtspartei. Zwar hatten die »Republikaner« in Hessen nur im Rheingau-Taunus- und im Wetteraukreis kandidiert, dort aber im ersten Anlauf 10,5 % bzw. 7 % erhalten, sich gegenüber der Konkurrenz der NPD klar behauptet und – mit Ausnahme der Stadt Frankfurt – der CDU in beiden Kreisen landesweit die höchsten Verluste beigebracht. Spitzenwerte erzielte Schönhuber in Aarbergen (17,8 %), in Lorch (15,4 %), aber auch in Gemeinden mit mehr als 15.000 Einwohnern wie in Bad Nauheim (11,2 %), Eltville (10,4 %) und in Taunusstein mit 10 %. Eine INFRATEST-Repräsentativerhebung, die von Mitte Februar bis Mitte März 1989 durchgeführt wurde, bezifferte das bundesweite Wählerreservoir der »Republikaner« mit 7 %, wobei Bayern mit 9 % den Spitzenwert erzielte. Das Ergebnis bestätigte, was sich bereits in Berlin angedeutet hatte, daß Arbeiter überdurchschnittlich stark bereit waren, der neuen Partei ihre Stimme zu geben, soweit sie sich sozial benachteiligt fühlten und unter Abstiegsängsten litten. Auch die parteipolitische Zusammensetzung der Anhängerschaft der »Republikaner« unterschied sich in der INFRATEST-Analyse nicht wesentlich von dem, was bereits die Berliner Wahl signalisiert hatte. 60 % der Befragten bekundeten, bei der Bundestagswahl 1987 noch eine der beiden Unionsparteien gewählt zu haben; 15 % gaben an, sie hätten 1987 für die SPD votiert. Eine deutliche Differenz zu Berlin allerdings stellte die altersmäßige Zusammensetzung der potentiellen Schönhuber-Wähler dar. Die stärkste Bastion hatten die »Republikaner« danach mit jeweils 8 % bei den beiden Altersgruppen der über 45- bzw. über 60jährigen, während sie unter den Jungwählern nur 3 % Sympathisanten fanden. Wichtigstes Ergebnis der INFRATEST-Untersuchung war das ausgeprägte Positivimage der Partei. So billigten 43 % der befragten Bundesbürger der neuen Partei zu, daß sie »zu Recht gegen viele Mißstände protestiert«, 46 % bescheinigten ihr, sie habe von den anderen Parteien vernachlässigte Probleme angesprochen und fast jeder dritte Wähler schätzte die Schönhuber-Partei sogar als parlamentarische Interessenvertretung der kleinen Leute.[26]

Die Europawahl: der Durchbruch zur fünften Partei?

Aus dem Stand erreichten die »Republikaner« bei ihrem ersten flächendeckenden Freiland-Versuch am 18. Juni 1989 bundesweit 7,1 % und bestätigten damit ziemlich exakt die Prognosen der Demoskopen. Mit 2 Millionen Wählerstimmen wurden sie viertstärkste Partei und ließen auch ihre rechtsextremistischen Mitkonkurrenten (DVU-Liste D mit 1,6 %; ÖDP mit 0,7 %) weit hinter sich zurück. Mit sechs Abgeordneten – neben Schönhuber Harald Neubauer, Johanna Grund, Professor Emil Schlee, der baden-württembergische Landesvorsitzende und Kriminalpolizei-Beamte Klaus-Peter Köhler und der Siegburger Rechtsanwalt Hans-Günter Schodruch – zogen sie in das Straßburger Europaparlament ein. »Die Nachkriegszeit ist vorüber«, kommentierte die *Zeit:* »Der ehemalige SS-Mann Schönhuber als Gruppenführer in Straßburg – ein schönes Ende der Nachkriegszeit!«[27]
Deutlich zeigten die Ergebnisse der Europawahl ein stark ausgeprägtes Nord-Süd-Gefälle im Zuspruch zur neuen Rechtspartei. Wahlanalytiker sprachen von einer »zweigeteilten Republik«[28] (vgl. Tabelle). Während es die Partei in den nordrhein-westfälischen Kreisen Minden-Lübbecke und Borken nur auf 1,4 % bzw. 1,8 % brachte, im niedersächsischen Emsland nur 2,1 % erzielte und auch in Nordfriesland unter 3 % blieb, erreichte sie in Augsburg und im bayerischen Rosenheim Spitzenwerte von 19,6 % bzw. 22,1 %. Mit im Landesdurchschnitt 14,6 % in Bayern und 8,7 % in Baden-Württemberg kamen 54 % aller Wähler der »Republikaner« aus diesen beiden Musterländern der Union. Hochburgen befanden sich mit jeweils mehr als 14 % in Mittel- und Oberfranken, Ober- und Niederbayern, in Schwaben und Württemberg. Demgegenüber blieb die Schönhuber-Truppe in Nordrhein-Westfalen (4,1 %), Bremen (4,4 %), Rheinland-Pfalz und Schleswig-Holstein (mit jeweils 4,6 %) und in Niedersachsen (4,8 %) unter der 5 %-Marke. Gleichwohl überraschten auch die Ergebnisse in jenen Bundesländern und Gemeinden, in denen die »Republikaner« organisatorisch und propagandistisch kaum oder gar nicht präsent waren und vom Wählerzuspruch völlig überrannt wurden, so in Wasserburg am Inn mit 15 % oder im niedersächsischen Barsinghausen mit 5,1 %.
Erste Wählerwanderungsanalysen zeigten, daß etwa 40 % der »Republikaner« 1984 noch eine der beiden Unionsparteien gewählt hatten, 20 % aus dem Lager der SPD kamen und sich der Rest aus

Tabelle

Die »Republikaner« im Süd-Nord-Gefälle
bei der Europawahl vom 18. Juni 1989 in %

Bayern	14,6 %
Baden-Württemberg	8,7 %
Hessen	6,5 %
Hamburg	6,0 %
Saarland	5,8 %
Niedersachsen	4,8 %
Rheinland-Pfalz	4,6 %
Schleswig-Holstein	4,6 %
Bremen	4,4 %
Nordrhein-Westfalen	4,1 %

anderen Parteien, früheren Nichtwählern und der Gruppe der Jungwähler rekrutierte. Besonders im Süden war Schönhuber die gestiegene Wahlbeteiligung zugute gekommen.[29] Mit knapp 8 % war der Anteil unter den Jungwählern wieder besonders groß. Etwa 65 von 100 Wählern der »Republikaner« waren Männer, 35 Frauen. In keiner anderen Parteianhängerschaft waren Facharbeiter – das klassische SPD-Klientel – so stark vertreten wie unter den »Republikanern«. Überdurchschnittliche Ergebnisse von 9 % erzielte Schönhubers Partei in Regionen, die bislang Hochburgen der Union waren, durchschnittlich 6,5 % in SPD-Hochburgen. Die hohen Verluste der Unionsparteien sollten nicht darüber hinwegtäuschen, daß – wie schon in Berlin – die SPD keineswegs immun gegen eine Abwanderung ihrer Wähler nach rechtsaußen ist. Zu erinnern ist an die SINUS-Studie von 1981, die belegt hatte, daß von 100 befragten Bundesbürgern mit ausgesprochen rechtsextremen politischen Einstellungen immerhin 20 % die SPD als aktuelle Parteipräferenz angegeben hatten. Insbesondere scheint es der SPD bei sozial verunsicherten und deklassierten Bevölkerungsgruppen immer weniger zu gelingen, Deutungskraft und Akzeptanz zu entwickeln. Neben der Rekrutierung aus dem Lager der etablierten Volksparteien scheint es den »Republikanern« auch zunehmend möglich, das Wählerreservoir des traditionellen Rechtsextremismus auszuschöpfen. In den Hochburgen der NPD in Baden-Württemberg und Hessen gelang es der

DVU-Liste D nur partiell, die NPD-Wähler der vergangenen Landtags- und Kommunalwahlen zu mobilisieren. Deutlich zeigte dies das Frankfurter Wahlergebnis, wo die NPD bei der Kommunalwahl vom März noch 20.574 oder 6,6 % der Stimmen erhalten hatte, die DVU es bei der Europawahl nur auf 5.675 bzw. 2,4 % der Stimmen brachte, während die »Republikaner« jetzt 16.258 Stimmen bzw. 6,9 % erhielten. Die Schönhuber-Partei fand die größte Unterstützung in jenen Frankfurter Stadtteilen, die auch im Frühjahr überdurchschnittlich für die NPD gestimmt hatten.
Das Hauptkontingent der Wählerschaft der »Republikaner« rekrutierte sich aus den Großstädten der Republik, wobei auch hier das Nord-Süd-Gefälle durchschlug (München 15 %; Nürnberg 17,6 %; Augsburg 19,6 %; Stuttgart 9,2 %; Mannheim 8 %; Saarbrücken 5,7 %, Frankfurt 6,9 %; Wiesbaden 7,4 %; Köln 5,3 %; Hannover 6,4 %; Hamburg 6 %; Kiel 5 %). Die bereits in Berlin sich abzeichnende Tendenz, daß es vornehmlich sozial verunsicherte und deklassierte städtische Wählerpopulationen sind, die Schönhuber wählen, bestätigten Einzelergebnisse der Europawahl. Besonders in sozial benachteiligten und städtebaulich abgekoppelten Stadtteilen erhielten die »Republikaner« Zulauf – so in München-Hasenbergl und Perlach mit Werten über 20 %, in der Frankfurter Nordweststadt mit mehr als 13 %, in Hannover-Sahlkamp mit 10,5 % und auch in den sozialen Brennpunkten Saarbrückens. Vielfach handelte es sich bei diesen großstädtischen Hochburgen um dichtbesiedelte Wohngebiete mit z. T. alten und schlechten Wohnungen, mit mangelnder Infrastruktur und erheblichen sozialen Problemen. Wie Berlin-Neukölln sind es Stadtviertel, die von der städtebaulichen Modernisierung der Zentren und der Prosperität der bürgerlichen Wohlstandsviertel an den Rand gedrängt wurden und leer ausgingen. Dementsprechend fielen die Wahlresultate dort eher schlechter aus, wo gut gewohnt und gut verdient wurde. Gleichwohl: einen eindeutigen Zusammenhang zwischen hoher Arbeitslosigkeit und Wählervotum für die »Republikaner« lassen die Wahlergebnisse nicht erkennen. Ebensowenig gibt es eine klare Korrellation zwischen einem Wahlerfolg Schönhubers und hohem Ausländeranteil. Es scheinen somit nicht nur die Erfahrungen konkreter wirtschaftlicher Not, infrastruktureller Unterversorgung und miserabler Wohnverhältnisse zu sein, die ein Votum für die »Republikaner« begünstigen, sondern auch allgemeinere Ängste vor sozialem Abstieg und einer durch die Bonner

Wendepolitik forcierten gesellschaftlichen Modernisierung. Es geht auch um die *befürchtete* soziale Deprivation.

Ihre prozentual höchsten Wahlergebnisse erzielten die »Republikaner« in den ländlich-agrarischen Regionen Süddeutschlands, in denen besonders die CSU bislang eine politisch-kulturelle Hegemonie besaß. Nach einer vor der Europawahl in Bayern durchgeführten Umfrage beabsichtigten mehr als 25 % der in der Landwirtschaft Beschäftigten für Schönhuber zu votieren. Sein Wahlerfolg innerhalb des klassischen Strauß-Klientels dürfte als Protest der agrarischen Wähler gegen den beabsichtigten EG-Binnenmarkt und als Integrationsdefizit der diversen Strauß-Nachfolger nach rechtsaußen zu deuten sein. Daß es sich hier primär um ein Problem der CSU handelt, belegt die Tatsache, daß die Wähler in anderen ländlich-agrarischen und katholischen Regionen Norddeutschlands nicht vergleichsweise stark für die »Republikaner« stimmten.

Insgesamt wäre es verfehlt – worauf erste Analysen hinwiesen –, ausschließlich sozio-ökonomische Ursachen für den Wahlerfolg Schönhubers verantwortlich zu machen, zu deutlich sahnten die »Republikaner« auch in prosperierenden Regionen und Stadtteilen ab, die von sozialen und infrastrukturellen Problemen weitgehend verschont geblieben sind, z. B. im bayerischen Rosenheim, einer saturierten Stadt und einem ökonomisch intakten Landkreis mit einer Arbeitslosenquote von nur 4,3 %. Über sozio-ökonomisch motivierte Ängste hinaus organisieren die »Republikaner« auch bislang durch CDU/CSU gebundene autoritär-nationalistische Einstellungen, die innerhalb des Entspannungsprozesses zwischen Ost und West zunehmend obsolet werden. Sie mobilisieren eine weit verbreitete Angst vor einem technologischen Fortschritt, der immer rasanter Menschen zu bloßen Anhängseln degradiert. Und sie artikulieren die Kritik von rechts an einer desorientierenden und in Skandale verwickelten Politik, die mit Wackersdorf und der Barschel-Affäre vorläufige Höhepunkte gefunden hat. Immerhin glaubten 94 % der Wähler Schönhubers vor der Europawahl, es gehe den Bonner Parteien nur um Stimmen und Machterhalt.

Diese zunehmende Entfremdung vom politischen System der Bundesrepublik und die Unfähigkeit der etablierten Parteien, existierende Ängste zu thematisieren, hat Schönhuber erfolgreich nutzen können, indem er vermeintlich Verantwortliche für die ökonomische und politische Krise offerierte, populistisch geschickt Ängste verbalisierte und den vom Modernisierungsprozeß Überrumpelten Halt

und Sicherheit in einer Scheinwelt klarer Fronten und Werte versprach. Sein Zukunftsmodell jener »Vergangenheit, die nicht vergehen will« ist nach wie vor attraktiv. Hält die Unfähigkeit der etablierten Parteien an – und das ist zu befürchten –, befriedigende Antworten auf die Fragen von Schönhubers Wähler zu geben, ist ein weiterer Anstieg der neuen Rechtsaußenpartei nicht unwahrscheinlich.
Die Ergebnisse der Europawahl haben zugleich Grenzen erkennen lassen, die einem Vormarsch der Schönhuber-Truppe entgegenstehen und Hoffnung machen. Ob in München oder Frankfurt, in Göttingen oder Hamburg – überall dort, wo sich in grün-alternativen Hochburgen neue informelle Kommunikationsstrukturen entwickelt und zu einer eigenen politischen Kultur mit einem umfassenden und sinnstiftenden politischen Alternativentwurf verdichtet haben, haben die »Republikaner« so gut wie keine Chancen gehabt. Die Universitätsstädte Marburg und Tübingen sind hierfür Beleg. Obwohl die CDU in Marburg gegenüber der Europawahl von 1984 mehr als 10 % an Stimmen verlor, brachten es die »Republikaner« hier nur auf 3,7 % – ihr landesweit schlechtestes Ergebnis –, während die Grünen sich von 12,7 % auf 23,2 % nahezu verdoppeln konnten. In der Entwicklung solcher alternativer »Milieus« mit zunehmender politischer Deutungs- und Gestaltungskraft sehe ich langfristig Chancen, einer weiteren Rechtsentwicklung Einhalt zu gebieten. Ob demgegenüber die bei der Europawahl noch einigermaßen resistenten sozialdemokratischen und ländlich-katholischen Restmilieus in Nordrhein-Westfalen bzw. im katholischen Münsterland dem zu erwartenden propagandistischen und organisatorischen Ansturm der »Republikaner« im Wahljahr 1990 standhalten werden, erscheint fraglich. Die Ergebnisse in Bayern lassen Schlimmes befürchten.

Republik in die Verantwortung!

Die aufgeregt-hysterischen Reaktionen von Politikern und Journalisten nach den Wahlerfolgen der »Republikaner« in Berlin und anläßlich der Europawahl 1989 haben eine weitverbreitete Unfähigkeit erkennen lassen, wie mit dem neuen politischen Phänomen umzugehen sei. Tiefergreifende analytische Berichte, Motivforschung gar oder die direkte politische Auseinandersetzung waren die

Ausnahme. Es dominierten statt dessen Reaktionsmuster, die allesamt dem neuen Problem äußerlich blieben. Unter den Politikern der Bundestagsparteien ging es entweder um gegenseitige Schuldzuweisung und die eigene Entlastung – die CDU machte die CSU, die SPD die Union verantwortlich, die FDP fühlte sich völlig unschuldig – oder um die rein wahltaktisch interessante Frage, wie denn die abgewanderten Wähler wieder zurückzuholen seien. Auch die heiß diskutierte Frage der Koalitionsfähigkeit der »Republikaner« bzw. der Koalitionsbereitschaft der Union wird dem Problem nicht im mindesten gerecht. In den Medien, aber auch in der Linken, glaubt man, die »Republikaner« lächerlich zu machen und ihre Wähler als arme Idioten diffamieren zu müssen. Das Wort von den »Reps« steht stellvertretend für diese Strategie. Linke Gruppen und Teile der Grünen reagierten wie immer mit dem abgedroschenen und analytisch völlig schiefen »Nazis raus!« Gerade die beiden letztgenannten Auseinandersetzungsmuster dürften die Binnenintegration der »Republikaner« nur verstärken, ihr Gefühl, von der sie umgebenden Gesellschaft nicht ernst genommen zu werden, selbst Verfolgte zu sein.
Ausgehend von einer Interpretation der »Republikaner« primär als Protestpartei möchte ich demgegenüber dafür plädieren, das Wählervotum für die neue Partei als Signal zu verstehen für die Virulenz antidemokratischer Ressentiments und Einstellungen und für die Existenz ungelöster sozialer Probleme in dieser Gesellschaft. Motivforschung ist angesagt, nicht voreilige Diskriminierung der Wähler. Die Wahlerfolge der »Republikaner« bieten die Chance der politischen Auseinandersetzung mit Einstellungen und Problemen, die lange Zeit überlagert waren, auf die die kritische Wissenschaft aber stets aufmerksam gemacht hat. Plädieren möchte ich für eine Kultur des Dialogs, in den auch die Bürger am rechten Rande der Gesellschaft einzubeziehen wären, und für eine Kultur des Dissens, die die Herausforderung von rechts aushält, sich mit ihr auseinandersetzt und nicht vorschnell nach Verbot oder oberflächlichem Konsens strebt. Da Bonn nicht Weimar ist, die Verfassung von 1949 die Fehler der Weimarer Reichsverfassung vermieden hat, der Verfassungskonsens heute weit größer als damals ist, die ökonomische Krise mit der der beginnenden dreißiger Jahre nicht verglichen werden kann, gegenwärtig keine relevanten wirtschaftlichen Machtgruppen identifizierbar sind, die an einem weiteren Aufstieg der neuen Partei ernsthaft interessiert wären, ist nervöse Aufgeregtheit

fehl am Platze. Kurt Hirsch ist zuzustimmen, daß weitere Wahlerfolge der »Republikaner« zwar Anlaß zur Besorgnis sind, aber noch keine ernsthafte Gefährdung der Republik darstellen. Die Gefahr liege vielmehr in der traditionellen Koalitionsbereitschaft bürgerlicher Parteien mit den Rechtsradikalen.[30] Es wird darum gehen, zu verhindern, daß sich die programmatischen Ideen der Schönhuber-Truppe aufgrund von wahltaktischen Rücksichtnahmen der Unionsparteien in deren Politik umsetzen. Und es gilt, durch Aufklärung deutlich zu machen, auf welches Gesellschaftsmodell Programmatik und Propaganda der neuen Rechtsaußenpartei zielen. Nicht »Republikaner in die Verantwortung«, sondern »Republik in die Verantwortung«!

Anmerkungen

1 Zur Organisations- und Gründungsgeschichte der »Republikaner« vgl. Bernd Gäbler, Ein Mann und seine Partei – Franz Schönhubers Republikaner, in: Matthias von Hellfeld (Hrsg.), Dem Haß keine Chance. Der neue rechte Fundamentalismus, Köln 1989, S. 51ff.; vgl. auch Gerhard C. Deiters, Die »Republikaner« – Eine popularistische Variante der NPD?, in: *Vorgänge,* März 1987, S. 16ff.

2 Die Republikaner. Das Siegburger Manifest, verabschiedet auf dem Bundesparteitag am 16. Juni 1985 in Siegburg/Bonn, München o. J.

3 Zum »Deutschlandrat«, einem ultrarechtsgerichteten Professorenzirkel, zählen u. a. der Bochumer Politologe Bernhard Willms, der Heidelberger Politologe Hans-Joachim Arndt, der Erlanger Historiker Hellmut Diwald und der Publizist Armin Mohler, der ehemalige Privatsekretär des Schriftstellers Ernst Jünger.

4 Claus Leggewie, Die Zwerge am rechten Rand – Zu den Chancen kleiner neuer Rechtsparteien in der Bundesrepublik Deutschland, in: *Politische Vierteljahresschrift,* 28. Jg., H. 4, Dezember 1987, S. 368. Von Claus Leggewie stammt auch die erste größere Arbeit über die »Republikaner« mit dem Titel »Die Republikaner. Phantombild der Neuen Rechten«, Berlin (West) 1989.

5 Schlee, Jg. 1922, 1970–1974 CDU-MdL in Hessen; 1970–1977 Vorsitzender des »Bundes der Landsmannschaft Mecklenburg«; 1979–1985 Ministerialrat und Landesbeauftragter für Vertriebene und Flüchtlinge in Schleswig-Holstein; 1984 Austritt aus der CDU; seit 1987 Vorsitzender der »Republikaner« in Schleswig-Holstein.

6 *Der Spiegel,* Nr. 22/1989.

7 Kendzia, 1956 Mitglied der Deutschen Partei; 1959 Mitglied der Deutschen Reichspartei; 1966 Mitglied der NPD, Berliner Landesvorsitzender von 1967–1969; Übertritt zur CDU; bis 1986 Mitglied des CDU-Wirtschaftsrates.

8 Neubauer, 1975–1981 NPD-Mitglied und Pressesprecher des Bezirks Oberbayern; 1975–1983 Verantwortlicher Redakteur des *Deutschen Anzeigers* Gerhard Freys; seit 1983 Mitglied der »Republikaner«; seit Mai 1988 deren Bundespressesprecher.

9 Vgl. Wolfgang Gessenharter, Die »Neue Rechte« – Scharnier zwischen Bürgern und Radikalen, in: *Frankfurter Rundschau (FR),* 29. 3. 1989.

10 Zu Schönhubers Karriere vgl. Kurt Hirsch. Immer dabei – Franz Schönhuber und seine Republikaner, in: ders./Hans Sarkowicz, Schönhuber. Der Politiker und seine Kreise, Frankfurt a. M. 1989, S. 9ff. sowie die »Spiegel«-Titelgeschichte in: *Der Spiegel,* Nr. 22/1989.

11 Die Republikaner. Grundsatzprogramm, verabschiedet auf dem 1. Bundeskongreß vom 26. November 1983 in München, Bonn o. J.; Das Siegburger Manifest; Die Republikaner. Programm der Republikaner von 1987, München o. J.

12 Hajo Funke, »... und wieder ist der ›deutsche Lebensraum‹ bedroht«. Anmerkungen zu gesellschaftlichen und politischen Voraussetzungen des Aufstiegs der »Republikaner«, in: *FR,* 6. 4. 1989.

13 Hermann Lutz, Das Programm der »Republikaner« verrät die Nähe, in: *FR,* 22. 5. 1989.

14 Zur Methode der »rechten Agitation« vgl. die klassische Studie von Leo Löwenthal/Norbert Gutermann, Agitation und Ohnmacht. Auf den Spuren Hitlers im Vorkriegsamerika, Neuwied/Berlin 1966 sowie zur apokalyptischen Propaganda der NSDAP James Rhodes, The Hitler Movement. A Modern Millenarian Revolution, Stanford 1980.

15 PEN-Zentrum Bundesrepublik Deutschland, Resolution der Jahrestagung in Köln vom 18.–20. Mai 1989, verfaßt von Carl Amery.

16 Nach einem Bericht des *Stern* schloß sich auch der Leiter der Ausländerüberwachung beim Kölner Bundesamt für Verfassungsschutz Klaus Hartel (CDU) den »Republikanern« an.

17 Zur Berliner Wahl standen mir interne Analysedaten von INFAS zur Verfügung; vgl. auch das Manuskript von Joachim Hofmann-Göttig, Die Wahl in Berlin vom 29. 1. 1989 nach Alter und Geschlecht, Februar 1989; sowie den Bericht der Mitarbeiter der »Forschungsgruppe Wahlen« in *Die Zeit,* 3. Februar 1989: »Ein Denkzettel für den Senat«.

18 *Die Zeit,* 3. 2. 1989.

19 Zum Frauenbild der »Republikaner« vgl. Mechthild Jansen, »Zum Wohle des Volkes«. Frauenpolitik und Frauenprogrammatik der Republikaner, in: von Hellfeld (Hrsg.), Dem Haß keine Chance, S. 74ff.

20 Günter Verheugen, Die Unionsparteien haben rechtsradikale Renaissance allein zu verantworten, in: *Vorwärts,* Nr. 11, 18. 3. 1989.

21 *Der Spiegel,* Nr. 15/1989.

22 *FR,* 5. 4. 1989: »Wir sind nicht innerlich braun geworden«. Polizeigewerkschafter und die These von der Proteststimmung zugunsten der Republikaner.

23 *Die Zeit,* 2. 6. 1989: »Die Prügelknaben der Nation«.

24 *Süddeutsche Zeitung,* 17. 3. 1989: »Ganz persönliche Einladung nach rechts«.

25 Vgl. Hans Sarkowicz, Der Autor Schönhuber und sein Verleger, in: Hirsch/Sarkowicz, Schönhuber, S. 67ff.

26 *Vorwärts,* Nr. 15, 15. 4. 1989: »Republikaner: eher stärker als schwächer«.

27 *Die Zeit,* 23. 6. 1989: »Spaltpilze im Parteiensystem«.

28 *Frankfurter Allgemeine Zeitung,* 20. 6. 1989: »Wie in einer zweigeteilten Republik. Brisantes Gemisch aus sozialen Ängsten und nationalen Gefühlen. Auszüge aus der Infas-Wahlanalyse«.

29 Wolfgang G. Gibowski/Matthias Jung, Wer sind, wer wählt die Republikaner? Ein demoskopisches Portrait der neuen Partei, in: *Die Zeit,* 30. 6. 1989.

30 Hirsch, Immer dabei – Franz Schönhuber und seine Republikaner, S. 65.

Auf dem rechten Auge blind? Innere Sicherheit, streitbare Demokratie und das Primat der Gesinnungsjustiz

von Hans-Gerd Jaschke

Der Ruf nach dem Staat und seinen Einrichtungen ertönt regelmäßig, wenn irgendwo rechtsextremistischer Protest laut wird. Sei es der Ruf nach dem Lehrer, der sich den Vorgängen und ihren historischen Hintergründen annehmen soll, nach dem Sozialarbeiter vom Jugendamt, der gefährdete Jugendliche vom Engagement rechtsaußen abhalten soll oder nach dem Staatsanwalt, dem die Verfolgung von Delikten wie Hakenkreuzschmierereien oder Flugblattverteilen aufgebürdet wird. Unzählige Male sind Verwaltungsgerichte tätig geworden, weil Kommunen es als unerträglich oder auch politisch inopportun empfunden haben, der NPD Räume für Veranstaltungen zur Verfügung zu stellen. Die Forderung nach einem Verbot der neonazistischen Freiheitlichen Deutschen Arbeiterpartei (FAP) macht in antifaschistischen Kreisen heute die gleiche Runde wie vor zwanzig Jahren das Begehren nach einem Verbot der NPD, als diese Partei in sieben Länderparlamente eingezogen war. Die Bonner Bundesprüfstelle für jugendgefährdete Schriften hat auf Antrag von Jugendämtern allein in den ersten neun Monaten 1987 einunddreißig Computerspiele aus dem Verkehr gezogen, darunter Titel wie »Anti-Türken-Test«, »Hitler-Diktator« oder auch »Star Soldier«.[1]

Aufforderungen an den Staat, gegen rechtsextremistische Vorkommnisse einzuschreiten, sind vielfältig und dauerhaft. Sie gründen auf einer politischen Moral, die mehr als vierzig Jahre nach Kriegsende darauf besteht, den Anfängen eines vermeintlichen oder tatsächlichen Wiederauflebens des Faschismus zu wehren. Die fraglose Berechtigung dieser Moral steht hier nicht zur Debatte. Sie ist in der politischen Kultur der Bundesrepublik fest verankert. Zu fragen ist vielmehr nach der Art und Weise staatlicher Aktion und Reaktion auf den Rechtsextremismus, nach verfassungspolitischen Motiven und Mechanismen politischer Ausgrenzung. Nicht nur der

Extremismus von rechts ist ein »fait social« par excellence, dessen Konturen mitbestimmt werden durch die Reaktion von Staat und Gesellschaft. Mehr noch: Der Ruf nach dem Staat ertönt allzu schnell und allzu leichtfertig. Besonders dann, wenn er sich auf die aus der Weimarer Republik herrührende Legende bezieht, der Staat sei auf dem rechten Auge blind. Das ist er keineswegs, im Gegenteil. Die staatliche Extremismus-Bekämpfung legitimiert sich durch den verfassungspolitischen Rekurs auf das Gebot der »streitbaren« oder auch »wehrhaften Demokratie«. Der Gedanke, Feinden der Demokratie in streitbarer Weise zu begegnen, Variante des amerikanischen Konzepts einer »militant democracy«, hat Ende der Vierziger- und Anfang der Fünfzigerjahre Eingang gefunden in die verfassungspolitischen Debatten.[2] Nicht zuletzt das Bundesverfassungsgericht hat in seinen Urteilen zum SRP-Verbot (1952) und zum KPD-Verbot (1956) diesen Gedanken aufgegriffen und in seiner Definition der »Freiheitlichen Demokratischen Grundordnung« bekräftigt. »Streitbare Demokratie« bedeutete aber immer auch – vor allem in der politischen Bildung – die argumentative Auseinandersetzung mit dem politischen Extremismus. »Denn es ist eine der Grundanschauungen der freiheitlichen Demokratie«, heißt es im KPD-Urteil von 1956, »daß nur die ständige geistige Auseinandersetzung zwischen den einander begegnenden sozialen Kräften und Interessen, den politischen Ideen und damit auch den sie vertretenden politischen Parteien der richtige Weg zur Bildung des Staatswillens ist.«[3] Reminiszenzen an dieses Gebot finden sich bis heute in den Verfassungsschutzberichten des Bundes und der Länder.
Dieser Beitrag möchte einige Grundmuster des staatlichen Umgangs mit dem Rechtsextremismus aufzeigen. Er möchte auch davor warnen, allzu leichtfertig auf die repressive Kraft staatlicher Institutionen zu setzen, wenn es gilt, die Auseinandersetzung mit rechtsextremistischen Tendenzen zu führen. Am Beispiel von Parteien, Verfassungsschutz und, ausführlicher noch, anhand der politischen Justiz soll gezeigt werden, in welcher Weise der Staat das Gebot der Streitbarkeit in politische Praxis umsetzt. Die Beispiele sind mit Bedacht gewählt: In ihnen verkörpert sich ein Stück Staatsräson, sei es programmatisch (Parteien), beobachtend (Verfassungsschutz) oder auch unmittelbar repressiv (politische Justiz). Dabei wird eine Tendenz deutlich: Vieles deutet darauf hin, daß die auch diskursiv ausgerichtete »streitbare Demokratie« mehr und mehr verschwindet zugunsten eines non-diskursiven, bürokratisch-effizienten Systems

der »Inneren Sicherheit«. Es arbeitet und funktioniert nicht mehr okkasionell, anläßlich konkreter Bedrohungen, sondern präventiv-kontrollierend. Der streitbare Schutz der Verfassung verwandelt sich mehr und mehr in einen technologisch verfeinerten Staatsschutz. Das Gebot »geistig-politischer Auseinandersetzung« verliert zunehmend an Bedeutung, einer Entpolitisierung der Rechtsextremismus-Problematik wird Vorschub geleistet.
In der neueren Diskussion ist wiederholt – zu Recht – gefordert worden, die Rechtsextremismus-Problematik weniger von den »Rändern« her zu sehen, von der organisierten Rechtsaußen-Szene selbst, sondern stärker von der »Mitte« her zu interpretieren. Sei es als Bezugsrahmen zwischen Konservatismus und Rechtsextremismus oder auch als Konfiguration von Einstellungen und Denkmustern (vgl. den Beitrag von Heitmeyer in diesem Band). So sehr die (nicht neue) Annahme berechtigt ist, daß es letztlich die Gesellschaft als ganze ist, die rechtsextreme Phänomene hervorbringt, so sehr muß darauf hingewiesen werden, daß offene rechtsextreme politische Artikulationen gleichsam »umstellt« sind von definitions-, interpretations- und sanktionsmächtigen *Institutionen.* Ihre Legitimationsgrundlagen, ihre Programmatik, ihre Praxis und ihre systematische Verknüpfung mit dem rechten Protestpotential ist bisher viel zu wenig beachtet worden. Dieser Beitrag möchte darauf aufmerksam machen, daß die Wechselbeziehungen zwischen solchen Institutionen (am Beispiel von Parteien, Verfassungsschutz und politischer Justiz) und organisiertem Rechtsextremismus diesem erst die Konturen verleihen und seinen Handlungsspielraum begrenzen, wie umgekehrt jene ihre demokratische (oder undemokratische) Qualität in ihren je spezifischen Bearbeitungsformen offenbaren. In *diesem* Sinne sind die folgenden Anmerkungen auch als Plädoyer zu lesen, die extreme Rechte von der Mitte aus zu betrachten.[4]

Bundestagsparteien und Rechtsextremismus: Über die antifaschistische »radikale Moral« und ihre Versäumnisse

Fragt man nach der Position der Bundestagsparteien zur Problematik des Rechtsextremismus, dann muß in konzeptioneller Hinsicht weitgehend Fehlanzeige vermeldet werden. Dafür gibt es einige Gründe, die einer näheren Betrachtung wert sind.

Am ehesten sollte man von Sozialdemokraten und Grünen erwarten, daß sie sich einer fundierten Auseinandersetzung stellen. Beide verstehen sich mehr oder weniger in der Tradition der Arbeiterbewegung und der sozialistischen Linken. Dies gilt zumindest für engagierte Teile der beiden Parteien. Sie tun es vor allem auf einer kurzfristig-tagespolitischen Ebene: Beide beteiligen sich regelmäßig an Protestdemonstrationen gegen rechts. Sie praktizieren bei konkreten Anlässen das »antifaschistische Bündnis« mit den Gewerkschaften. Beide stellen relativ häufig Anfragen in den Parlamenten, veranstalten Hearings und versuchen auf andere Weise, Öffentlichkeit herzustellen. Der sozialdemokratische *blick nach rechts* informiert seit 1984 14tägig über aktuelle Vorgänge und Entwicklungen von rechts. Die Grünen haben sich symbolisch wirkungsvoll als einzige der Bundestagsparteien sogar ausdrücklich als »antifaschistische Partei« bezeichnet.[5]
Was das bedeutet, ist jedoch ebenso unbestimmt wie eine programmatische Konzeption und eine politische Strategie gegen rechts. Die Praxis des Antifaschismus von SPD und Grünen beruft sich nahezu ausschließlich auf die moralische Norm, die der nordrhein-westfälische Innenminister Schnoor seiner vehement vertretenen Forderung nach dem FAP-Verbot voranstellt: »Nach Auschwitz können wir in der Bundesrepublik Deutschland nicht ertragen, daß Organisationen und Menschen sich bewußt in die Tradition des Nationalsozialismus stellen ... Für mich ergibt sich die Verbotsnotwendigkeit nicht etwa daraus, daß ich in der FAP oder in der Nationalistischen Front aktuell eine Bedrohung der inneren Sicherheit und unserer Demokratie sehe, sondern für mich steht die Frage der Selbstachtung im Vordergrund.«[6] Eine solche radikale Moral ist zwar historisch legitimiert, aber auch ihr folgen eher politische Ausgrenzung und Stigmatisierung denn Gesprächsbereitschaft und »geistig-politische Auseinandersetzung«. Die antifaschistische Moral nach Auschwitz schert sich wenig um die Mittel, wenn es darum geht, politische Bewegungen, die in der Tradition des Faschismus stehen, zu bekämpfen. Fragen nach dem Verhältnis von Legalität und Legitimität, von Freiheit und Sicherheit, bleiben bei solchen Denkmustern ebenso auf der Strecke wie der demokratische Gemeinplatz, daß die bürgerlichen Freiheitsrechte für alle gelten und somit auch für unliebsame Kräfte von rechts.[7]
Ein Grund für das Manko der »radikalen Moral« scheint darin zu liegen, daß weder Grüne noch Sozialdemokraten über eine zurei-

chende Theorie des bürgerlichen Rechtsstaates verfügen. Rechts- und Innenpolitik sind traditionell ein Stiefkind in der Geschichte der Arbeiterbewegung im allgemeinen und des linken Antifaschismus im besonderen. Das Vorurteil, der bürgerliche Staat betreibe nichts anderes als Klassenjustiz und Repression der Linken ist ein schlechter Ersatz für eine Konzeption des Rechtsstaates, die Auskunft geben muß, wie sie es mit den Gegnern der Demokratie halten will. Republikanische Rechtspolitiker in der SPD sind damals wie heute Einzelkämpfer. Einer der wenigen, Rudolf Wassermann, hat hervorgehoben, die SPD stelle sie »gern in eine Ecke, in der sie nicht weiter auffallen«.[8] Das unreflektierte Verhältnis der Grünen zu Rechts- und Innenpolitik bemißt sich etwa an ihren realitätsfernen Maximalforderungen nach Auflösung aller kasernierten Polizeieinheiten und nach Abschaffung der Verfassungsschutzämter im Rahmen einer überaus diffusen Anti-Staatlichkeit.[9] Theoretische Voraussetzungen solcher Forderungen sind ein rousseauistisches Menschenbild, das die Ambivalenz von »Freiheit« und »Sicherheit« dezisionistisch auflöst zugunsten des Vertrauens in die Überzeugungskraft rationaler Diskussion und den Glauben an die Vernünftigkeit basisdemokratischer Entscheidungen. Was ihnen fehlt, ist eine theoretische Begründung des optimistischen Menschenbildes und eine Theorie der bürokratischen, verrechtlichten Ausdifferenzierung der Bürokratien der »Inneren Sicherheit«. Mit anderen Worten: Die historische Eigendynamik der Staatsräson, das Wechselspiel von kollektiven Sicherheitserwartungen und staatlicher Politik der »Inneren Sicherheit« und die daraus entstehende Legitimationsproblematik bleibt im grünen Programm in geradezu naiver Weise unberücksichtigt.

Die radikale Moral des historisch begründeten Antifaschismus reicht heute nicht mehr aus, um eine Konzeption und Strategie gegen rechts zu begründen, zumal eine jüngere Generation rechtsaußen nachrückt, der die Erfahrung des Dritten Reiches fehlt und die auch nicht pauschal für »Auschwitz« verantwortlich ist. SPD und Grüne vernachlässigen die Legitimationsbasis des Staates, wie sie vor allem in der Rechtsprechung und beim Verfassungsschutz zutage tritt: den Gedanken »streitbarer Demokratie«, die sich gegen ihre Feinde von rechts *und* links zu erwehren hat. Politische Justiz, Verfassungsschutz und – allen voran – CDU/CSU haben diesen Gedanken längst in die Tat umgesetzt, während der linke Antifaschismus in sozialdemokratischen und grünen Kreisen voller Abscheu meint, rechts und

links könne nicht in einen Topf geworfen werden und sich erbost auf die politische Moral nach Auschwitz zurückzieht. Der Verzicht auf eine Kritik von Theorie und Praxis der »streitbaren Demokratie«, häufig auch mit der irrigen Annahme begründet, das Grundgesetz verbiete neofaschistische Parteien und Organisationen[10], bedeutet eine fatale Verkennung von politischen Realitäten: Auf staatlicher Seite gibt es keine *spezifische* Rechtsextremismus-Bekämpfung, sondern eine Praxis »streitbarer Demokratie« und »Innerer Sicherheit«, die sich auf *alle* vermeintlichen oder tatsächlichen Gegner der Demokratie konzentriert, und zwar von rechts *und* von links.
Die Sozialdemokraten haben in der sozialliberalen Ära für das Versäumnis, eine gegenstandsbezogene Theorie des Rechtsstaates und der »streitbaren Demokratie« zu entwickeln, einen hohen Preis gezahlt: Bedrängt von den Sicherheitsbehörden, den Rechtspolitikern der Union und vermeintlicher Bedrohungserwartungen der Bevölkerung in der Terrorismusdebatte waren es die Sozialdemokraten, die ab 1972 das auf einen Ausbau der Sicherheitsbehörden und der Gesetzeslage zielende Programm der »Inneren Sicherheit« in die Praxis umgesetzt haben. Der Ministerpräsidentenbeschluß von 1972 (»Berufsverbote«) ist nur ein spektakulärer und folgenreicher Teil davon. Erst Ende der Siebzigerjahre distanzieren sich Sozialdemokraten von ihrer eigenen Politik der Inneren Sicherheit.[11]
Begünstigt durch solche Entwicklungen hat man der Union das innen- und rechtspolitische Feld auf breiter Front überlassen. Theoretisch wie praktisch verfügen CDU und CSU über eine einfache, aber wirkungsvolle Theorie des bürgerlichen Rechtsstaates. Sie lautet: Zuerst Ordnung und Sicherheit, erst dann individuelle Freiheitsrechte, zuerst Staatsräson und Staatsschutz, erst dann bürgerliche Freiheiten. In dem noch heute gültigen CDU-Grundsatzprogramm von 1978 heißt es: Das Grundgesetz »beruht auf einem unantastbaren Grundbestand gemeinsamer Wertüberzeugungen. Der Staat hat die Pflicht, ihr Bewußtsein lebendig zu erhalten, Angriffe auf sie abzuwehren und alle Maßnahmen zu unterlassen, die diese Wertordnung schädigen oder zerstören könnten«. Zur Freiheit gehöre »die Bereitschaft, sie nach außen und innen zu schützen und für sie zu kämpfen, denn der freie Bürger und sein Gemeinwesen beugen sich nicht wehrlos der Unfreiheit. Wir bekennen uns zum Prinzip der wehrhaften Demokratie. ... Der freiheitliche Staat, der sich nicht gegen seine Feinde verteidigt, verspielt die Freiheit seiner Bürger«.[12] An Entschiedenheit nichts zu wünschen übrig läßt das CSU-

Grundsatzprogramm von 1976. Dort heißt es: »Weil nur der demokratische Rechtsstaat die Freiheit und den Frieden freier Bürger schützen kann, bekämpft die Christlich Soziale Union unerbittlich alle Feinde unseres Staates. Nur eine wehrhafte Demokratie garantiert Bestand und Zukunft unseres Staates. Dies setzt das Bekenntnis der Bürger zu ihrem Staat und seiner freiheitlich-demokratischen Grundordnung voraus.«[13]

Die Union hat den Gedanken »streitbarer Demokratie« in ein ordnungspolitisches Staatsschutz-Modell verwandelt, ganz ohne Gewissensbisse darüber, ob zuviel Ordnung und Sicherheit selbst es sein könnten, welche die Demokratie gefährden. Ansätze eines reflexiven Denkens, welches das Programm der »Inneren Sicherheit« selbst zum Gegenstand einer Gefährdung der Freiheitsrechte und des Rechtsstaates macht oder Bezugnahmen auf den demokratietheoretischen Zirkel von »Freiheit« und »Sicherheit« sind der CDU-Programmatik insgesamt fremd.

Die Union hat den Gedanken »streitbarer Demokratie«, der ausdrücklich rechte und linke Gegner der *Verfassung* im Auge hat, nicht nur uminterpretiert in ein Modell zum Schutz des *Staates*. Sie hat ihn auch dazu benutzt, ihre antikommunistische Grundposition auf den Staatsfeind von links zu projizieren und auf diese Weise die gesamte Linke unter Druck zu setzen. Die häufige Weigerung von Unionspolitikern, an Debatten über Rechtsextremismus teilzunehmen, ist nicht bloß vordergründige politische Taktik, sondern konsequente Anwendung der Doktrin »streitbarer Demokratie«, die sich auf rechte und linke Spielarten des Extremismus beziehen müsse. In solchen Verhaltens- und Denkmustern finden sich zählebige Nachwirkungen einer dogmatischen Totalitarismustheorie, welche »Demokratie« bedroht sieht durch rechte und linke Protestformen gleichermaßen. In einem Punkt kann sich die Union gewiß sein: Ihre mächtigen Bündnispartner sind die Definitionsmacht des Verfassungsschutzes und die repressive Gewalt der politischen Justiz.

Wenn also vom staatlichen Umgang mit Rechtsextremismus zu reden ist, dann nicht nur aus der Perspektive einer selbstgenügsamen radikalen Moral nach Auschwitz, sondern gerade heute auch mit einem kritischen Blick auf die Praxis »streitbarer Demokratie«, wie sie sich beispielsweise beim Verfassungsschutz und der politischen Justiz abzeichnet. Dann muß auch herausgearbeitet werden, in welcher Weise rechte *und* linke Protestformen behandelt werden.

Verfassungsschutz: Vom Schutz der Verfassung zum Staatsschutz

An den Anfängen des Verfassungsschutzes in der Bundesrepublik steht der »Polizeibrief« der alliierten Militär-Gouverneure vom 14. April 1949, der die Bundesregierung ermächtigt, eine Verwaltungsstelle »zur Sammlung und Verbreitung von Auskünften über umstürzlerische, gegen die Bundesregierung gerichtete Tätigkeiten einzurichten«.[14] Dementsprechend sieht das Grundgesetz in Artikel 87,1 vor, eine »Zentralstelle zur Sammlung von Unterlagen für Zwecke des Verfassungsschutzes« zu schaffen. Am 7. November 1950 wird mit dem Aufbau des Bundesamts für Verfassungsschutz (BfV) begonnen. Es hat ausdrücklich keinerlei polizeiliche Befugnisse. Zu den nahezu ausschließlichen Aufgaben des BfV in seiner Gründerzeit gehört vorrangig »die Beschaffung von Material zum Vorgehen gegen rechts- und linksextremistische Bestrebungen«. »Wir besorgten Material«, erinnert sich Günther Nollau[15], »auf das sich die Bundesregierung bei ihrer Klage gegen die rechtsextreme Sozialistische Rechtspartei (SRP) stützte ... Das Amt erhielt auch den Auftrag, Unterlagen zusammenzustellen, die einen Antrag auf Verbot der kommunistischen Partei rechtfertigen sollten.«

Die Sammlungs- und Auswertungstätigkeit des BfV hatte zu dieser Zeit okkasionellen Charakter. Sie richtet sich auf bestehende extremistische Tendenzen und kommt somit ihrem Auftrag, zum Schutz der Verfassung beizutragen, doch zumindest nahe. Dabei war freilich von Anfang an und ist bis heute wenig präzise zu bestimmen, was und wer aufgrund welcher Kriterien als Gegner der Verfassung zu betrachten wäre. Der gewöhnlich benutzte Begriff der extremistischen »Bestrebung« bezieht sich auf die recht allgemeine Bestimmung der »Freiheitlichen Demokratischen Grundordnung« des Bundesverfassungsgerichts, ist aber, wie Schwagerl hervorhebt, bis heute nicht offiziell definiert.[16] Das bedeutet, daß der Definitionsmacht des Verfassungsschutzes ein bedenklich weiter Ermessensspielraum bleibt, und zwar sowohl nach links wie nach rechts. Er wird – im besten Fall – von Verwaltungsjuristen festgelegt und zwar ohne daß darüber eine öffentliche oder auch parlamentarische Diskussion erfolgt.

Der sozialdemokratische Abgeordnete Greve hat in der parlamentarischen Debatte über einen von der SPD eingebrachten Gesetzentwurf gegen die »Feinde der Demokratie« aus dem Jahr 1950 das Schwergewicht eindeutig nach rechts gelegt. Er hatte dafür, wie ich meine, angesichts einer gescheiterten Entnazifizierung auch gute Gründe. Im Zentrum der Gefahrenabwehr stünden, so Greve, »ideologische Restbestände aus der Zeit des Nationalsozialismus«, die eigentliche Gefahr sei »die Tatsache, daß die Feinde der Demokratie auch in den Organen unseres Staates selbst sitzen, daß sie sich weithin als Repräsentanten der Demokratie in irgendeiner Form zeigen, und zwar handelt es sich oft um Leute, die in amtlichen Funktionen in Erscheinung treten, ohne daß sie den ehrlichen Willen haben, überhaupt Diener des demokratischen Staates zu sein.«[17] Faktisch aber lag der Schwerpunkt der Arbeit des BfV schon bald auf der Bekämpfung des Linksextremismus. Die Tätigkeit der illegalen KPD im Untergrund und die Verhärtungen des Ost-West-Konflikts nach dem Kalten Krieg mögen dafür ebenso als Gründe genannt werden wie der traditionelle deutsche Antikommunismus, wie er von der Adenauer-Regierung, unterstützt vom zweiten bundesdeutschen Geheimdienst, der Organisation Gehlen (ab 1955: Bundesnachrichtendienst), fortgeführt wurde. Otto John, der erste BfV-Präsident, hat ganz ohne Zynismus darauf hingewiesen, daß »die potentiellen Gegner der Regierung im rechtsradikalen Lager bis auf einige unbedeutende Grüppchen von den Regierungsparteien aufgesogen (waren)«.[18]

An diese Umstände der Gründungsgeschichte gilt es zu erinnern, wenn vom Verfassungsschutz im Zusammenhang der Rechtsextremismus-Bekämpfung von staatlicher Seite die Rede ist. Wie kann von einer Behörde ein angemessener Umgang mit Rechtsextremismus erwartet werden, die in ihrer Frühzeit selbst von der politischen Rechten geprägt worden ist? Das Amt selbst ist inzwischen personell und finanziell so stark expandiert, daß – gemessen an den Anfängen – die Gefahr des politischen Extremismus heute um ein Vielfaches höher sein müßte als in den fünfziger Jahren. Von 90 Planstellen im Jahr 1950 hat die Zahl der hauptamtlichen Mitarbeiter auf 2.200 zugenommen (1985). Der Etat stieg von 5,2 Millionen (1952) auf 210,3 Millionen (1985).[19] Kam der erste Präsident, Otto John, noch aus Kreisen des Widerstandes gegen Hitler, so hat mit Gerhard Boeden jetzt ein Praktiker der Polizei den Schutz der Verfassung übernommen. Dieser Wechsel hat symbolische Bedeutung: Johns durch die britische Besatzungsmacht forcierte Ernennung steht für die Absicht, konkrete Feinde der noch jungen Demokratie zu

benennen und auf Organisationen hinzuweisen, welche das Grundgesetz aktiv bekämpften. Boedens Ernennung hingegen steht für eine polizeiliche Konzeption des Verfassungsschutzes, für die ›Generalprävention mit modernsten technischen Mitteln‹ das zentrale Stichwort geworden ist.
Der für unseren Zusammenhang entscheidende Punkt in der historischen Entwicklung des Verfassungsschutzes ist seine Tendenz, die konkrete Beobachtung verfassungsfeindlicher Bestrebungen auszudehnen auf die informationstechnologisch verfeinerte, weit über das Extremismus-Potential hinausreichende, Beobachtung und Verwaltung von Meinungen und Gesinnungen. Das Informationssystem NADIS ermöglicht die umfassende Erhebung von Daten und Informationen.[20] Verfassungsschutz wird auf diese Weise – gelöst von konkreten Handlungen möglicher verfassungsfeindlicher Gruppierungen – zum generalpräventiven Staatsschutz. Seine eigentliche Rationalität ist nicht mehr Hilfestellung für Verwaltungshandeln in konkreten Fällen und geistig-politische Auseinandersetzung, sondern mehr und mehr technisch-bürokratische Effizienz. Die vom Kabinett Anfang 1985 verabschiedeten »Sicherheitsgesetze« ermöglichen ausdrücklich Datensammlungen auf Vorrat in den Bereichen Extremismus und Terrorismus.
Das am 26. März 1986 beschlossene rheinland-pfälzische Verfassungsschutzgesetz[21] ist fortgeschrittener Ausdruck dieser Tendenzen. Der Verfassungsschutz ist ausdrücklich befugt, personenbezogene Informationen zu erheben, zu verarbeiten, namentlich zu speichern, zu übermitteln, zu verändern, zu löschen und abzugleichen. »Besondere Informationserhebungen«, d. h. der Einsatz nachrichtendienstlicher Mittel, wird als zulässig erklärt. Praktisch alle Behörden des Landes »haben von sich aus dem Verfassungsschutz Informationen zu übermitteln«, soweit es für die Aufgabenstellung des Verfassungsschutzes erforderlich ist. Umgekehrt kann dieser Informationen weitergeben an den BND, den MAD, Dienststellen der Stationierungsstreitkräfte, Staatsanwaltschaften und Polizeibehörden und private Stellen, wenn »dies zum Schutze der freiheitlichen demokratischen Grundordnung, des Bestands oder der Sicherheit der Bundesrepublik Deutschland oder eines ihrer Länder erforderlich ist«. Damit verfügt Rheinland-Pfalz als Vorreiter über ein Verfassungsschutzgesetz, das wie kein anderes die Befugnisse zuspitzt auf bürokratische und informationsbezogene *Effizienz*.
Dieser Vorgang ist ein Indiz dafür, daß bürokratisch-technische

Effizienz in den Strukturen des Verfassungsschutzes höher bewertet wird als diskursive inhaltliche Auseinandersetzung. Thomas Waldes Prognose von 1971, die Informations-, Schutz- und Sicherungsfunktion der Geheimdienste mache Effizienz zur »finalen Existenzbedingung« der Geheimdienste[22], scheint sich mehr und mehr zu bestätigen. Wie anders wäre erklärbar, daß der Verfassungsschutz seit Anfang 1989 die Wohn- und Arbeitsadressen *aller* Aus- und Übersiedler aus Osteuropa in der Datei »ADOS« (Adressen und Objekte im kommunistischen Machtbereich) speichert? Angesichts der möglichen Alternativen: gesellschaftliche Transparenz *oder* Ausweitung des Geheimbereichs, Ursachenforschung über die Protestformen *oder* Festhalten an bürokratisch-verfestigten Feindbildern, politische Bildung *oder* technisch verfeinerte Generalprävention, Legitimität *oder* Legalität, Verfassungs- *oder* Staatsschutz, scheinen die Würfel gefallen: Demokratische Streitbarkeit ist transformiert in das bürokratisch-effiziente System »Innere Sicherheit«. Die Rationalität des Verfassungsschutzes bemißt sich nicht (mehr) an den Voraussetzungen seiner Entstehungsgeschichte, am Aufklärungspostulat über Entwicklungen, die der demokratischen Verfassung im Wege stehen. Nollaus Überlegung, jeder Abwehrdienst westlichen Typs müsse defensiv sein, »das heißt, er hat seine Maßnahmen nur einzuleiten, wenn eine Bedrohung der Sicherheit des Staates erkennbar wird, wenn zum Beispiel eine Partei den gewaltsamen Umsturz propagiert oder die ›Zerschlagung der bürgerlichen Staatsmaschinerie›«[23], erscheint heute fast schon wie das Relikt aus besseren Zeiten.

Ich halte es aus den angeführten Gründen für überaus fahrlässig, vom Verfassungsschutz und den Innenministerien ein stärkeres Einschreiten gegen rechts zu fordern. Vordringlich wäre – umgekehrt – das Verlangen, daß die Verfassungsschutzbehörden ihre Erkenntnisse, Maßstäbe und Konzeptionen über die Verfassungsschutzberichte hinaus offenlegen und zur Diskussion stellen – innerhalb und außerhalb der Parlamente. »Verfassungsschutz müßte«, schreibt Klaus v. Beyme, »nicht weniger politisch abgeklärte ›Sozialpädagogik‹ sein als die Bekämpfung von sonstigen Straftaten. Verfassungsschutz erscheint jedoch in der Praxis mancher Bundesländer eher als Rückzugsgebiet der am wenigsten aufgeklärten und durch Einsichten der Sozial- und Verhaltenswissenschaften am wenigsten abgeklärten Teile des staatlichen Sicherheitsapparates«.[24]

Politische Justiz gegen rechts: Ein Überblick

Im Zusammenhang der »streitbaren Demokratie« enthält das Grundgesetz Vorkehrungen zu seinem Schutz. Dazu gehören Artikel 9 Abs. 2 (Verbot verfassungswidriger Vereinigungen) und 21 Abs. 2 (Parteienverbot). Es sind diejenigen grundgesetzlichen Bestimmungen, die gegen rechts angewandt wurden und werden. Das Parteienverbot ist einmal gegen rechts vom Bundesverfassungsgericht ausgesprochen worden: 1952 wird die Sozialistische Reichspartei (SRP) mit der Begründung der »Wesensverwandtschaft« mit der NSDAP verboten. Gesetzlich flankiert wird das Verbot durch die Möglichkeiten des Art. 9,2 GG und einige Bestimmungen des politischen Strafrechts.
Zu Beginn der achtziger Jahre hat insbesondere der nordrhein-westfälische Innenminister Schnoor (SPD) sich an die Spitze derjenigen gesetzt, die ein Verbot der Freiheitlichen Deutschen Arbeiterpartei (FAP) fordern.[25] Neben dem nordrhein-westfälischen hat sich im Juni 1988 auch der niedersächsische, CDU/FDP-beherrschte Landtag in einer Entschließung für ein Verbot der FAP ausgesprochen.[26] In weiten Teilen des sozialdemokratischen, gewerkschaftlichen und VVN-beeinflußten linken »Antifaschismus« dient die Forderung nach Verbot und Auflösung »neofaschistischer« Parteien und Vereinigungen als legitimes Mittel der politischen Auseinandersetzung. Sie ist der Kern eines rituellen und – wie es Leggewie treffend bezeichnet – »stumpf gewordenen, selbst ideologischen Begriff« des Antifaschismus.[27] Für die Bundestagsparteien ein opportunes Mittel, um parlamentarische Mitbewerber einzuschüchtern und zu diskreditieren, ist die Verbotsforderung seitens des linken Antifaschismus kalendarisches Ritual und symbolisches Transportmittel der »richtigen« Gesinnung und anachronistisches Nachholen des gescheiterten Antifaschismus der alten Arbeiterbewegung vor 1933.
Mit der Entstehung und Ausprägung einer jugendgeprägt-militanten zweiten Generation des Rechtsextremismus seit Anfang der siebziger Jahre hat der Bundesinnenminister wiederholt zu Verbotsmaßnahmen nach Art. 9,2 GG gegriffen. Davon betroffen sind die »Wehrsportgruppe Hoffmann« (16. Januar 1980), die »Volkssozialistische Bewegung Deutschlands/Partei der Arbeit« (VSBD/PdA, 14. Januar 1982) und die »Aktionsfront Nationaler Sozialisten/ Nationale Aktivisten« (ANS/NA, 24. November 1983, rechtskräftig seit dem 25. 7. 1986). Die Entscheidung gegen die WSG Hoffmann

wird damit begründet, sie stelle aufgrund ihres gewalttätig-paramilitärischen Charakters eine Gefahr für Jugendliche dar, und sie verfolge insgesamt verfassungsfeindliche Ziele. »Darüberhinaus«, kommentiert Innenminister Baum, »werden die Aktivitäten der WSG angesichts der Leiden, die der Nationalsozialismus verursacht hat, gerade im Ausland mit großer Besorgnis verfolgt und bedeuten eine nicht länger zu duldende Belastung des Ansehens der Bundesrepublik Deutschland«.[28] Ähnlich begründet Baum die Verfügung gegen die VSBD/PdA: Sie verfolge »ihre verfassungsfeindlichen Ziele in kämpferisch aggressiver Form«, sie sei in Zielsetzung und öffentlichem Auftreten der NSDAP »wesensverwandt« und übe hinsichtlich ihrer Militanz eine »Signal- und Sogwirkung« aus. Gleichwohl wird weder dieses noch die beiden anderen Verbote mit einer konkreten Gefahrenlage begründet. Im Falle der VSBD/PdA sind es vielmehr die politisch-kulturellen Hypotheken der NS-Vergangenheit, die zur Begründung ausdrücklich herangezogen werden: »Die Wurzeln des Terrors von rechts liegen tief in unserem Land. Wir dürfen nicht zulassen, daß der nationalsozialistische Unrechtsstaat verharmlost wird. Wir dürfen nicht zulassen, daß junge Menschen wieder politisch verführt werden können.«[29] Baums Nachfolger Zimmermann sah die im Gefolge der Auflösung der ANS/NA ermöglichten polizeilichen Maßnahmen und die Einleitungen von Strafverfahren gegen einzelne Mitglieder als Bestimmungsfaktoren einer bewußten und gezielten Verunsicherung des Aktivisten-Umfelds[30]: Am 3. Juli 1987 wurden vom Landgericht Karlsruhe sechs Personen wegen Fortführung einer verbotenen Vereinigung verurteilt. Der Hauptangeklagte erhielt eine Freiheitsstrafe von einem Jahr und drei Monaten, die übrigen Bewährungs- und Geldstrafen. Ihnen wurde zur Last gelegt, mit der Gründung des »Stoßtrupps Renchen« und der »Karlsruher Front« die verbotene ANS/NA fortzuführen.[31]

Neben strafrechtlichen sind auch exekutive Maßnahmen Mittel der politischen Einschüchterung und Kriminalisierung. Am 2. März 1988 wurden in einer spektakulären, vom Landeskriminalamt Stuttgart initiierten Polizeiaktion mehr als 80 Wohnungen von mutmaßlichen ANS/NA-Sympathisanten in 61 Städten des Bundesgebiets durchsucht. Vier Personen wurden vorläufig festgenommen. Daß es sich dabei um eine symbolische Demonstration exekutiver Handlungsbereitschaft gehandelt hat, wird noch dadurch erhärtet, daß am Tag zuvor der ehemalige ANS/NA-Führer Michael Kühnen nach Verbüßung einer Gefängnisstrafe aus der Haft entlassen worden war.[32]

Kühnen selbst, Symbolfigur der Neonazis, unterliegt vielfältigen juristisch-exekutiven Restriktionen. Am 14. 6. 1988 wird er für einen Tag in »Unterbringungsgewahrsam« genommen, um sein Auftreten bei der Gründungsversammlung des FAP-Landesverbandes Bayern zu verhindern.[33]

Aus dem Bereich des politischen Strafrechts sind einige Normen in der Rechtsprechung – gemessen an der Häufigkeit von Verurteilungen – besonders bemerkenswert.[34] Hierzu gehören insbesondere

- § 86 Abs. 1 Ziff. 4 StGB (Verbreitung von Propagandamitteln zur Fortführung verbotener NS-Organisationen)
  Strafrechtlich relevant sind Parolen wie etwa »NS-Verbot aufheben!«, »Kampf den Judenparteien KPD, SPD, CDU, CSU, FDP!«. Der Neonazi-Führer Michael Kühnen wurde u. a. wegen Herstellung, Verbreitung und Vorrätighalten der Flugblätter »Initiative gegen NS-Verbot« und »Man nennt uns ›Neo-Nazis‹! Na und?!« vom Landgericht Frankfurt am 29. März 1985 verurteilt (Az.: 50 Js 33.738/83 23 kls)

- § 86 a StGB (Verwendung von Kennzeichen verfassungswidriger Organisationen)
  Verboten ist u. a. der öffentlich gezeigte »Hitler-Gruß«, das Tragen von Hakenkreuzen und anderer NS-Symbole. Das Landgericht Frankfurt hat das leicht verfremdete Emblem der ANS/NA unter § 86 a gestellt mit der Begründung, die Einzelsiegrune sei geeignet, »die Wiederbelebung der verbotenen Organisation des Jungvolks durch das öffentliche Verwenden eines ihrer Kennzeichen zu fördern. Das soll aber gerade durch die Verbotsnorm des § 86 a StGB verhindert werden, indem solche Kennzeichen aus dem Bild des politischen Lebens in der Bundesrepublik grundsätzlich verbannt bleiben sollten« (Az.: 50 Js 33.738/83 23 Kls, S. 69).

- § 130 StGB (Volksverhetzung)
  Diese Vorschrift ist durch das 6. Strafrechtsänderungsgesetz vom 4. 8. 1960 geschaffen worden. Hintergrund und Auslöser waren antisemitische und neonazistische Schmierereien Ende 1959/Anfang 1960.
  In Wort und Bild erfüllte nach einem Urteil des Amtsgerichts Stuttgart das NPD-Monatsblatt *Deutsche Stimme* den Tatbestand der Volksverhetzung. Unter dem Bild von fünf Asylbewerbern mit erhobener Faust war zu lesen: »Sie fallen in unser Land ein. Sie rauben und vergewaltigen. Sie

zerstören unsere Jugend mit Rauschgift. Aber sie nennen sich Asylanten – und werden von den Opfern bezahlt. Solch einen Wahnsinn gibt es nur bei uns. Merke: Ist es auch Wahnsinn, hat es doch Methode.« Chefredakteur K. H. Vorsatz wurde zu DM 4.550,– Geldstrafe verurteilt (BNR 14/1987, S. 8).

– § 131 StGB (Aufstachelung zum Rassenhaß)
Hetzparolen wie »Ich Esel glaube an die Vergasungslüge und will an Israel zahlen, zahlen, zahlen« oder »Holocaust darf nicht sterben, denn Zion muß leben von Deutschlands Erben« haben Gerichte als strafbar nach § 130 StGB angesehen. Das Landgericht München I hat Friedhelm Busse, Vorsitzender der verbotenen VSBD/PdA, 1982 in einer Berufungsverhandlung zu 6 Monaten Haft wegen Vergehens gegen §§ 130 und 131 verurteilt. Zum Beweismaterial gehört das Flugblatt »Rassenmischung ist Völkermord«. Darin werde »die Menschenwürde eines Teils der in der BRD lebenden Bevölkerung angegriffen und eine emotional gesteigerte feindselige Haltung des Adressaten gegen Nichteuropäer« geschürt (Az.: 13 Ns 115 Js 5123/81).

Die derzeit einzige empirisch gehaltvolle Analyse rechtskräftig abgeschlossener Strafverfahren gegen rechts zeigt, daß Gesinnungsdelikte des politischen Strafrechts einen hohen Anteil aufweisen. Für den Zeitraum zwischen September 1978 und Dezember 1982 legte das Bundesjustizministerium eine Vollerhebung vor. Sie bezieht sich auf Anklageschriften und Urteilsniederschriften und umfaßt insgesamt 903 Aburteilungen gegen 787 Personen. Gut ein Viertel der Verfahren wird wegen §§ 86 und 86 a StGB eingeleitet. Ein weiteres knappes Viertel erfolgt wegen Verstoß gegen §§ 130 und 131 StGB, gegen das Versammlungsgesetz oder wegen Bildung einer kriminellen Vereinigung bzw. Fortführung einer verbotenen.[35] Der Rest verteilt sich auf Straftaten gegen Personen, Eigentumsdelikte und andere. Obwohl Gesinnungsdelikte einen hohen Anteil an den Aburteilungen aufweisen, ist die Ausschöpfung des Strafrahmens außerordentlich gering. »Vermutlich sollten bei den vielfach noch jungen Straftätern«, begründet Kalinowsky diese Tendenz,[36] »eine Verfestigung der politischen kriminellen Karriere verhindert werden.« Man könnte sie aber auch anders interpretieren: Nicht der Strafrahmen ist der entscheidende Faktor bei diesen Verfahren, sondern die Tatsache, daß sie überhaupt stattfinden. Im Vorder-

grund steht nicht die Aburteilung, sondern die prozessuale Demonstration staatlicher Handlungsfähigkeit und die symbolische Verurteilung des Nationalsozialismus.
Nicht übersehen werden dürfen die Auswirkungen politischer Justiz gegen rechts auf die unmittelbar Betroffenen und ihr Umfeld. Unter politischen und gruppendynamischen Aspekten verstärkt staatliche Repression Tendenzen der Ghettoisierung und Lagerbildung. Sie fördert Bewußtseinsstrukturen der Verfolgung und Entrechtung und den Ausbau halbklandestiner kommunikativer Netzwerke. Kann dies in normativer Hinsicht bei den »Unbelehrbaren« der älteren Generation noch in Kauf genommen werden, so muß bezweifelt werden, ob dies der richtige Weg ist, Jugendliche vor dem Abgleiten in die rechtsextreme Subkultur zu bewahren.[37] Die präventive Wirkung strafrechtlicher Maßnahmen für diese Gruppe muß, so Hennig,[38] »gering eingestuft werden, vielfach dienen sie nur der weiteren Verfestigung und Radikalisierung einer rechtsextremen Karriere«. Offene, inhaltliche Auseinandersetzungen mit rechtsextremen Ideologien, eine wesentliche Voraussetzung demokratischer Selbstfindung bei gefährdeten Jugendlichen, werden jedenfalls durch Maßnahmen der politischen Justiz nicht ermöglicht, sondern eher verhindert.
Die bisher nachgezeichneten Entwicklungen ermöglichen eine *Zwischenüberlegung*. Politische Justiz gegen rechts ist nicht Abwendung bzw. Aburteilung unmittelbar drohender Gefahr gegen den Staat oder die Verfassung. Politische Justiz gegen rechts erscheint vielmehr als *Gesinnungsjustiz,* bei der es vor allem um die rechtliche Sanktionierung individueller inkriminierter Meinungen, letztlich aber auch um die staatliche Regulierung gesellschaftlicher Kommunikation geht. Mit den Mitteln der Strafjustiz greift der Staat in repressiver Weise ein in gewachsene (wie auch immer beschaffene) Kommunikationsstrukturen der Gesellschaft. Die politisch-historische Situierung der politischen Justiz läßt Rückschlüsse auf staatliche Motive zu: Rechtsextremismus im allgemeinen und Neonazismus im besonderen werden vor dem Hintergrund der NS-Vergangenheit wahrgenommen. Ihre Bedrohungsqualitäten bestehen vor allem im Hinblick auf politische Hygiene, das Ansehen der Bundesrepublik im Ausland, »Verführung« Jugendlicher. Gegenmaßnahmen wird immer auch die Qualität symbolischer Akte der Reinwaschung und Distanzierung von der NS-Vergangenheit beigemessen. Die Indizierungspraxis der Bundesprüfstelle für jugendgefährdende

Schriften veranschaulicht diese Zusammenhänge: Im politischen Bereich sind nahezu ausschließlich Publikationen rechtextremistischen Inhalts auf den Index gesetzt worden.[39]

Zur Debatte um das 21. Strafrechtsänderungsgesetz (Gesetz gegen die »Auschwitz-Lüge«)

Am 1. August 1985 ist eine Änderung des § 194 StGB in Kraft getreten. Beleidigung, bislang nur auf Antrag hin verfolgt, ist nun unter bestimmten Voraussetzungen ein Offizialdelikt: Beleidigungen und Verunglimpfungen Verstorbener, die, wie es heißt, im Zusammenhang mit ihrer Verfolgung durch die nationalsozialistische oder eine andere Gewalt- und Willkürherrschaft stehen, sollen auch ohne Strafantrag von Amts wegen verfolgt werden können. Nachdem der Gesetzentwurf in den letzten Monaten der sozialliberalen Koalition vorbereitet und eingebracht wurde, haben sich nach der »Wende« im September 1982 Bundestag und Bundesregierung damit schwergetan. Zuerst ging die Debatte um eine Änderung des § 140 StGB (Belohnung und Billigung von Straftaten), sodann des § 131 a StGB (Verherrlichung von Gewalt, Aufstachelung zum Rassenhaß), um schließlich in einer Änderung des § 194 StGB zu enden. Im Entwurf der Bundesregierung vom April 1984 heißt es zur Begründung, bei der strafrechtlichen Ahndung rechtsextremistischer und neonazistischer Aktivitäten gebe es Gesetzeslücken. Dies gelte insbesondere für die Ahndung propagandistischer Leugnung und Verharmlosung von NS-Verbrechen.[40] Den eigentlichen Hintergrund skizziert Justizminister Engelhard (FDP): »Hier geht es um die Einlösung einer Verpflichtung aus unserer jüngsten deutschen Geschichte. Hier kann und darf sich niemand einer Antwort entziehen. Die Antwort kann eigentlich nur in eine Richtung gehen und einhellig sein. Das heißt: Wir müssen gemeinsam alles tun, was dazu beitragen kann, die Hypotheken dieser Vergangenheit zu mildern.«[41] In der parlamentarischen Debatte ist dieses Motiv weitgehend akzeptiert worden. Eine charakteristische Nuance hat die CDU/CSU beigesteuert: Auch die Verbrechen an Deutschen im Zuge der Vertreibung gegen Kriegsende und danach bedürften der Einbeziehung in den neuen Straftatbestand. »Wer die an Deutschen begangenen Vertreibungsverbrechen nach dem Zweiten Weltkrieg

als normale Maßnahmen im Rahmen einer Umsiedlungsaktion bezeichnet«, begründet der CDU-Abgeordnete Götz, »darf nicht anders behandelt werden als jemand, der die Hitler-Greuel zu rechtfertigen versucht«.[42]
Dieses Motiv ist nicht nur eine Verbeugung vor dem Wählerreservoir rechter Vertriebenenverbände und ihres Umfeldes. Es ist die politische Abwehr der deutschen Allein-Schuld. Es folgt der vernebelnden Rhetorik gegenseitiger Aufrechnung, will die Linke treffen, wo es um die Rechte geht. Es entspricht dem starren Funktionalismus der ins politische Geschäft übersetzten und vergröberten Totalitarismus-Theorie. Es entspricht den Auffassungen der Union über politischen Extremismus im allgemeinen, der pointiert formalistischen Trennung von (roter und brauner) »Diktatur« auf der einen Seite, »Demokratie« auf der anderen und damit auch einer totalitarismustheoretisch verfestigten Relativierung der deutschen Verantwortung. Die totalitarismustheoretisch halbierte deutsche Verantwortung an der Entstehung und dem Verlauf des Zweiten Weltkriegs läßt einen Effekt politischer Justiz gegen rechts hervortreten, der in der Debatte um das 21. Strafrechtsänderungsgesetz besonders deutlich wird: Die Auseinandersetzung um das »richtige« Geschichtsbild und die »richtige« Position dazu.
In der wissenschaftlichen Kritik des 21. Strafrechtsänderungsgesetzes ist dieser bedeutsame Aspekt zu kurz gekommen. Der Republikanische Anwaltsverein lehnt es aus Gründen der Un-Praktikabilität ab, vor allem aber mit der Überlegung, »daß mit dem Gesetzentwurf weniger eine Effektivierung der Eindämmung rechtsradikaler und neonazistischer Tendenzen bezweckt wird, sondern ein in der Öffentlichkeit des In- und Auslands propagandistisch auszuwertender Akt vordergründiger Selbstdarstellung«.[43] Ostendorf hält den Entwurf für unpraktikabel und überhaupt strafrechtliche Novellierungen nur dann für sinnvoll, »wenn diese Strafnorm in einen öffentlichen Diskurs zur Abwehr des Neo-Nazismus gestellt wird«.[44] Cobler hat den juristischen Regelungsbedarf infragegestellt und darauf hingewiesen, daß nach § 130 StGB (Volksverhetzung) auch gegen Straftatbestände vorzugehen sei, die im Umkreis der »Auschwitz-Lüge« anzusiedeln seien. Er beklagt die »staatlich verordnete politische Moral«, verweist darauf, Neonazis böte sich nun unverhofft das öffentliche Forum des Gerichtssaales, in dem es aber nicht um historische Aufklärung, sondern um die Überführung eines Täters zu gehen habe. Justizpolitisch sei es »unbegreiflich, wie man

darauf verfallen und sich darauf verlassen kann, ausgerechnet an die Strafjustiz zu appellieren, der Leugnung und Verharmlosung des Nazi-Terrors zu begegnen; denn schließlich haben – von wenigen Ausnahmen abgesehen – bundesdeutsche Richter in zahlreichen Prozessen gegen NS-Verbrecher sich als professionelle Verharmloser des Faschismus hervorgetan, indem nichts unversucht gelassen wurde, die systematisch und zumeist rechtsförmig betriebenen Verbrechen der Nazis nachträglich juristisch zu exkulpieren«.[45] Über diese Einwände hinaus werden am Beispiel des 21. Strafrechtsänderungsgesetzes einige Struktureigenschaften der politischen Justiz gegen rechts deutlich: Sie bezieht sich nicht auf unmittelbar drohende Gefahr, sondern auf die *strafrechtliche Sanktionierung der Meinungsebene.* Die parlamentarische Debatte bezieht sich nicht auf unmittelbar drohende oder absehbare Gefahr für Staat oder Verfassung, sondern auf die »symbolische Repräsentation der ›richtigen Moral‹«.[46] Dabei werden totalitarismustheoretische und geschichtspolitische Begründungsmuster einmal mehr sichtbar. Die symbolisch-expressive Bedeutung des Gesetzgebungsverfahrens ist insgesamt höher einzuschätzen als die tatsächliche, für den Alltag der Justiz bedeutsame Verbesserung des strafrechtlichen Handlungsrahmens.

Maßnahmenkataloge politischer Hygiene reichen über symbolische Akte wie die Aberkennung der Doktorwürde für einen ehemaligen Richter aufgrund eines Buches, in dem der Autor die Massenmorde in Auschwitz in Zweifel gezogen hatte,[47] bis hin zum Hausverbot für öffentliche Schulen für den Abgeordneten der rechtsextremen DVU in der Bremer Bürgerschaft.[48] Sie umfassen aber auch materiell spürbare symbolisch wirksame Sanktionen, wie etwa die vom niedersächsischen Disziplinargerichtshof gegen einen Oberstudienrat verhängte Gehaltskürzung um ein Fünftel für die Dauer von drei Jahren. Der Lehrer hatte im Unterricht den Begriff »Sechs-Millionen-Lüge« propagiert und die Judenverfolgung im Dritten Reich in Zweifel gezogen.[49] Sanktionen dieser Art sind politisch-hygienische Folgewirkungen der Prozesse gegen NS-Verbrecher. Obwohl harte strafrechtlich relevante Delikte den juristischen Kern der NS-Prozesse nach 1958 bestimmen, liefern Eingriffe in die Kommunikationssphäre und gerichtlich produzierte Geschichtsdeutungen aus volkspädagogischen Gründen ihren eigentlichen Hintergrund. Die NS-Prozesse standen von Anbeginn unter dem Vorzeichen politisch-pädagogischer Generalprävention. Sie haben vorausgegangene wesentliche Strukturdefizite justizieller Vergangenheitsbewältigung nicht aufheben können: Die ausgebliebene Entnazifizierung der Justiz oder auch groteske Folgen der abgebrochenen allgemeinen Entnazifizierung. Daß zum Beispiel der ehemalige SS-Mann und Spieß des KZ Buchenwald, Otto, im Nürnberger Kriegsverbrecherprozeß zu 20 Jahren Haft wegen Teilnahme an Erschießungen verurteilt, bereits 1952 beamteter Lehrer werden konnte[50], während in den siebziger Jahren bereits Kandidaturen für die DKP einen Ablehnungsbescheid bedeuten konnten – an solchen grotesken Verzerrungen »streitbarer Demokratie« hat die politische Justiz mitgewirkt. Sie sind Indiz für die zählebige Kraft des Antikommunismus und Symbol für die Problematik des Vorgehens gegen rechts. Die NS-Prozesse bekräftigen den anti-nazistischen Basiskonsens der westdeutschen Gesellschaft mit den öffentlichkeitswirksamen Mitteln der moralischen Dramatisierung von Normbrüchen. Anti-Nazismus erscheint als Grundüberzeugung, als moralische Einsicht in die Verwerflichkeit und moralische Schuldhaftigkeit individueller Handlungsweisen. Sein Gegenüber ist nicht die aktuelle Bedrohung der Verfassung durch politische Strategien von rechts, sondern der verbale, symbolische oder expressiv-provozierende Widerspruch gegen das antinazistische Glaubensbekenntnis. Politische Justiz gegen rechts, geprägt von historischen Hypotheken und strukturellen Defiziten, richtet sich daher vornehmlich auf die Ebene der öffentlich geäußerten Meinungen und Gesinnungen. Die Schwelle des Strafrechts setzt gegen rechts viel früher ein als gegen links (§§ 86, 86 a StGB). Die Äußerung der aus der Haft entlassenen Leitfigur des Neonazismus, Michael Kühnen, er halte Hitler für ein Vorbild, zieht bereits ein staatsanwaltschaftliches Ermittlungsverfahren nach sich.[51] Symbolische Verdeutlichungen von Toleranzgrenzen, Aspekte politischer Hygiene und politisch-moralische Generalprävention beherrschen die Maßnahmen gegen rechts.

Rudolf Wassermann hat anläßlich des Gesetzes gegen die »Auschwitzlüge« auf einen banal erscheinenden Umstand hingewiesen. Daß Gesinnungen nicht unter Strafe gestellt werden dürfen, daß auch Meinungen, die der historischen Wahrheit zuwiderlaufen, als individuelle Äußerungen legitim sind, daß die Allgemeinheit des Gesetzes verbietet, bestimmte Meinungen zu kriminalisieren, daß der Staatsanwalt nicht Sanitäter sein kann, um die Gesellschaft vor der Ansteckung durch Ideologien zu bewahren[52] – all diese hehren Grundsätze des liberalen Rechtsstaates gelten oft wenig, wenn es

gegen rechts geht. Politische Justiz gegen rechts ist dadurch ihrer fallbezogenen situativen Gebundenheit beraubt und wird in den historischen Zusammenhang symbolischer Aufarbeitung der Vergangenheit gestellt.
Eine solche historisch geronnene, 1958 mit der Einrichtung der Ludwigsburger Zentralstelle einsetzende und fortdauernde horizontale Verweisstruktur nimmt dem organisierten Rechtsextremismus alle Chancen, sich unmittelbar, text- und situationsimmanent Gehör zu verschaffen. Der eigentliche Strukturdefekt des Arguments: Der Gesellschaft wird die lerntheoretisch bedeutsame Chance genommen, sich mit real existierenden rechtsextremen Deutungsangeboten inhaltlich auseinanderzusetzen. Die kollektive Verdrängung der Vergangenheit, von Mitscherlich als generationsspezifische »Unfähigkeit zu trauern« beschrieben, ist auf diese Weise von der politischen Justiz gegen rechts verdoppelt worden. Indem sie neonazistische Kommunikationsformen und -inhalte früh unter Strafe stellt, unterbindet sie Fragen nach ihrer Legitimität von vornherein und betrachtet sie von Anfang an nur unter dem Aspekt politisch-moralischer Verwerflichkeit. Am Ende steht das Gebot »geistig-politischer Auseinandersetzung« auf tönernen Füßen: Sie soll unter der (systembedingt) zynischen Voraussetzung stattfinden, sich gar nicht erst auf den Gegenstand selbst inhaltlich einzulassen. Was Habermas einmal zur Diskussion über den Terrorismus gesagt hat, gilt es ohne Einschränkung für die Auseinandersetzung mit rechts in Erinnerung zu rufen: Das Kurzschließen von geistig-politischer Auseinandersetzung und Anwendung rechtlicher Mittel verwischt eine für den Rechtsstaat konstitutive Grenzlinie: »Wer auch nur im Ansatz«, so Habermas weiter[53], »Gesinnungen mit rechtlichen Sanktionen belegt sehen möchte, der will hinter Hobbes, und das bedeutet institutionell: hinter eine der fundamentalen, in bürgerlichen Emanzipationsbewegungen errungenen Garantien des Verfassungsstaates zurück«. Eine Einschätzung der politischen Justiz gegen rechts kann jedoch nicht umhin, einen Vergleich zu ziehen mit den juristischen Maßnahmen gegen links. Erst dann kann ihre besondere Qualität angemessen charakterisiert werden.

Was unterscheidet politische Justiz gegen rechts von der gegen links?

Politische Justiz gegen links, partiell zwar auch gegen Einstellungen und Meinungen gerichtet – z. B. bei den »Berufsverboten« – unterscheidet sich qualitativ erheblich vom rechten Pendant. Es sind die politischen Ausgangsannahmen über das Gefährdungsobjekt und die Stoßrichtung der Abwehrmaßnahmen, welche die Differenz vor allem begründen. Während das Gefährdungsobjekt der politischen Justiz gegen rechts definiert wird als Gesamtheit des politischen Grundkonsens, also auf der Ebene der Meinungsstrukturen verharrt und die politische Identität und Glaubwürdigkeit der Bundesrepublik zu einem politischen Rechtsgut erklärt, antizipiert die politische Justiz nach links verschiedene Formen der unmittelbaren Bedrohung. Es sind vielfache Modifikationen der These von der kommunistischen Gefahr.[54] Die durch den Kalten Krieg verstärkte Infragestellung der politischen und ökonomischen Legitimation der Bundesrepublik durch die KPD und ihre Rolle als Repräsentant des Sowjetmarxismus machen sie zu einem Staatsfeind, den es *unmittelbar* auszuschalten gilt. Die Politik der »Berufsverbote« verlegt die Abwehrstrategie auf den Zugang zum öffentlichen Dienst, antizipiert »innere Zersetzung« und konzentriert sich auf politisch-psychologisch wirksame Prävention. Die Terrorismus-Bekämpfung nimmt die politische Herausforderung terroristischer Gruppen beim Nennwert, sie agiert, *als ob* Staat und Gesellschaft tatsächlich bedroht seien. Politische Justiz gegen rechts bewirkt fast ausschließlich regulative Eingriffe in die Strukturen freier Meinungsäußerung und symbolische Distanzierungen von der nationalsozialistischen Vergangenheit. Gegen links bewirkt sie aber restriktive Veränderungen der rechtsstaatlichen Balance im Strafverfahren zugunsten des Staates, Verschärfungen der Haftbedingungen und den personellen und materiellen Ausbau der Sicherheitsapparate. Gegen rechts »schlägt« sie den organisierten Rechtsextremismus und trifft die Defekte nationaler Identität. Gegen links »schlägt« sie Kommunisten und Terroristen und trifft das Klima links-liberaler Veränderung der Gesellschaft. Gegen rechts bleibt es bei der präventiven symbolischen Festschreibung von Regeln des politischen Anstands, nach links erfolgt die Aufweichung des Verhältnisses von individuellen Freiheitsrechten und Staatsrecht zugunsten des letzteren. Eine beschädigte nationale Identität, ein bedrohtes historisch-kollektives Selbstverständnis, ist die politische Metaebene politischer Justiz gegen rechts, das Schreckensgespenst des Bürgerkrieges ist diejenige nach links. Gegen links arbeitet sie mit »Verweisungssymbolen«, indem sie sich auf aktuelle Staatsgefährdungen bezieht, gegen rechts hingegen mit »Verdichtungssymbolen«, indem sie die Lehren aus der NS-Vergangenheit argumentativ und begrifflich so bündelt, daß individuelle Gesinnungen und Verhaltensweisen von Kleingruppen – nicht aber Strukturen der Gesellschaft – zum Sündenbock gestempelt werden.

Die Unterschiede auf der Meta-Ebene lassen sich noch schärfer pointieren, wenn man die der politischen Justiz vorgelagerten Interpretationen des Protestgeschehens gegenüberstellt. Gegen links überwiegen, wie Karstedt-Henke am Beispiel des Terrorismus gezeigt hat[55], drei Motive: Die *Einfluß-These* geht von ferngelenkten Verschwörungen oder Infiltrationen aus. Das Vorgehen gegen die KPD und später die DKP hat sich dieser Denkfigur bedient, indem es den Sowjetkommunismus zur bestimmenden Einflußgröße erklärt hat. Die *Rädelsführer-These* macht einzelne oder kleine Gruppen verantwortlich. Die RAF als Gruppe und ihre führenden Köpfe als Repräsentanten, später die Gruppe der »Autonomen« ist mittels dieser These skandalisiert worden. Bei der *Devianz-These* »werden ganz allgemein die Teilnehmer als generelle Abweichler stigmatisiert«.[56]

Mitglieder der DKP, »Sympathisanten« des Terrorismus und später Teilnehmer an Sitzblockaden und Anti-Kernkraft-Demonstrationen werden mittels dieser These ausgegrenzt. Keine dieser Thesen gilt für den Protest von rechts. Zwar werden neonazistische Leitfiguren wie etwa Michael Kühnen durchaus als »Rädelsführer« angesehen, doch der Protest von rechts unterliegt anderen Interpretationen. Dazu gehört vor allem die politisch-moralisch überhöhte Antizipation eines Normbruchs: Neonazis verstoßen gegen die »guten Sitten« der Gesellschaft, das Recht und seine Anwendung sanktionieren den historisch-moralischen Normbruch. Neben den thesenhaft angesprochenen Differenzen gibt es aber auch Gemeinsamkeiten bei der politischen Justiz gegen rechts und links.

Effizienz-Gesichtspunkte scheinen das Vorgehen gegen links *und* rechts zu verbinden. Das Bemühen um Normalisierung der Vergangenheit und die Zementierung des anti-nazistischen Grundverständnisses gegenüber dem Ausland sind grundlegende Ausgangspunkte bei den Maßnahmen gegen rechts. Demgegenüber ist Effizienz gegen links auf die reibungsarme Durchführung von Fahndung und Aburteilung gerichtet. Beide Ebenen verbindet die starke Gebundenheit an den historischen Kontext. Politische Justiz nach rechts holt auf ihre Weise immer auch nach, was in der steckengebliebenen Aufarbeitung der Vergangenheit versäumt wurde. Während identitätsstiftende Abgrenzungen hier überwiegen, ist es die historisch spezifische Entwicklung der linken Protestbewegung und der Geltungsanspruch sozialistisch-kommunistischer Alternativen, die das Abwehrverhalten nach links prägt. Im Falle der KPD, der Studentenbewegung im Übergang zu akademischen Berufspositionen im öffentlichen Dienst oder auch der RAF – immer sind es konkrete historische Umstände, die als Bedrohung des Staates interpretiert und in der politischen Justiz verarbeitet werden. Aber nicht nur historische Kontext-Gebundenheit verbindet beide Seiten politischer Justiz. Eine weitere ist die Ent-Leerung des politischen Protests von seinen Inhalten, mithin also seine Ent-Politisierung. Der Gerichtssaal ist nicht der Ort, an dem über die Legitimität politischer Überzeugungen zu streiten ist, sondern ein Forum, in dem die Legalität von Handlungen und Verhaltensweisen zur Debatte steht. Exekutive Maßnahmen und parlamentarische Debatten stellen extremistische Positionen von vornherein unter Ideologieverdacht. Nicht die Legitimität der Gegen-Entwürfe steht zur Diskussion, sondern die Effektivität der Gegenmaßnahmen. Die achtziger Jahre haben dafür weiteren Anschauungsunterricht geliefert: In den Prozessen um »zivilen Ungehorsam« in Form von Sitzblockaden haben die Gerichte Fragen der Legitimität praktisch ausgeklammert, damit aber auch unreflektierten Kriminalisierungen Vorschub geleistet.

Die exekutive, legislative und juristische Abriegelung des politischen Protests von den rechten und linken Außenrändern bewirkt nur scheinbar eine dauerhafte Befriedung der Gesellschaft. An den Rändern vollziehen sich Politisierungen eigener Art. Daß sie auf der von der Gesellschaft verwehrten Kommunikationsform nicht insistieren, kann nicht verwundern. Im Rechtsaußen-Spektrum vollzieht sich die Herausbildung einer generationsmäßig und politisch fraktionierten Subkultur, deren autoritär-rigide Grundannahmen weit in die Attitüden der Mehrheitskultur hineinreichen. Diese unterscheidet sich von jener sehr scharf in der Beurteilung von Taktik und Strategie, während autoritäre Grundüberzeugungen nach wie vor eine weithin tabuisierte Grauzone »heimlichen« Einverständnisses

darstellen. Auch im linken Umfeld des Terrorismus haben sich subkulturelle Strukturierungen vollzogen. Sie sind geprägt von halb- oder vollklandestinen Vernetzungen auf der Basis biographischer Perspektiven, unverhüllter politischer Militanz und einem militärischen Grundverständnis. Ihre mangelnde Affinität zu allgemeinen Einstellungen und Überzeugungen wird kompensiert durch ihre Provokationskompetenz: Indem der Staat einzelne Anschläge wie quasi-militärische Angriffe behandelt, verleiht er ihnen eine politische Bedeutung und nährt das revolutionäre Selbstverständnis der Terroristen.[57] Politische Justiz vermag die subkulturellen Abschottungen hüben wie drüben nicht aufzuhalten, im Gegenteil: Ihre Abriegelungen gegenüber der demokratischen Mehrheitskultur verstärken eher noch die subkulturellen Ghettos.
Politische Justiz in ihrer Gesamtheit erweist sich im Kontext »streitbarer Demokratie« als das, was diese nur im Notfall sein soll: Durchsetzung des staatlichen Gewaltmonopols, Negation der diskursiven Ebene von »Streitbarkeit«.

Ausblick: Politische Institutionen und Rechtsextremismus

Der wohlfeile, aber häufig allzu leichtfertige Ruf nach staatlichen Maßnahmen in der Auseinandersetzung mit rechtsextremistischen Tendenzen kann sich kontraproduktiv auswirken, wenn er sich aus vagen Gesinnungsbekenntnissen und kurzsichtigem, moralisch aufgeladenem Aktionismus speist. Rechtsextremismus ist ein gesamtgesellschaftliches Phänomen, dessen Entstehungshintergründe gerade dann beachtet werden müssen, wenn aktueller Handlungsdruck in Schule, außerschulischer Jugendarbeit oder anderen politischen Zusammenhängen die Auseinandersetzung prägt. Am Beispiel von Parteien, Verfassungsschutz und politischer Justiz habe ich angedeutet, wie politische Institutionen unseren Gegenstand in spezifischer Weise bearbeiten und zurichten. Ihre Verhaltensebenen pendeln zwischen Ignoranz, Stigmatisierung und Skandalisierung. Was ihnen offensichtlich fehlt, ist die Kraft, die Folgewirkungen des eigenen institutionellen Handelns einzuschätzen ebenso wie ein Gespür für die Verknüpfungen institutioneller Bearbeitungsformen. Sie sind mittlerweile verfestigt und ritualisiert. Hier müssen kritische Sozialwissenschaft und aufgeklärte Pädagogik ansetzen: Es geht darum, die Aufmerksamkeit nicht nur auf rechtsextreme Gruppen selbst zu

lenken, sondern aufzuarbeiten und zu kritisieren, wie dieses Phänomen in der institutionellen Struktur der Gesellschaft verankert ist.
In Bezug auf die Parteien scheint es künftig darum zu gehen, das Phänomen »Rechtsextremismus« wieder zu politisieren, d. h. eine selbstkritische, diskursive und argumentative Ebene zu eröffnen. Eine antifaschistische »radikale Moral« allein genügt nicht, um eine sinnvolle Auseinandersetzung zu führen. Die vorherrschende, polizeitaktisch und informationstechnologisch verfeinerte Praxis der »Inneren Sicherheit« geht an den gesellschaftlichen Ursachen und dem sozialpolitischen Hintergrund rechtsextremer Protestformen vorbei. Es müßte darauf gedrängt werden, diese Thematik aus der parlamentarischen Schublade »Rechts- und Innenpolitik« herauszulösen und nach der Legitimität einer »streitbaren Demokratie« zu fragen, die immer noch rechte und linke Protestformen gleichermaßen in das antiquierte Raster des »politischen Extremismus« preßt. Insbesondere Sozialdemokraten und Grüne sind aufgefordert, über ihre antifaschistisch-moralische Grundposition hinaus darüber nachzudenken, in welcher Weise die Gesellschaft sich mit ihren Feinden auseinandersetzen kann und soll. Dazu reichen antifaschistische Bekenntnisse und Parolen nicht mehr aus. Dies setzt vielmehr eine Theorie des bürgerlichen Rechtsstaates ebenso voraus wie das Ausloten individueller Freiheitsspielräume für den einzelnen. Eine weitere Voraussetzung dafür ist eine Konzeption, die über den Tag hinaus reicht, sich nicht hinter dem »Neofaschismus«-Begriff versteckt und die real existierende ordnungspolitische Praxis der Ausgrenzung im Rahmen der »streitbaren Demokratie« kritisch hinterfragt. Es ist beispielsweise längst überfällig, Verfassungsschutzberichte auch parlamentarisch öffentlich zu behandeln. Heute ist der Verfassungsschutz mehr denn je gefordert, seine Beobachtungsmaßstäbe offenzulegen und einer Diskussion zu stellen. Nach wie vor ist praktisch ungeklärt, was als »rechtsextreme Bestrebung« überhaupt zu gelten hat. Und nach wie vor ist es mehr als paradox, daß der Verfassungsschutz die Beobachtung des politischen Extremismus ebenso betreibt wie die Spionageabwehr – Tätigkeitsbereiche, die praktisch nichts miteinander zu tun haben, deren Klammer allenfalls in einer bedenklichen Staatsschutz-Mentalität zu finden ist.[58]
Im Hinblick auf die politische Justiz muß geklärt werden, inwieweit Meinungen und Gesinnungen justiziabel sind. Den Gerichten kann nicht die Aufgabe zugewiesen werden, stellvertretend darüber zu urteilen, welche Meinungen legal sind oder nicht. Joachim Jahn

bilanziert seine Beobachtungen von Neonazis vor Gericht: »Die hinter rechtsradikalen Thesen stehenden Vorurteile sind aufgeladen mit Aggressionen. Diese lassen sich durch Tabuisierung nicht aus der Welt schaffen, sondern werden im Gegenteil umso gefährlicher, je weniger sie artikuliert und dadurch bearbeitet werden können.«[59] Ebensowenig taugen die Gerichte als Ort zur Verständigung über das richtige und angemessene Geschichtsbild. Im Zusammenhang politischer Justiz gegen rechts wird ein Aspekt zu sehr vernachlässigt: Die Resozialisierung. Gerade bei jugendlichen Straftätern von rechts erscheint es dringend geboten, über ihre Wiedereingliederung in die Gesellschaft neu nachzudenken. Auch in dieser Hinsicht geht es also darum, das Verhältnis von rechtsextremem Protest und staatlichen Institutionen zu politisieren und das heißt, eingefahrene Rituale und traditionelle Formen der politischen Ausgrenzung neu zu überdenken.

Anmerkungen

1 Vgl. Rudolf Stefen/Gerhard Adams, Bildschirmkriegsspiele als Jugendgefährdung? in: Jürgen Fritz (Hrsg.), Programmiert zum Kriegspielen, Frankfurt/New York 1988, S. 259–269.

2 Vgl. zusammenfassend: Extremismus und streitbare Demokratie. Mit Beiträgen von Uwe Backes und Eckhard Jesse, hrsg. von Wolfgang Michalka, Stuttgart 1987 (= NPL-Beiheft 4); siehe zu dieser Veröffentlichung auch meine Kritik in: *Politische Vierteljahresschrift* (PVS) 2/1988, S. 510f.

3 Zit. nach Erhard Denninger (Hrsg.), Freiheitliche Demokratische Grundordnung, Bd. 1, Frankfurt 1977, S. 120.

4 Ich beschränke mich hier aus Platzgründen auf die Beispiele Parteien, Verfassungsschutz, politische Justiz. Notwendig wäre auch die Einbeziehung von Presse und elektronischen Medien, schulischer und außerschulischer Jugendbildung, Kommunalpolitik wie auch einzelne Organisationen wie die VVN/BdA und der jüdischen Gemeinden.

5 Vgl. das Grüne Bundestagswahlprogramm, Bonn 1987. Die Grünen haben die Auseinandersetzung mit rechtsextremistischen Strömungen auf mehreren Ebenen geführt. Sie ist gekennzeichnet von einem materialistischen Antifaschismus, insoweit die grüne Bundestagsfraktion beispielsweise das 21. Strafrechtsänderungsgesetz (Gesetz gegen die »Auschwitz-Lüge«) mit der Begründung ablehnt, vordringlich sei die Änderung von Rahmenbedingungen: Maßnahmen gegen die Jugendarbeitslosigkeit und Aufarbeitung des Faschismus in den Bildungseinrichtungen, vgl. Henning Schierholz (Hrsg.), Mit Strafrecht gegen Neonazismus? Ergebnisse eines öffentlichen Diskussionsforums am 30. November 1984, veranstaltet von der Fraktion der Grünen im Deutschen Bundestag, Bonn 1985 (hektographiert), S. 45. Sie ist aber auch gekennzeichnet durch selbstreflexive Diskurse angesichts der Verwo-

benheit der »Neuen Rechten« in den Gründungsprozeß der Partei, vgl. etwa die Dokumentation von M. Opielka/G.-P. Hellermann, Rechte Grüne? Zwischenbericht der Kommission »Rechtsextreme Unterwanderung der Grünen«, hrsg. vom Landesverband der Grünen Baden-Württemberg, Stuttgart 1982. Mit Beschluß des Bundesvorstands vom 5./6. Januar 1985 wurde der Landesverband DIE GRÜNEN BERLIN aufgelöst wegen »Unterwanderung ... von einer Gruppe Neonazis und Umfeld«, vgl. Grüne Hessenzeitung 3/1985, S. 48f.

6 Herbert Schnoor, Jugendliche und Rechtsextremismus, in: Neofaschismus/Rechtsradikalismus, Dokumentation zur Fachtagung des Landesjugendrings Nordrhein-Westfalen, Düsseldorf 1988, S. 17–21.

7 Zahlreiche Belege dafür in dem vom SPD-Pressedienst herausgegebenen Informationsdienst *blick nach rechts (bnr)*. Bezeichnend für die konsequent-autoritäre, von demokratietheoretischen Erwägungen ungetrübte Haltung der SPD gegenüber Rechtsextremisten ist das Anfang Februar 1988 vom Bremer SPD-Bildungssenator Franke ausgesprochene Hausverbot für den DVU-Bürgerschaftsabgeordneten Altermann, der demnach Bremer Schulen nicht betreten darf. Horst Isola, sozialdemokratischer Vorsitzender des Fraktionsausschusses »Rechtsradikalismus«, begründet das Verbot: »Wir diskutieren über Faschismus, aber nicht mit Faschisten. Sozialdemokraten werden sich nicht daran beteiligen, ewig Gestrige wieder hoffähig zu machen, indem sie mit ihnen öffentlich reden«, vgl. *Frankfurter Rundschau (FR),* 6. 2. 1988, S. 4. Isola und andere Verfechter solcher Denk- und Kommunikationsverbote bleiben eine Erklärung dafür schuldig, ob und wie Jugendliche heute von »antifaschistischen« Überzeugungen profitieren können, wenn sie den eigentlichen Gegenstand, um den es geht, verdrängen sollen. Mit anderen Worten: Wie kann ich etwas über den Faschismus lernen, ohne mich mit den Trägern seiner Ideologie zu beschäftigen?

8 Vgl. Rudolf Wassermann, Zwischen Rechtskritik und Rechtsreform, in: Frank Grube/Gerhard Richter (Hrsg.), Der SPD-Staat, München 1977, S. 155–170.

9 Vgl. das Grüne Bundestagswahlprogramm 1987.

10 Diese, vor allem in gewerkschaftlichen Kreisen, im Umfeld von DKP und VVN kolportierte Ansicht stützt sich auf § 139 GG (»Die zur ›Befreiung des deutschen Volkes von Nationalsozialismus und Militarismus‹ erlassenen Rechtsvorschriften werden von den Bestimmungen dieses Grundgesetzes nicht berührt«). Die herrschende Rechtsprechung und Verwaltungspraxis beschränkt jedoch die Gültigkeit auf den Besatzungszeitraum bis 1949. Im übrigen wäre ansonsten der SRP-Prozeß von 1952 ebenso Makulatur gewesen wie die Forderung nach einem FAP-Verbot durch das Bundesverfassungsgericht.

11 Wilfried Penner, rechtspolitischer Sprecher der SPD-Bundestagsfraktion, hat die sozialdemokratische Politik der Inneren Sicherheit selbstkritisch interpretiert. Unter dem Druck der öffentlichen Meinung und »nicht ohne Druck der damals in Fragen der inneren Sicherheit wie besessen wirkenden CDU/CSU-Opposition, aber auch mitgefördert von sozialliberalen Politikern« habe die SPD geglaubt, »Regierungshandeln demonstrieren zu müssen«. Heute sei festzustellen, der Staat habe sich durch den Terrorismus über Gebühr herausfordern lassen und sei bis an die Grenze eines »seiner Grundlagen nicht mehr sicheren und relativ taumelnden Staates« geraten, vgl. *FR,* 5. 5. 1988, S. 4. Auch Willy Brandt hat sich in seiner Abschiedsrede selbstkritisch geäußert: »Wir tun gut daran, gegenüber allen Tendenzen wachsam zu bleiben, die die individuelle Freiheit unnötig einengen. Wie man sich hüten muß, durch angebliche Notwendigkeiten staatlicher Sicherheit

nicht auf Abwege gelotst zu werden, habe ich seinerzeit am Beispiel des sogenannten Radikalenerlasses schmerzlich erfahren.« Vgl. Willy Brandt, Die Abschiedsrede, Berlin 1987 S. 17f.

12 Freiheit, Solidarität, Gerechtigkeit. Grundsatzprogramm der Christlich Demokratischen Union Deutschlands, hrsg. von der CDU-Bundesgeschäftstelle, Bonn o. J. (1978), S. 44, S. 8.

13 CSU-Grundsatzprogramm 1976, hrsg. von der CSU, München [6]1986, S. 22f.

14 Zitiert nach Helmut Roewer, Nachrichtendienstrecht, Köln u. a. 1987, S. 135f.

15 Vgl. Günther Nollau, Das Amt, München 1978, S. 144. Nollau war 1972 bis 1975 Präsident des Bundesamts für Verfassungsschutz.

16 Vgl. H. Joachim Schwagerl, Verfassungsschutz in der Bundesrepublik, Heidelberg 1985, S. 59.

17 Vgl. Denninger, Freiheitlich Demokratische Grundordnung, a.a.O., Bd. 2, S. 778ff. »Ideologische Restbestände« des Nationalsozialismus finden sich auch bei den Geheimdiensten selbst. Das gilt vor allem für die Frühzeit des Bundesnachrichtendienstes und seines Vorläufers, der im CIA-Auftrag arbeitenden »Organisation Gehlen«. Von den fünfzig Offizieren der anfänglichen Besetzung waren sechs ehemalige SS- und SD-Funktionäre, vgl. die Angaben bei Christopher Simpson, Der amerikanische Bumerang. NS-Kriegsverbrecher im Sold der USA, Wien 1988, S. 65ff. (mit Belegen). In einem posthum erschienen Buch hat Gehlen eingeräumt, daß die »Organisation Gehlen« »solange innenpolitische Schutzaufgaben wahrgenommen (hat), bis das BfV und die LfV's ihre Tätigkeit aufnahmen« – ehemalige SS-Leute versahen also kurz nach 1945 »innenpolitische Schutzaufgaben«! vgl. Reinhard Gehlen, Verschlußsache, Mainz 1980, S. 43.

18 Vgl. Otto John, Zweimal kam ich heim, Düsseldorf/Wien 1969, S. 249.

19 Vgl. Nollau, Das Amt, S. 143, Schwagerl, Verfassungsschutz, S. 37 und Thomas Walde, ND-Report, München 1971, S. 120.

20 Zur Funktionsweise von NADIS heißt es in einem Kommentar zum Bundesverfassungsschutzgesetz: »Die bei weitem wichtigste gemeinsame Datei der ÄfV ist NADIS. NADIS ist ein Verbundsystem, an dem alle ÄfV – eingeschränkt auch das BKA (Abt. Staatsschutz) – im on-line-Verkehr beteiligt sind. Jeder Teilnehmer hat das Recht und die technische Möglichkeit, Daten einzugeben und abzurufen. NADIS ist eine Hinweisdatei. Es zerfällt in die Personenzentraldatei (PZD) und das Zentrale Objektverzeichnis (ZOV). Die PZD enthält neben dem Namen und weiteren, die Identifizierung einer Person ermöglichenden Angaben (Geburtsdatum, Geburtsort, Staatsangehörigkeit, Anschriften – gelegentlich auch Telefonnummern, Kraftfahrzeugkennzeichen, Konto- und Schließfachnummern) die Aktenzeichen von Unterlagen, die bei NADIS-Teilhabern über die betreffende Person vorhanden sind. Über den Inhalt der Unterlagen enthält NADIS keine Aussagen, sieht man einmal davon ab, daß das ausgewiesene Aktenzeichen für Eingeweihte einen gewissen Fingerzeig gibt. Trifft die Abfrage eines NADIS-Teilhabers auf eine gespeicherte Person, so erfährt die abfragende Stelle nur die Personengrunddaten und die Aktenfundstellen; sie wird also in aller Regel in einem weiteren Schritt bei der aktenführenden Stelle nachfragen und um Übermittlung der vorhandenen Daten zum Abruf durch alle Beteiligten bereit; ... Personenbezogene Informationen, die nicht (mehr) in NADIS (oder einer anderen Datei) gespeichert sind, sind in den Akten praktisch unauffindbar.« Vgl. Hermann Borgs-Maciejewski/Frank Eberts, Das Recht der Geheimdienste, Stuttgart/München/Hannover 1986, S. 56.

21 Gesetz- und Verordnungsblatt (GVBL) Rheinland-Pfalz, 1986, S. 73. In Verfassungsschutzkreisen wird das Trennungsgebot zwischen Polizei und Verfassungsschutz mehr und mehr zur Disposition gestellt. Zwar gebe es, heißt es im Resümee einer Fachtagung an der Polizeiführungsakademie, unterschiedliche Aufgabenstellungen, doch »bei der Aufgaben*erfüllung* findet ein enges Nebeneinander der Behördenzweige dort statt, wo die Rechtsordnung auf den Schutz der freiheitlichen demokratischen Grundordnung abstellt«. Vgl. Polizei-Führungsakademie (Hrsg.), Schlußbericht über das Seminar Staats- und Verfassungsschutz durch Polizei- und Verfassungsschutzbehörden, Münster 1988 (hektographiert), S. 185.

22 Walde, ND-Report, S. 267f.

23 Nollau, Das Amt, S. 196.

24 Klaus v. Beyme, Politischer Extremismus im Lichte sozialwissenschaftlicher Radikalismusforschung, in: ders., Der Vergleich in der Politikwissenschaft, München 1988, S. 269–301, hier S. 295.

25 Siehe dazu mit zahlreichen Belegen die Berichterstattung des SPD-Pressedienst *blick nach rechts (bnr),* Bonn 1985ff. Zu Schnoors Forderung: 19/1987, S. 8, *bnr* 2/1988, S. 10 und Herbert Schnoor, Jugendliche und Rjaftsextremismus, in: Neofaschismus/Rechtsradikalismus.

26 *FR,* 3. 6. 1988, S. 4.

27 Claus Leggewie, Antifaschisten sind wir sowieso, in: *Die Zeit,* 19. 2. 1988, S. 62. Zur »Antifaschismus«-Politik der VVN/BdA vgl. dies. (Hrsg.), Neofaschismus in der Bundesrepublik Deutschland, Frankfurt 1986. Darin hält sie an ihrer autoritären Verbots-Forderung weiter fest, vgl. S. 86ff. und S. 101ff., ebenso: Kurt Faller/Heinz Seibold (Hrsg.), Neofaschismus, Frankfurt 1986. Kritisch zu dieser Politik die vorzügliche, aber schwer zugängliche Darstellung von Stefan Höpel, Das demokratische Gewissen der Bundesrepublik. Die Politik des VVN-Bund der Antifaschisten gegen Neonazis, Hannover 1986 (Selbstverlag).

28 *Innere Sicherheit,* 12. 3. 1980, S. 19.

29 *Innere Sicherheit,* 17. 2. 1982, S. 4f.

30 *Innere Sicherheit,* 28. 6. 1985, S. 11f.

31 *blick nach rechts* 15/1987, S. 5.

32 *FR,* 3. 3. 1988, S. 4.

33 *FR,* 16. 5. 1988, S. 4.

34 Vgl. zum Folgenden mit Beispielen und Belegen höchstrichterlicher Entscheidungen Georg Maier, Bekämpfung des Rechtsextremismus mit Mitteln des Strafrechts, in: *Aus Politik und Zeitgeschichte* B 44/1983, S. 19–26; Alfred Streim, Strafrechtliche Möglichkeiten zur Bekämpfung des Rechtsextremismus, in: Extremistische Medien, hrsg. von der Bundeszentrale für politische Bildung, Bonn 1984, S. 61–76; Harry H. Kalinowsky, Rechtsextremismus und Strafrechtspflege, hrsg. vom Bundesminister der Justiz, Bonn [2]1986 (1985).

35 §§ 129, 129a StGB. Vgl. Kalinowsky, Rechtsextremismus, S. 86ff.

36 Ebd., S. 117.

37 Vgl. Hans-Gerd Jaschke, Subkulturelle Aspekte des Rechtsextremismus, in: Dirk Berg-Schlosser/Jakob Schissler (Hrsg.), Politische Kultur in Deutschland (= PVS-Sonderheft 18), Opladen 1987, S. 322–330.

38 Eike Hennig, Neonazistische Militanz und Rechtsextremismus unter Jugendlichen, Stuttgart/Berlin/Köln/Mainz 1982, S. 37.

39 Zusammenfassend: Rudolf Stefen, Die Indizierung NS-verherrlichender Medien durch die Bundesprüfstelle, in: Extremistische Medien, a. a. O., S. 42–60. In § 1 des

Gesetz über die Verbreitung jugendgefährdender Schriften heißt es: »Schriften, die geeignet sind, Kinder oder Jugendliche sittlich zu gefährden, sind in eine Liste aufzunehmen. Dazu zählen vor allem unsittliche, verrohend wirkende, zu Gewalttätigkeit, Verbrechen oder Rassenhaß anreizende sowie den Krieg verherrlichende Schriften«, vgl. ebd., S. 202ff.

40 Bundestags-Drucksache (BT) 10/1286.

41 BT 10/4752.

42 BT 10/4759.

43 Klaus Eschen, Das 21. Strafrechtsänderungsgesetz – eine stumpfe Waffe gegen den Rechtsradikalismus, in: *Zeitschrift für Rechtspolitik* 1/1983, S. 10–12.

44 In: Schierholz, Mit Strafrecht gegen Neonazismus? S. 37.

45 Sebastian Cobler, Das Gesetz gegen die »Auschwitz-Lüge«, in: *Kritische Justiz* 1985, S. 159–170.

46 Sebastian Scheerer, Neue soziale Bewegungen und Strafrecht, in: *Kritische Justiz* 1985, S. 245–254.

47 Am 24. 5. 1988 bestätigte das Bundesverwaltungsgericht den Titelentzug für den ehemaligen Hamburger Finanzrichter Wilhelm Stäglich. Anlaß war dessen 1970 veröffentlichtes Buch »Der Auschwitz-Mythos – Legende oder Wirklichkeit?«. Die Massenvernichtung der Juden wird dort als jüdische Propaganda bezeichnet. In der Begründung der juristischen Fakultät der Universität Göttingen für die Aberkennung der Doktorwürde hatte es geheißen, »er habe seinem ›antisemitischen Machwerk‹ den Anschein von Wissenschaftlichkeit gegeben und damit seinen Doktorgrad mißbraucht. Er sei deshalb unwürdig, den Titel weiter zu tragen« (*FR*, 25. 5. 1988, S. 4).

48 *FR*, 6. 2. 1988.

49 *FR*, 29. 6. 1988, S. 7.

50 *FR*, 11. 3. 1988, S. 4. Zu den NS-Prozessen: Jürgen Weber/Peter Steinbach (Hrsg.), Vergangenheitsbewältigung durch Strafverfahren? München 1984.

51 *FR*, 15. 3. 1988, S. 4.

52 Vgl. Rudolf Wassermann, Der zerrechtete Staat, in: *Deutsches Allgemeines Sonntagsblatt*, 27. 1. 1985, S. 5.

53 Jürgen Habermas, Die Bühne des Terrors. Ein Brief an Kurt Sontheimer, in: *Merkur* 10/1977, S. 944–958, hier S. 948.

54 Überzeugende Nachweise für den Zeitraum bis 1969 bei Alexander v. Brünneck, Politische Justiz gegen Kommunisten, Frankfurt 1978.

55 Susanne Karstedt-Henke, Theorien zur Erklärung terroristischer Bewegungen, in: Erhard Blankenburg (Hrsg.), Politik der Inneren Sicherheit, Frankfurt 1980, S. 169–237, hier S. 205.

56 Ebd.

57 Vgl. aus komparativer Sicht: Angriff auf das Herz des Staates. Soziale Entwicklung und Terrorismus. Analysen von Henner Hess u. a., Frankfurt 1988 (2 Bde.).

58 Anregungen zur Reform des Verfassungsschutzes finden sich bei *Humanistische Union,* Die (un)heimliche Staatsgewalt. Thesen und Forderungen zur Reform des Verfassungsschutzes mit einem begründeten Memorandum, in *vorgänge* 55/1982, S. 75–113.

59 Joachim Jahn, Neonazis vor Gericht, in: *Kritische Justiz* 3/1988, S. 329–340, hier S. 340.

Pädagogik gegen rechts
Zur Geschichte der pädagogischen Reaktionsmuster gegen den Rechtsextremismus

von Benno Hafeneger

Eine empirisch gehaltvolle und wissenschaftlich systematische Nachkriegsgeschichte der Auseinandersetzung mit autoritären, nationalistischen, rassistischen und rechtsextremistischen Tendenzen unter Jugendlichen durch Pädagogik, Jugendarbeit und Schule ist noch nicht geschrieben. Hier soll ein erster Versuch unternommen werden, sich diesem Defizit in historisch-chronologischer Perspektive zu nähern. Dabei lassen sich grob und zusammenfassend drei Zeiträume datieren und in ihren zentralen Bezügen einkreisen:

1. Die Nachkriegszeit bis zum Beginn der fünfziger Jahre: Auseinandersetzung mit dem zeitnahen Nationalsozialismus;
2. Ende der fünfziger und sechziger Jahre: antisemitische Schmierereien und Wahlerfolge der NPD;
3. Ende der siebziger und achtziger Jahre: Auftreten offen neonazistischer Gruppen und ihr Gewaltkonzept, zahlenmäßiges Erstarken der extremen Rechten, Wahlerfolge und parlamentarische Präsenz, Hinweise aus dem pädagogischen Alltag und wissenschaftliche Belege zu autoritär-nationalistischen Orientierungen unter Jugendlichen.

Die ersten beiden Zeitphasen sollen, bei kursorischer Durchsicht und Auswertung von Materialien und Literatur, in Bezug auf ihre zeittypischen pädagogischen Konzeptualisierungen, Diskussionen und Problemstellungen kurz skizziert und vorgestellt werden. Die letzte Phase soll genauer beschrieben und in ihren bildungs- und jugendpolitischen, ihren pädagogischen Begründungen sowie ihrer gut gemeinten Praxis problematisiert werden. Neben staatlichem Kontrollhandeln mit seinen politischen und juristischen Dimensionen hatten bzw. haben Pädagogik, Jugendarbeit und Schule immer zeitbezogen zugewiesene und strukturell überfordernde Aufgaben, einen staatlich-institutionellen und auch selbstzugewiesenen Erziehungs- und Bildungsauftrag in der Rechtsextremismusbekämpfung.[1]

Ein aktuelles Beispiel ist der Aufruf von Gerhard Boeden, Präsident des Bundesamtes für Verfassungsschutz, vom Februar 1989, in dem er alle politischen Kräfte zu einem »mehr an kämpferischer Aufklärung« aufforderte, um damit dem Zulauf Einhalt zu gebieten. Gleichzeitig warnte Boeden vor einem Übermaß an Reaktion, um die politischen Vorstellungen der extremen Rechten dadurch nicht erst interessant zu machen und zu verhindern, daß sie in eine Märtyrerrolle gedrängt werden könnten.[2] In Zeiten gesellschaftlicher Krisenentwicklungen und bei staatlichem Legitimationsdruck wurden bzw. werden Erziehung und politische Bildung wiederholt »von Amts wegen« zum Ausfallbürgen fehlender politischer und gesellschaftlicher Lernprozesse; sie stehen damit in der Gefahr, tendenziell zur Entpolitisierung und Pädagogisierung von strukturell verursachten Problemlagen beizutragen.

1. Nachkriegszeit und die beginnenden fünfziger Jahre

Vor allem die Besatzungspolitik der Amerikaner[3] beinhaltete und formulierte explizit als pädagogische Dimension die »Umerziehung der Deutschen« (reeducation). Dabei gab es keine detaillierten Pläne, Vorstellungen und Zielvorgaben. Bezugspunkte für die Ansprache und Realisierung wurden Einrichtungen und Personen, die eine weitgehend eigenverantwortliche und durch Zusammenarbeit garantierte, die demokratischen Kräfte aktivierende, Umerziehung gewährleisten sollten. Die eher bestrafende Dimension der *Directive JCS 1067* vom April 1945 (als Feindstaat besetzt, Fraternisierungsverbot unter den drei großen D: Denazifizierung, Demilitarisierung, Deindustrialisierung) wurde abgelöst vom *Long Range Policy Statement for German Reeducation* im Juni 1946. Zum Aufbau einer funktionsfähigen parlamentarischen Demokratie erschien den Amerikanern auch eine Veränderung des politischen Bewußtseins, des Wertesystems und von Verhaltensweisen notwendig, um von national-sozialistischen Denkstrukturen zu befreien. Es gab in diesem Zusammenhang auch Vorschläge für eine – schnell wieder verworfene – umfassende demokratische Neuordnung des schulischen und universitären Erziehungs- und Bildungswesens. Für die Jugendarbeit und die Umerziehung war die *Educational and Religeous Affairs Section* (mit Erziehungsoffizieren) verantwortlich. Die Abteilung umfaßte 6 Referate: Schule, Erwachsenenbildung,

Jugendarbeit (Youth Activities), religiöse Angelegenheiten, Angelegenheiten der Frauen und Hauswirtschaft (Home Economics). In der Jugendarbeit wurden zwei Strukturen geschaffen: einmal wurde die Jugendarbeit in deutsche Verantwortung gegeben, bei der die Besatzungsmacht beratende und kontrollierende Funktionen ausübte; andererseits entwickelte sich ein eigenständiges Umerziehungsprogramm für die Jugend – die German Youth Activities (GYA), als Kernstück der reeducation-Politik.[4] Im Rahmen des Jugendprogrammes ging es um die Bildung von örtlichen Jugendgruppen (durch ausgewählte und überprüfte Personen und mit Bewilligung der Militärregierung) und von Jugendausschüssen sowie die Realisierung der GYA unter Leitung qualifizierter und interessierter Mitglieder der Besatzungstruppen. Grundlegender Gedanke der GYA war, den jungen Deutschen Gelegenheit zu geben, demokratische Verhaltensweisen zu lernen und einzuüben sowie in Gemeindejugendheimen der organisierten und nicht-organisierten Jugend auf freiwilliger Teilnahmebasis Angebote zum Kennenlernen, zur Freizeitgestaltung und zur staatsbürgerlichen Erziehung zu machen. Die Zahl der Jugendheime wuchs bis Dezember 1950 auf 246 an; die Freizeit- und Erziehungsangebote bezogen sich insbesondere auf Sport, Theater, Basteln, Diskussionsgruppen. Mitbestimmung, weltanschauliche Neutralität und Pluralität der Meinungen prägten das Selbstverständnis der Jugendheime, deren Verfassung und Programme nach angelsächsischen Vorbild lokal ausgearbeitet wurden. Demokratische Spielregeln waren u. a.: die 10- bis 18jährigen Besucher wurden in Gruppen von acht Personen eingeteilt, die Gruppenleiter wurden gewählt, und es gab weitreichende Mitbestimmung bei der Programmgestaltung. Die pädagogischen Erziehungsabsichten und demokratischen Strukturen erreichten jedoch nur einen kleinen Teil der Jugendlichen: »Diese Jugend, die die Amerikaner suchten, gab es ja nach dem Krieg überhaupt nicht, da viele der älteren Jugendlichen angesichts der durch Kriegstod oder Gefangenschaft unvollständig gewordenen Familien Väterfunktionen übernehmen mußten«, resümiert Böhnisch. »Die Amerikaner suchten eine erziehungsfähige Jugend, fanden aber eine ›Schwarzmarktjugend‹, die andere Interessen und Notwendigkeiten sah, als sich umerziehen zu lassen, die sich selbst und ihre Familien über einen trostlosen Alltag bringen mußte. Deswegen war das Interesse an den GYA-Heimen natürlich ein materielles Interesse: Man bekommt dort auch etwas zu essen, es war ein Ort des Tausches und der Schwarzmarktmöglichkeiten. Es waren aber auch ... Orte, wo man sich bewegen konnte, wo es Räume gab, die man sonst nicht hatte, wo man sich doch, wenn der Alltag schon so jugendfeindlich war, jugendgemäß leben konnte«.[5]

Im Rahmen der Lizenzierungsverfahren für deutsche Jugendgruppen (zuständig waren die Stadt- bzw. Kreisjugendausschüsse) galt es, die Gründung von hitlerjugendähnlichen Gruppen und die Wiederbelebung nazistischen Gedankengutes zu verhindern. Neben Uniform- und Exerzierverbot, dem Verbot politischer Betätigung waren zunächst auch Sportarten (wie Boxen, Bergsteigen, Rudern, Leichtathletik, Ski- und Radfahren) verboten, weil sie im Zusammenhang mit Wehrertüchtigung gesehen wurden. Im Mittelpunkt der verbandlichen lokalen Jugendgruppenarbeit standen zunächst Aktivitäten wie: Heimabende mit Bastel- und Handarbeiten, Sport, Spiele, Nähkurse, Laienspiel, Filme, Zeltlager, Vorträge.

Das politische Selbstverständnis der sich zentral organisierenden Jugendverbände – strukturell 1949 mit der Gründung des Deutschen Bundesjugendringes (DBJR) abgeschlossen – zentrierte sich programmatisch und satzungsmäßig fixiert darauf, allen »militaristischen, nationalistischen, rassendiskriminierenden und totalitären Tendenzen entgegenzutreten und diese zu bekämpfen«. Darüber hinaus entwickelte die Jugendarbeit aber keine konzeptionell ausgewiesenen und praktischen Ansätze einer historisch-politischen Bildungs- und »antifaschistischen Jugendarbeit«; sie waren zunächst mit sich selbst, ihrer Reorganisation und ihrer inhaltlichen Reformulierung, ihrem strukturellen Aufbau, ihrer Finanzierung und Anerkennung, ihrer gesellschaftlichen Etablierung befaßt. Das prinzipielle Bekenntnis zur parlamentarischen Demokratie war mit dem primären erzieherischen und sozialen Interesse verknüpft, die arbeits- berufs- und heimatlose Jugend in die demokratische Gesellschaft zu integrieren und zu »demokratischen Lebensformen« zu befähigen.[6]

Die pädagogische Diskussion konzentrierte sich mit ihren Interpretationen und Verarbeitungsmustern des Nationalsozialismus in der Nachkriegszeit auf Begriffe wie Verführung und Mißbrauch der Jugend, Instrumentalisierung von Idealismus; gefragt wurde nach »heutiger Echtheit von Autorität« und »neuer Gemeinschaft«.

Gegen das totalitäre System des »Dritten Reiches«, das wahre und unvergängliche Ideale und Werte mißbraucht hatte, wurden Konsequenzen für die Jugendarbeit und Pädagogik gefordert. Die nationalsozialistische Erziehung der Jugend sei in Wirklichkeit verführerisch, indoktrinierend, irrational, irreführend, pervers und zerstörerisch gewesen. Mit der Mißbrauchsthese als pädagogischer Charakterisierung und gesellschaftlichem Deutungsmuster wurde eine Entlastung der Deutschen und ihrer Geschichte begründet sowie eine Umbesinnung gefordert, die sich in der Pädagogik und im historischen Unterricht auf neue Ziele, nicht auf die Auseinandersetzung mit den Zielen und Leitwerten des NS beziehen sollte. »Nicht Kritik ist die erste und vordringliche Aufgabe der geschichtlichen Unterweisung für die Altersstufen der Schule, sondern positive, Begeisterung weckende Darstellung der Vergangenheit unter dem Aspekt unserer geschichtlichen Stunde.«[7] Als sittliches und ethisches Problem wurde der Nationalsozialismus in der pädagogischen Diskussion überzeitlich in der Auseinandersetzung zwischen Gut und Böse angesiedelt oder aber mit Begriffen wie Scham, Schuld und Sühne an den Einzelnen weitergegeben und ihm überlassen. »Das erste Nachkriegsjahrzehnt hat ... zu einer fatalen Täuschung verführt. Die Scham der Geschlagenen, die Demut der Hungernden, die Enttäuschung der Idealisten, die Vorsicht der ›Entnazifizierten‹ und der Opportunismus der Emporstrebenden – das alles wurde als echte Umbesinnung ausgelegt. Dabei war es vielfach nichts anderes als das verbissene Schweigen der ›Hereingefallenen‹ und die eilfertige Anpassung an die von oben dekretierte ›öffentliche Meinung‹.«[8] Hinzu kam die Einordnung des Nationalsozialismus in das Totalitarismustheorem. Die Deutung als totalitäres System – mit antikommunistischen Bekenntnis – wurde in den fünfziger Jahren das politisch konsensfähige und ideologisch aufgeladene Entlastungs-, (Selbst)Rechtfertigungs- und Rehabilitierungsmuster. Damit war eine Form der ›Bewältigung‹ gemeint, die mit der verbreiteten Stimmung nach Tabuisierung, Relativierung und gegenseitiger Schuldaufrechnung, und mit dem Wunsch, von der Vergangenheit loskommen und einen Schlußstrich zu ziehen, einherging. Schelsky[9] hat die bundesdeutsche Nachkriegsjugend als »skeptische Generation« mit apolitischen Orientierungen beschrieben, die ihre individuellen Lebensperspektiven auf private Verhaltenssicherheiten und Anpassungsleistungen an die Erwachsenengesellschaft ausrichtete, die nicht bereit und in der Lage war, zwischen persönlicher Schuld und kollektiver Verantwortung zu unterscheiden. Diese Orientierungen waren verknüpft mit den existentiellen, materiellen und sozialen Not- und Lebenslagen, den gesellschaftlichen Anforderun-

gen des Nachkriegsalltages an eine als ›arbeits-, berufs- und heimatlos‹ charakterisierten Jugend.[10] In den fünfziger Jahren wurden diese sukzessive abgelöst durch die gesellschaftliche Ideologie der ›Leistungs- und Konsumorientierung‹ und einer Praxis ungebrochenen Wiederaufbauwillens, bei dem auf scheinbar unpolitische Weise faschistische Grundorientierungen übernommen wurden: »jener Sozialdarwinismus nämlich, der in der HJ-Sozialisation auf die gängige und einschlägige Formel gebracht war, daß ›nur das Gesunde und Starke‹ sich durchsetze, während alles ›alles Schwache und Kranke‹ zugrunde gehen müsse. Vermutlich war es ein historischer Glücksfall, daß solche Verhaltensmuster in der Aufbauzeit der Bundesrepublik sich auf das vergleichsweise harmlose Feld wirtschaftlicher Aktivität konzentrieren konnten, mit einem ökonomischen Spielraum, der Klassen- und Gruppenkonflikte zweitrangig hielt«.[11] Eine relevante und einflußreiche, organisierte antifaschistische Traditionsbildung hatte nach 1945 somit keine soziale Basis und wurde nicht zur zentralen gesellschaftspolitischen und verfassungsrechtlichen Legitimation für die Bundesrepublik. Vielmehr bestimmten Abwehrhaltungen, Rechtfertigungsmuster, Verdrängung und Nichtthematisierung die schulische und außerschulische Erziehung.[12] Ausnahmen blieben die Aktivitäten und Positionen der Arbeiterjugendverbände und auch des DBJR; er forderte z.B. auf seiner 14. Vollversammlung im Jahre 1956 eine »verstärkte Auseinandersetzung mit dem Nationalsozialismus«.
Resümee: Reeducation, Jugendarbeit und schulische Erziehung leisteten bei der Etablierung einer neuen kapitalistischen Sozialstruktur, der parlamentarischen Demokratie mit Westbindung im Klima des kalten Krieges einen unkritischen und integrativen Beitrag. In der pädagogischen Diskussion wurde nicht nach den möglichen Sozialisationswirkungen, den Kontinuitätslinien und Brüchen der NS-Erziehung, nach den privaten und kollektiven Legendenbildungen, den Widersprüchen und Brüchen von objektiver Ereignis- und subjektiver Erlebnis- und Verarbeitungsgeschichte gefragt. Schule und Jugendarbeit konnten nicht Träger einer gelingenden Aufarbeitung der Vergangenheit und antifaschistischen Erziehung, von glaubwürdiger Moral- und Bewußtseinsentwicklung bei Jugendlichen sein. Sie waren als Lehrerschaft, Jugendführer und Universitäten zu sehr in den Nationalsozialismus verstrickt. Lediglich einige Jugendverbände und der DBJR traten als Mahner und Anreger – »Gefahren zu bannen« – auf.

2. Die sechziger Jahre

Die pädagogische Auseinandersetzung in diesem Zeitraum bezog sich vor allem auf Fragen der Vorurteilsbildung, auf die Abwehr des Antisemitismus und – in der zweiten Hälfte der sechziger Jahre – die Auseinandersetzung mit den Wahlerfolgen der NPD. Anlaß war die Häufung antisemitischer Schmierereien (vor allem von 1959 und 1960), der wiederaufgelebte Antisemitismus und die fragenden, anklagenden Reaktionen aus dem westlichen Ausland. Dies hatte in der bildungspolitischen Diskussion um ›Jugend als Problem‹ die Reform der Lehrerausbildung, die Verbesserung und Intensivierung curriculums-theoretischer Planungen, eine administrativ eingeleitete Reform des historisch-politischen Unterrichtes zur Folge.[13] Die Bewältigung des Nationalsozialismus und die Auseinandersetzung mit dem Rechtsextremismus wurden pädagogisiert und staatlich verordnet. Schule wurde für einen informierenden und aufklärenden Unterricht gegenüber dem ›Totalitarismus von rechts und links‹ zuständig und hatte nach den einschlägigen Ländererlassen für eine ›streitbare‹ und ›wehrhafte‹ Demokratie zu werben. Dies wurde verbindlicher Lehrstoff; politische Bildung als Schul- und Prüfungsfach in der Lehrerausbildung obligatorisch. Ein staatlich formuliertes und induziertes Abwehrkonzept prägte in dieser Phase nachhaltig das Demokratieverständnis und die Politische Bildung.
Gleichzeitig wurde ›Jugend‹ zur Zielgruppe außerschulischer Bildungsangebote und Politische Bildung ein wesentlicher Schwerpunkt staatlich-institutionalisierter Rechtsextremismusbekämpfung, mit der ungebrochenen Hoffnung, »fundierte historische Aufklärung über das NS-Regime leiste eine Immunisierungsfunktion gegenüber rechtsextremen Anfälligkeiten«.[14]
Die pädagogisch-programmatische Diskussion der außerschulischen Jugendarbeit wurde wesentlich von Adorno inspiriert. Er plädierte in der politisch-pädagogischen Konfrontation mit dem Antisemitismus und dem Rechtsextremismus für ein selbstbewußtes argumentatives Vorgehen und differenzierte weiter: »Aber wir haben es nicht nur mit Menschen zu tun, die wir bilden oder verändern können, sondern auch mit solchen, bei denen die Würfel bereits ausgespielt sind, vielfach solchen, für deren besondere Persönlichkeitsstruktur es charakteristisch ist, daß sie in einem gewissen Sinne verhärtet, nicht eigentlich der Erfahrung offen sind, nicht recht flexibel, kurz: unansprechbar. Diesen Menschen gegenüber, die im Prinzip selber

lieber auf Autorität ansprechen und die sich in ihrem Autoritätsglauben auch nur schwer erschüttern lassen, darf auf Autorität auch nicht verzichtet werden. Wo sie sich ernsthaft vorwagen bei antisemitischen Manifestationen, müssen die wirklich zur Verfügung stehenden Machtmittel ohne Sentimentalität eingesetzt werden, gar nicht aus Strafbedürfnis oder um sich an diesen Menschen zu rächen, sondern um ihnen zu zeigen, daß das einzige was ihnen imponiert, nämlich wirklich gesellschaftliche Autorität, einstweilen denn doch noch gegen sie steht.«[15] Adorno setzte emphatisch auf Aufklärung, auf die Kraft zur Reflexion, zur Selbstbestimmung und zur Verweigerung sowie auf die Auseinandersetzung mit und die Aufklärung über die Strukturen und Mechanismen der Argumentation und der Formen des Denkens. Er skizzierte zwei Grundtypen von Gegenwehr, das *long term program* als langfristiges Erziehungsprogramm und das *short term program* als unmittelbares Abwehrprogramm. »Bei der Planung auf lange Sicht gilt es, der Bildung autoritätsgebundener Charaktere entgegenzuwirken, bei der aktuellen Einwirkung kann in einem gewissen Sinne auf Autorität nicht ganz verzichtet werden«[16]. Gleichzeitig verwies er auf die Grenzen aufklärender, demokratischer Pädagogik, die einem Vergessen über das Geschehene entgegenzuarbeiten habe: »Praktisch erreicht sie ohnehin wohl meist nur die, welche dafür offen und eben darum für den Faschismus kaum anfällig sind. Andererseits jedoch ist keineswegs überflüssig, auch diese Gruppe gegen die nicht-öffentliche Meinung durch Aufklärung zu stärken.«[17] Sein Leitmotiv, »daß Auschwitz nicht noch einmal sei, ist die allererste an Erziehung«, sah er auf die subjektive Seite, auf Erziehung (auch der Erzieher) und Aufklärung beschränkt.

Jugendarbeit und politische Bildung wurden in den sechziger Jahren (vermittelt durch die Wahlerfolge der NPD) in dreierlei Hinsicht in die Auseinandersetzung mit dem Rechtsextremismus einbezogen: sie bekamen den schwarzen Peter zugeschoben; sie veränderten ihr Selbstverständnis und ansatzweise ihre Praxis. Tolerante Einstellungen, Abwehr von Klischees, Abbau und Verhinderung von Stereotypen, Informationsvermittlung und Aufklärung über die Zeit des Nationalsozialismus wurden neuformulierte und selbstgestellte Ziele und Aufgaben in der Jugendverbandsarbeit – vor allem der Kirchen und Arbeiterjugendverbände, der Jugendbildungsstätten und Akademien. Gruppenarbeit, Seminare und Tagungen standen – als klassische Lernformen und Methoden der Jugend- und Bildungsarbeit – im Zentrum des praktischen Auseinandersetzungs- und Handlungshorizontes. Pädagogisch-praktisch ging es, über eine Aufklärungspädagogik als Kenntnis- und Wissensvermittlung hinausweisend, um eine aktive Mitarbeit der Jugendlichen, »denn nur dadurch lassen sich tiefere Schichten seiner Persönlichkeit ansprechen. Sehr günstig ist dabei die Auseinandersetzung mit diesen Problemen in der Gruppe, weil hier indirekte (etwa spielerische) Methoden zur Bewußtmachung eingesetzt werden können, die dem Jugendlichen seine Klischees klarwerden lassen, ohne daß er sich persönlich angegriffen fühlt«.[18] Plädiert wurde u. a. für eine grundsätzliche Diskussion der Jugend mit den Rechtfertigungs- und Abwehrmustern der Erwachsenen- und Elterngeneration. Die Zeitgeschichte sei für den Pädagogen wie für den Schüler »auf dem Umweg über die Eltern mit eigenen Erfahrungen und Erlebnissen belastet«[19], hieß es in der *deutschen jugend*.

Vor dem Hintergrund der Modernisierung der Jugendarbeit, der Theoriediskussion zu Beginn der sechziger Jahre um ein generell neues Selbst- und Verortungsverständnis mit veränderter Praxis[20] kam es zu einem begrenzten Perspektivenwechsel: Kritisches Engagement für die Demokratie, rationale Aufklärung und Erziehung, Problembewußtsein und Demokratisierung wurden in den Mittelpunkt gestellt. In dieser Zeitphase gelang es Jugendarbeit erstmals nach 1945, sich ansatzweise von staatlichen Vorgaben und traditionellen eigenen Leitmotiven (Integration, Loyalität, Erziehung) zu lösen und die engen Spielräume etwas zu erweitern. Teile von Jugendarbeit ließen sich jetzt erstmals als begrenzte soziale Träger demokratischer Erziehung – die stellvertretend und zur Probe für eine blockierte Gesellschaft und Politik handeln – charakterisieren, ohne allerdings einen angemessenen theoretischen und zeitdiagnostischen gestützten Bezugsrahmen zu haben.

Der neue Selbstverständigungsprozeß in der Jugendarbeit zielte thematisch nicht nur auf organisierte rechte Randgruppen, sondern auch in das Zentrum der Gesellschaft. Gefragt wurde: Wie demokratisch ist die Gesellschaft – wie geht sie mit der Differenz von Anspruch und Wirklichkeit um – welche Strukturen tragen zum Erstarken des Rechtsextremismus bei? Die Thematisierung von Nationalsozialismus und Rechtsextremismus bedeutete für die Jugendarbeit, sich u. a. gegen eine nur intellektuelle Wissensvermittlung als ›angeklebtes Wissen‹, gegen eine nur ›objektive‹ Unterrichtung über die Ereignisse, gegen die Präsentationsstruktur, die lediglich die ›Schattenseiten‹ darstellt, zu richten; gleichzeitig wurden Postulate angeboten wie, eine »Praxis verantwortlicher Kritik« zu realisieren und in den Lernangeboten den »emotionalen Bereich voll in Rechnung zu setzen«.[21] Neben eingeforderten Haltungen von glaubwürdigen persönlichen Bekenntnissen waren die Hinführung zur wirklichen Demokratie – nicht eines formalen Funktionsverständnisses – und die Auseinandersetzung mit dem Begriff der Nation Orientierungspunkte des pädagogischen Diskurses dieser Zeit. Diesem generellen Diskurs und den pädagogischen Anregungen folgte eine eher bescheidene und zögerliche Praxis in einigen Jugendverbänden und Einrichtungen der Jugendarbeit. Der Modernisierungsprozeß stand erst am Anfang; strukturelle, materielle und personelle Bedingungen begrenzten eine breit entfaltete Thematisierungsstrategie.

Von konservativer Seite wurde beklagt, daß es versäumt worden sei, emotionale Bindungen an den Staat zu stiften, die das Nationale und Vaterländische berücksichtigten. Eugen Gerstenmaier forderte z. B. ein »gesundes Nationalgefühl« und ein »geordnetes Geschichtsbewußtsein«.[22] Verlangt wurde eine Jugenderziehung hin zu einem »normalen« Nationalbewußtsein und notwendigen Patriotismus. Demgegenüber sahen Vertreter der Jugendarbeit es als Aufgabe an, sich mit gesellschaftlichen Verhältnissen und latenten Anfälligkeiten für rechtsextreme Parteien zu befassen.[23] Politische Bildung wurde selbst als Politikum verstanden, die sich bei einkalkuliertem Widerstand, an die gesellschaftlichen Strukturen »heranwagt«.

Resümee: Schulische Erziehung und Jugendarbeit konnten den manifest werdenden Antisemitismus und das Erstarken des organisierten Rechtsextremismus in den sechziger Jahren weder verhindern noch sein (parlamentarisches) Verschwinden beeinflussen. Staatlich intendierte Informations- und Aufklärungsabsichten blieben marginal in ihrem Einfluß auf Bewußtsein und Verhalten von Jugendlichen; deren Alltag und Lebenswelt erreichten sie nicht. Die Modernisierung der Jugendarbeit war primär programmatisch orientiert und begründete sich reaktiv aus sozialstrukturellen und kulturellen Modernisierungsprozessen der Gesellschaft. Jugendarbeit und politische Bildung waren nicht in der Lage, die thematische und politische Auseinandersetzung zeitdiagnostisch und theoretisch zu fundieren sowie praktisch »nach unten« in ihren Jugendgruppen tragfähig zu verankern. In der politischen Auseinandersetzung lehnten Jugendverbände und der DBJR jegliche Form von Nationalbewußtsein ab, nahmen sie Stellung gegen nationalistische und rechtsextremistische Tendenzen.

3. Die siebziger und achtziger Jahre

Einige Beispiele aus der pädagogischen Praxis deuten an, mit welchen Herausforderungen und Fragen Lehrer in der Schule und Mitarbeiter in der Jugendarbeit Ende der achtziger Jahre konfrontiert werden. Sie verweisen brennpunktartig auf Fragen nach politisch-pädagogischen Handlungsdimensionen, ihren Chancen und Begrenzungen.

> Mitarbeiter kommen zur Arbeit ins städtische Jugendhaus. Die Wände sind mit antisemitischen, ausländerfeindlichen Parolen beschmiert.
>
> Die Jungen Nationaldemokraten stellen einen Aufnahmeantrag in einen Kreisjugendring in Schleswig-Holstein, weil sie sich dem Spektrum der demokratischen Jugendverbände zuordnen, anerkannt und gefördert werden wollen.
>
> In einer Kleinstadt im Taunus häufen sich Schmierereien auf Schulbänken und in Klassenzimmern; verbal und körperlich werden ausländische Schüler bedroht.
>
> In einem Gymnasium in Frankfurt häufen sich Hakenkreuz- und Parolenschmierereien, werden jüdischen Schülern anonyme Briefe zugesandt.
>
> Aufgrund von Schmierereien, Witzen, Gesten, Parolen und dem Auftreten von organisierten Cliquen in Jugendhäusern organisiert der Jugendwohlfahrtsausschuß einer Großstadt ein öffentliches Hearing zu Ursachen und möglichen Gegenmaßnahmen in der Jugendhilfe.
>
> Die rechtsextreme Wiking-Jugend (1952 in der Tradition der Hitler-Jugend gegründet) und die FAP (Mosler-Gruppe) rufen zu Sylvester 1988 zum 21. Mal in die hessische Rhön zu einer Demonstration und einem Mahnfeuer gegen die »45er

Demarkationslinie, die Mord- und Schandmauer« auf. Das Treffen wird vom Landrat (zur Abwehr strafbarer Handlungen) verboten, gleichzeitig demonstriert das »Aktionskommitee: Nie wieder Faschismus« und fordert »Nazis raus aus Fulda« sowie ein Verbot aller rechtsextremistischen Parteien und Gruppen.

Die organisierte und institutionalisierte antifaschistische Erziehung, Jugendarbeit und politisch-historische Bildung wurden ab Ende der siebziger Jahre zu einem gesellschaftlichen und staatlichen Zentrum von Gegenmaßnahmen. Die ab diesem Zeitpunkt entwickelten normativen Begründungen, konzeptionellen Ansätze und Praxisfelder einer sich als antifaschistisch verstehenden und definierenden Jugendarbeit und Pädagogik sind hinreichend beschrieben, in ihren Chancen und Begrenzungen, in ihren Problemdimensionen wiederholt abgewogen und entfaltet worden.[23] Summarisch lassen sie sich als Abkehr von traditionellen methodisch-didaktischen Modellen und politischen Einschätzungen charakterisieren: von einer verkürzten, lediglich Fakten und Informationen vermittelnden rationalistischen Aufklärungspädagogik, die nur einen Teil der Lernsubjekte erreicht, sowie von einer moralisierenden abstrakten Opferpädagogik mit verordneter Trauerarbeit; von der Denunzierung des angeblich ›falschen‹ und daher durch Bildung zu korrigierenden Bewußtseins und Wissens; von thematischen Verengungen, bildungstechnologischen Konzepten und kurzfristig zu erwarteten Lernerfolgen; von einer undifferenzierten Sichtweise hin zu präzisierenden Einschätzungen von organisierten Kernen und Gruppen, sympathisierendem Umfeld und provozierenden Äußerungsformen und Verhaltensweisen; von dem organisierten Rechtsextremismus hin zu autoritären bzw. rechtsextremen Denkstrukturen und Verhaltensweisen sowie auf die komplexen und widersprüchlichen Prozesse der Ausbildung (und des Scheiterns) von Identität(sbalance) in einer krisenhaften und folgenreichen Phase gesellschaftlichen Umbruches und struktureller Modernisierung. Diese detailliert begründeten Hinweise konturieren gleichzeitig eine Pädagogik, die sich mit der nationalsozialistischen Vergangenheit, mit historischen Kontinuitätslinien und aktuellen antidemokratischen, rassistischen und rechtsextremistischen Tendenzen befaßt: auf die enge »Verzahnung von Erkenntnis, Interesse und perspektivischen Handlungschancen«[24] zielt. Daraus wurden prinzipielle und didaktisch-konkrete

Anregungen hergeleitet: die Verknüpfung von historischem Lernen, Selbstreflexion und lokaler Erkundung; die Fixierung auf die Gesamtheit des jugendlichen Lebenszusammenhanges; die Einbeziehung von Elementen wie Aktion, Anerkennung, Orientierung, Sicherheit, Geborgenheit in eine erfahrungs- und bedürfnisgeleitete Jugendarbeit; die Anregung von Demokratie- und Solidaritätserfahrungen in projekt-, natur-, erlebnis- und alltagsorientierten Lernstrukturen.[25]

Diese Leitgedanken und Hinweise, neuere Ergebnisse der sozialwissenschaftlichen und pädagogischen Jugendforschung sowie anregende Konzeptualisierungen von Jugendarbeit und politischem Lernen in anderen Zusammenhängen (Friedens-, Öko- und Medienpädagogik, Kulturarbeit, feministische Ansätze, Jugendarbeit auf dem Lande, Jugendsozialarbeit), haben viele Träger und Mitarbeiter in der Jugendarbeit und die schulische Erziehung inspiriert. Für den hier skizzierten Zeitraum lassen sich drei Typen von antifaschistischer Pädagogik charakterisieren sowie drei zeitliche Phasen unterscheiden.

1. Bis Ende der siebziger Jahre reagierte Jugendarbeit zunächst mit ihren klassischen Instrumenten: Seminar- und Fortbildungsangeboten mit Aufklärungs- und Selbstklärungscharakter für Jugendliche und Mitarbeiter; im Rahmen von Gremienarbeit, Konferenzen und Delegiertentagen mit jugendpolitischen Positionsbeschreibungen und Forderungen an Staat und Gesellschaft; mit der Aufforderung an die eigene Arbeit (gemeint waren vor allem die hauptamtlichen Mitarbeiter), sich, bei den gegebenen und begrenzten Möglichkeiten des jeweiligen Trägers, mit dem Thema zu befassen. Damit deutete sich – insbesondere bei Jugendverbänden – eine thematische Akzentverschiebung und eine ansatzweise Reformulierung ihres antifaschistischen Selbstverständnisses an. Auch im schulischen Unterricht rückten – bei erheblichen Widerständen von Schulleitungen und Administration – der Nationalsozialismus und aktuelle rechtsextremistische Tendenzen in den Mittelpunkt von Aufklärung und Information.[26]

2. Aufgrund der jugendpolitischen, theoretischen und konzeptionellen Diskussion, der professionellen Aneignung des Themas, differenzierte sich im Zeitraum von Ende der siebziger bis Mitte der achtziger Jahre die pädagogische Praxis: Eine Vielzahl von Projekten, Arbeitsformen und thematischen Aspekten belegen die dichte Auseinandersetzung und die Versuche einer praktischen Beweisfüh-

rung für eine zeitgemäße antifaschistische Pädagogik. Sie wurde als ein weiterer Baustein in die Jugendarbeit (und den schulischen Unterricht) integriert; die Angebotsformen wurden vielfach zum festen, ritualisierten Kanon. Diese Entwicklung in der Jugendarbeit implizierte kaum belegbare, überzogen euphorische Hoffnungen einer langfristigen und strukturellen Beeinflussung von Bewußtsein und Verhaltensweisen bei Jugendlichen.

3. Ab Mitte der achtziger Jahre sind ein thematischer Rückzug, eher ernüchternd-realistische Bilanzierungen über Lernwirkungen und veränderte Themengewichtungen festzustellen. Dabei gibt es folgende Parallelentwicklung: einerseits kaum neue Ideen, Projekte und Problematisierungen bei gleichzeitig rituellen Wiederholungen, die fest in den pädagogischen set von Trägern und Schule integriert sind. Dazu zählen alternative Stadtrundfahrten, der Besuch in Gedenkstätten, Ansätze von Spurensicherung und Alltagsgeschichte, Seminarpädagogik und Projektunterricht. So fanden im Jahre 1988 in Hamburg beispielsweise 126 alternative Stadtrundfahrten zu Stätten der nationalsozialistischen Verfolgung und des Hamburger Widerstandes statt. Damit erreichte der Hamburger Landesjugendring 6.000 meist jugendliche Teilnehmer (das sind dreimal so viel wie 1987). Andererseits haben sich die Auseinandersetzungen und Angebote thematisch weiterentwickelt und differenziert. So hat das Interesse an geschichtlichen Ereignissen und an der Gedenkstättenarbeit zugenommen, kennzeichnen – neben vielen anderen Themen und Arbeitsfeldern – internationale Jugendarbeit (Begegnungen), Solidaritätsprojekte, Bemühungen gegen die Diskriminierung von Ausländern und Minderheiten die Jugend(verbands)arbeit. Diese Entwicklung und institutionelle Eigendynamik ist ambivalent: Einerseits macht sie beispielhaft die Themenkonjunkturen und schnelle, unaufgearbeitete Verabschiedung sowie stillschweigende Akzeptanz des Machbaren deutlich, die u. a. von Träger- und Förderungsinteressen geleitet sind; andererseits kann es ein Zeichen für begründete Lernprozesse sein, für Flexibilität und Bemühungen, sich auf der Höhe der Zeit, von gesellschaftlichen Problemen und jugendlicher Lebenslagen zu verorten und nicht in Themen und Angebotsformen verengen zu lassen. Dabei ist Heitmeyer und Möller[27] zuzustimmen, wenn sie der kritischen Öffentlichkeit, antifaschistischen Gruppen und Initiativen wie auch Pädagogen und Sozialarbeitern vorwerfen, sie reagierten vorwiegend auf aktuelle Anlässe, meist im nachhinein und

überwiegend auf organisierte Gruppen des rechtsextremen Spektrums.

Angebotspädagogik in der organisiert-institutionellen Jugendarbeit

Vor allem thematische Lernangebote zum Nationalsozialismus mit spezifischen inhaltlichen Akzentsetzungen (z. B. Jugend, Erziehung, Widerstand, Frauen, Terrorsystem und Vernichtung) und die Auseinandersetzung mit aktuellen Tendenzen bzw. Vorfällen, die sich unspezifisch an alle Jugendliche richten, prägen die politisch-pädagogische Praxis. Der didaktische und methodische Kanon umfaßt insbesondere: Seminare (Bildungsurlaub, Mitarbeiterfortbildung), Tagungen, Diskussionsforen und aktionsbezogene Öffentlichkeitsarbeit, alternative Stadtrundfahrten und Stadtspiele, lokalhistorische Projekte im Rahmen von Spurensicherung/Alltagsgeschichte, Besuche und Friedensdienste in Gedenkstätten, Filmvorführungen, Vorträge, Gespräche mit Zeitzeugen, Initiativen für lokale Mahnmale. In Schulen bleiben die Enge des Schulzimmers und die Lehrpläne bestimmend; lediglich die Beteiligung an Wettbewerben ermöglichen einen aufklärenden, anschauungsträchtigen und projektbezogenen Unterricht. Arbeitshilfen, Dokumentationen, Broschüren, Ausstellungen, Diskussionsforen, lokale Initiativen, Theateraufführungen oder Filmveranstaltungen wurden zu wesentlichen Formen der medial vermittelten Präsentation von Ergebnissen und für die Begründung von weiteren lokalen Aktivitäten. Bei der Bilanzierung der pädagogischen Erfahrungen und Begründungen dieser Formen von Lernangeboten sind es vor allem drei Problembereiche, die die Diskussion bestimmen.

1. Zunächst ist es Absicht, durch Konfrontation und Nähe – als anschaulich-sinnliches, konkretes Lernen –, durch Produktivität und Aneignung, kognitive und emotionale (betroffen-machende) motivationale Schichten und Zugänge bei Jugendlichen anzusprechen. Primäre Intention ist eine Lernstrategie, die nicht nur Aufklärung, Informationsvermittlung und kognitive Lernleistungen (deren Notwendigkeit nicht infrage gestellt wird), sondern Erkenntnisse der pädagogischen Jugendforschung und Erfahrungen aus der Jugendarbeit umzusetzen versucht: mehrere Bedürfnisse aufzugreifen und

eigene Produktivität erfahrbar zu machen, projektbezogen und kommunikativ-solidarisch zu arbeiten, den Lernprozeß gemeinsam zu steuern, Öffentlichkeit herzustellen. Zielprojektionen sind die Stabilisierung und Initiierung demokratischer Denkstrukturen und Verhaltensweisen, verknüpft mit Hoffnungen auf gruppenbezogenes Engagement in lokalen Initiativen, Jugendverbandsgruppen, Parteien, kirchlichen Gruppen.
Zu diesen pädagogisch induzierten Hoffnungen liegen sozialisatorisch-wirkungsgeschichtlich kaum erhellende Berichte, Ergebnisse und Einschätzungen vor. Demgegenüber gibt es vereinzelte Hinweise auf den situativen Erfahrungs- und Konfrontationskontext beim Besuch von Gedenkstätten, der sich in unterschiedlichen Formen ausdrückt, wie: Schweigen, Empörung, Aggressivität, Verleugnung, Fragen und Interesse nach Verstehen-wollen, emotionale Betroffenheit und Verunsicherung.[28] Hinweise und Dokumente zu den Prozessen und Ergebnissen erfahrungsbezogener und lokalhistorischer Projekte bewegen sich – unter dem Postulat ›aus der Geschichte lernen‹ – im Spannungsfeld der Verbindung von lokalen, betrieblichen, biographischen Ereignissen und allgemeinen historischen und gesellschaftspolitischen Zusammenhängen.[29] Die Frage nach der Synthesefähigkeit und dem integrationsfähigen Paradigma von Details und strukturierender Ordnung ist nach wie vor eine Herausforderung für historisch-politische Jugendarbeit und die politische Bildung. In Projektberichten und aus Schilderungen der pädagogischen Praxis werden als Schwierigkeiten benannt: die Gruppen zusammenzuhalten, Phasen von Resignation zu bearbeiten und zu überwinden, die Materialien zu strukturieren und der Tendenz, »nur« Anekdoten zu erzählen sowie vorschnelle Verallgemeinerungen zu treffen, zu entgehen. Von der Wahl des Themas, seiner möglichst genauen Eingrenzung und Benennung, dem komplexen Prozeß und der ›Kopfarbeit‹, zu ordnen, rekonstruieren, beschreiben, erklären, verstehen, werten und beurteilen, hängt das Gelingen eines Projektes ab. Dies gelingt ohne strukturierende Hilfen und historisch-pädagogische Qualifikationen von Mitarbeitern kaum.
2. Dies verweist auf einen relevanten organisationspädagogischen Aspekt: Jugendliche nehmen oftmals erst- und einmalig an Angeboten (Seminaren, Besuchen in Gedenkstätten, alternativen Stadtrundfahrten, Begegnungen) teil, ihr Interesse speist sich aus unterschiedlichen Motiven, hat funktionale (Thema, Neugierde) und extrafunktionale (wegen Freunden, Erlebnissen, Termin, Abwechs-

lung) Anteile. Dies markiert das Dilemma von kurzzeitpädagogischen Lernangeboten, deren Bezüge zum Alltag und Lebenskontext der Jugendlichen kaum transparent und einschätzbar sind, die Erfahrungen aber unabhängig von pädagogischen Intentionen und Arrangements eine prägende biographische Bedeutung erlangen und Jugendlichen einen Zugang zur Jugendarbeit eröffnen können. Einschätzungen über Motive, Verarbeitung und Lernen bleiben gezwungenermaßen spekulativ und vage, zumal Fragen nach den psychologischen Motiven und Strukturen historisch-politischer Sozialisation bisher kaum befriedigend untersucht und beantwortet wurden. »Trotz eines breiten Spektrums von Zugängen zur und Anwendungen von Geschichte in der außerschulischen Jugendarbeit kann man die möglichen Sozialisationseffekte nicht vorsichtig genug formulieren. Unter Ausklammerung der auf Gemeinschaftserlebnissen, Freizeiterfüllung, Spaß, Spielfreude, Kreativität, Kommunikation und Generationenbegegnung gerichteten Elemente wird man sicher am wenigsten Zuwächse an systematischen geschichtlichen Kenntnissen und Einsichten erwarten dürfen.«[30] Für Jugendliche, die kontinuierlich in Jugendarbeit und organisierten, gruppenbezogenen Lern- und Lebenszusammenhängen ihre Freizeit verbringen und für deren soziale Reproduktion die Integration in die ›Sozialgruppe‹ bedeutsame Bezugsgröße ist, können die pädagogisch angeleiteten Erfahrungen (als inhaltliche und zeitliche Phase) wesentlich ihre Identitätsbildung beeinflussen und stützen, ihre Biographie und ihr Lebenskonzept insgesamt prägen. Aus gruppenbezogenen Zusammenhängen und schulischer Aufklärung wird berichtet, daß Jugendliche vor allem eine zeitlich überzogene, pädagogisch-organisierte Dimensionierung aus plausiblen Gründen ablehnen, weil andere Fragen, Probleme und Aktivitäten für sie bedeutender, brisanter, aktueller sind und ihren Lebensalltag mit belastenden Anforderungen an die Lebensbewältigung dominieren. Die Abwehr und mögliche »Geschichtsmüdigkeit« gilt insbesondere einem pädagogisch-moralisch eingeklagten politischen Dauerengagement und erwarteten Handlungsbereitschaften, die quer liegen zu den Anforderungen und Strategien von sozialer Reproduktion, Lebensbewältigung, Zeitverwendung und Präferenzen. Wiederholt wird davor gewarnt, Jugendliche nicht zu überfüttern, auf ihre ›Bearbeitungskapazität‹ zu achten, um nicht gewollte Reaktionsbildungen (»ich kann es nicht mehr hören«, »es gibt wichtigeres im Leben« u. ä.) zu vermeiden. Geduld, Behutsamkeit und Abwägung können als pädagogische Basisqualifikationen von Mitarbeitern bezeichnet werden; gleichzeitig gilt es, eine Pädagogisierung der inhaltlichen Problembearbeitung abzuwehren und die politischen Dimensionen in der Verständigung zu erhellen. Auch über den Zuwachs von systematischem historischen Erkenntnissen und ihren möglichen Folgen für biographische Prozesse durch kontinuierlich-organisierte Zusammenhänge in Jugendarbeit und Schule liegen keine befriedigenden Berichte, Untersuchungen und Befunde vor. Im Kontext von Vermutungen wird geäußert, daß Fähigkeiten ausgeprägt werden, »mit offenen Augen aus der alltäglichen Umwelt auch Geschichtliches herauszulesen und zu würdigen; eine erhöhte Sensibilität, die eigene Existenz im Zusammenhang von Geschichte, Gegenwart und Zukunft zu reflektieren; eine größere Bereitschaft, sich mit der Geschichte seiner Familie, seines Wohnviertels, seiner Region, seines Betriebes, seiner Gewerkschaft oder Berufsverbandes zu identifizieren; eine niedrigere Hemmschwelle gegenüber historischen Museen, Stätten, Ausstellungen oder Medienangeboten; eine geschärfte Einsicht, mit dem Begriff Geschichte nicht nur große Persönlichkeiten und papierne Dokumente, sondern die Nahwelt eher beiläufiger Hinterlassenschaften und die Erzählungen von lebensälteren Mitbürgern zu verknüpfen; schließlich ein auch respektloses Hantieren mit Geschichte aus trivialen, genüßlerischen oder entlastenden Motiven.«[31]

3. Erreicht werden bei Freiwilligkeit und Offenheit von Lernangeboten vor allem interessierte, in der Jugendarbeit bereits aktive Jugendliche mit Vorkenntnissen, die weitere Informationen nachfragen und Orientierungen, Anregungen erwarten. Ziele wie Stabilisierung und Ergänzung/Erweiterung bereits entwickelter politischer Denkweisen und Verhaltensmuster (liberal, tolerant, demokratisch) finden hier ihre Begründung. Jugendarbeit erreicht (im Gegensatz zur Schule) mit ihren rituellen Zugängen und Angebotsformen, abgrenzend milieubezogen und funktional segmentiert, ›ihre Jugendlichen‹, nicht aber Jugendliche mit autoritären und antidemokratischen Einstellungen, mit Anfälligkeitstrukturen oder in Phasen der Verdichtung rechtsextremer Weltbilder und Karrieren; sie bleiben außerhalb von Bezügen der Jugendarbeit und pädagogisch beeinflußbarer Prozesse. Die lokale organisierte (und offene) Jugendgruppenarbeit wird von den verbandszentralen Vorgaben und Interessen, sich mit dem Thema zu befassen, nicht erreicht; auch die Multiplikatorenfortbildung (Gruppenleiter) und praxisna-

hen Materialien (Unterrichtseinheiten) werden kaum in lokale veränderte Jugendarbeitspraxis umgesetzt. Neben dem begrenzten Ritualbestand der politischen Bildung und der verbandszentralen Angebote, gibt es auch einen spezifischen Ritualbestand und eine Kommunikationskultur in der örtlichen Jugend(gruppen)arbeit, die gegenüber Anregungen von außen bzw. oben quer liegen und sperrig sind. Eine antifaschistische Jugendarbeit ist für die überwiegende Mehrheit der Jugendlichen nicht in ihren Alltagsbezügen der Gruppen (und Schulklassen) verankert und real, Erfahrungen bleiben isoliert in den bildungs- und aktionszentrierten Angeboten. Allenfalls in projektbezogenen, zeitlich befristeten Arrangements gibt es erste Versuche, spezifische Zielgruppen von Jugendlichen mit autoritär-nationalistischen Orientierungen kontinuierlich in ihren Gruppen- und Cliquenzusammenhängen zu erreichen, z. B. Rahmen der sozialpädagogisch begründeten Projekte mit Fußballfans.[32]

Konfrontation im pädagogischen Alltag

Aus der Offenen Jugendarbeit, aus street-work-Projekten und Beratungsstellen für arbeitslose Jugendliche liegen eine Vielzahl von Hinweisen über Äußerungsformen und Denkstrukturen von Jugendlichen (Fremden- und Ausländerfeindlichkeit, Sprüche, Parolen, NS-Gesten, Aufnäher, Aufkleber, Schmierereien, Witze, Lieder, Gewalt und Aggressivität), aber kaum publizierte Berichte und Einschätzungen vor, obwohl gerade in diesen Arbeitsfeldern der Sozial- und Jugendarbeit die Mitarbeiter mit ›durchschnittlichen‹, sozial unauffälligen, potentiell anfälligen Jugendlichen sowie erheblichen existentiellen und sozialen Problemlagen konfrontiert sind. »Nicht-organisierbare« Konfrontationen und Provokationen in Schulen, Seminaren, der Offenen Jugendarbeit und in Beratungsstellen provozieren bei den Mitarbeitern unterschiedliche situative und/oder pädagogisch induzierte Reaktionsmuster. Sie reichen von Einzelgesprächen, Verschweigen/Nicht-Öffentlichkeit über Konfrontation/Machtfrage bis hin zu thematischen Informationsveranstaltungen und Projekten.

Neben themenbezogenen Zugängen werden Chancen gesehen, Jugendliche über einen längeren Zeitraum in der Jugendarbeit beratend und helfend in ihrer Entwicklung zu begleiten; sie über das Thema hinaus in ihren Denkstrukturen und Verhaltensweisen mit zu prägen und zu beeinflussen. Hier ließen sich Konzepte der Prävention – nicht nur der Reaktion, der symbolischen Bearbeitung, gepaart mit Zuweisungen an Jugendliche wie »abweichend«, »anfällig«, »auffällig«, »defizitär« – ansiedeln und begründen. Politisch-bürokratische Ablaufmuster bei Trägern (Ort der Arbeit, Arbeitszeit, Zugänge zu Jugendlichen, Bewertung und Quantitätsperspektive, ideologische Muster) und die Binnensituation (Älterwerden, Kontaktangst, Problembelastung, Fluchttendenzen) verhindern eine selbstkritische Reflexion in Richtung von »risikoreicheren, offeneren, aktivitätsfördernden« Formen der Jugendarbeit.[33]

Neben den gezielten thematischen Lernangeboten und eher offeneren Auseinandersetzungsformen wird in der neueren Diskussion als pädagogisches Selbstverständnis formuliert: Jugendarbeit und Erziehung müssen generell mit ihren inhaltlichen Lernangeboten, mit ihren Strukturen und ihrem Kommunikations- und Beziehungsverhalten Erfahrungen vermitteln bzw. anbieten, die dazu beitragen, gegen antidemokratische, autoritäre, nationalistische und rechtsextreme Anfälligkeiten, Deutungsmuster und Organisationsangebote zu »immunisieren«. Zu zentralen Fragen wurden: Wie demokratisch sind die gesellschaftlichen Strukturen und Institutionen, die pädagogischen Lernfelder Schule und Jugendarbeit mit ihrer Alltagskultur selbst? Stehen die sozialen Probleme, die Alltagsrealität sowie die Deutungen und Orientierungen von Jugendlichen im Mittelpunkt von Schule und Jugendarbeit? Wie antworten sie auf den Problemkontext der heutigen Jugendphase? Die neuere sozialwissenschaftliche und pädagogische Jugendforschung entfaltet theoretisch und empirisch den historisch bedeutsamen Strukturwandel (Neudefinition) der Jugendphase und die Krisenherde im Zentrum der Gesellschaft: das Brüchigwerden und den Zerfall des bildungsoptimistischen und wohlfahrtsstaatlich organisierten und vermittelten Lebensentwurfes; die Labilisierung von Existenzbedingungen und den Kampf um Ressourcen und Teilhabe (Arbeit, Wohnung, Bildung) bei der angestrebten Integration in die Erwachsenengesellschaft; die sozialkulturellen Freisetzungsprozesse (Individualisierung und Pluralisierung) und Selbständigkeit bei gleichzeitig längerer Schul- und Ausbildungszeit mit ökonomischer Unselbständigkeit und perspektivischer Ungewißheit (Nadelöhr: Ausbildungs- und Arbeitsmarkt); die Mediatisierung und Kommerzialisierung des Alltages insbesondere der Freizeit; den Zerfall der Orientierungsrelevanz traditioneller Milieus, Deutungsangebote und organisierter

Sinnstiftung.[34] Erfahrungen von Jugendlichen auf der »Schattenseite« der Individualisierungsschübe sind Unbehagen im gesellschaftlichen Alltag, Verlust von Gemeinschaftlichkeit, verschärfte Konkurrenzbeziehungen, Ohnmachtserfahrungen, Handlungsunsicherheiten, Verlust sozialer Einbindungen und Kontinuitätsbrüche, Gefährdung von Identitätsabstützungen und der Kohärenz sozialer Erfahrungen. Gleichzeitig ist in den (selbst)widersprüchlichen Prozessen der Freisetzung »Freizeit« der Ort der Auseinandersetzung mit den subjektiven Betroffenheiten und den Schattenseiten, Unsicherheiten und Brüchen. Die Diskussion in der Jugendarbeit der achtziger Jahre verweist auf pädagogische und außerpädagogische Argumentationsmuster für eine neue theoretisch-konzeptionelle und praktische Verortung. Angeregt wird, Jugendlichen die Wiederaneignung von Arbeit, Kultur, Freizeit, von Raum und Zeit zu ermöglichen. Durch praktisch-solidarische Hilfen, durch Aufbau von Unterstützungsnetzwerken und sozialer Infrastruktur sollen Nützlichkeit und produktive Lebensbewältigung erfahrbar gemacht werden. Jugendarbeit und politische Bildung sollen ein Ort von Selbstreflexion und solidarischer Orientierung sein, ein Lernfeld, in dem aktuelle Themen (Kommunikations-, Informations- und Biotechnologien, Arbeit/Arbeitslosigkeit, Ökologie, Rüstung/Frieden, Nationalismus/Fremdenfeindlichkeit/Rassismus) als gesellschaftliche Entwicklungs- und Krisenzentren in der inhaltlichen Arbeit akzentuiert werden. Es soll Abschied genommen werden von der Geschlechterhierarchie und der Selbstverständlichkeit der männlichen Dominanz.[35] Damit wird versucht, Jugendarbeit in eine Gesamtstrategie der Demokratisierung aller Lebensbereiche und als sozialer Träger von demokratischer Alltagskultur einzubinden. Die Zielsetzungen sind Hinweise für einen erneuten theoretisch-programmatischen Prozeß der Modernisierung und neue Konzeptualisierungen.

Resümee: Schule, Jugendarbeit und politische Bildung haben pädagogisch differenzierte und anregende Projekte und Arbeitsformen entwickelt; Erfahrungsaustausch, Arbeitszusammenhänge (Tagungen, Arbeitskreis der Ruhrgebietsstädte u. ä.), vielfältige Materialien kennzeichnen ein professionell dichtes Netz. Gleichzeitig unterliegt Jugendarbeit einem Bedeutungs- und Attraktivitätsverlust, nehmen die Einflüsse von Schule, Jugendarbeit und politischer Bildung auf die Entwicklung von Bewußtsein und Verhalten bei Jugendlichen ab. Sie sind nur begrenzt in der Lage, lebensweltliche und gesellschaftliche Erfahrungen zu beeinflussen und zu prägen;

autoritär-nationalistische Orientierungen konnten sie – bei relativ gut entwickelter Infrastruktur und Professionalisierung – mit ihren strukturellen und institutionellen Begrenzungen, ihren rituellen Bornierungen nicht verhindern. Bei der Einschätzung von Möglichkeiten und Begrenzungen von Jugendarbeit und politischer Bildung ist Klönne zuzustimmen: »Wenn es so ist, daß Fehleinsichten und Verdrängungen der Gründe des historischen Faschismus nach wie vor Fundamente bilden, auf denen der offene wie auch der latente neue Rechtsextremismus in der politischen Kultur beruhen, dann kann veranstaltete politische Bildung hier ganz gewiß nur zu einem kleinen Teil korrigierend und aufklärend wirken ... Es wird sich niemand die Illusion machen, schulische oder außerschulische historisch-politische Unterrichtung sei für sich genommen in der Lage, menschenfeindliche und demokratiegefährdende Einstellungen zu verhüten.«[36]

Gleichzeitig gilt aber: Jugendarbeit und politische Bildung sind gesellschaftlich-politisch in die Auseinandersetzung um die ideologischen Kräfteverhältnisse einbezogen, sie haben seismographische Funktionen. Bei den aktuellen und brisanten gesellschaftlichen Themen und Problemen geht es um die Richtung, in die sie ideologisch gepolt und verhandelt werden. Ins Zentrum der Abwehr geraten nationalistische und rassistische Umdefinitionen sozialer Probleme, kultureller Krisen und antiliberal-aufklärerischer Positionen mit der Herausforderung, Konfliktfähigkeit und analytische Anstrengung auszubilden. Dabei haben es Jugendarbeit, politische Bildung und Schule mit Jugendlichen zu tun, die Enkel der Täter- und Mitläufergeneration sind und für die ein Negativ-Konzept eines normativen, hilflosen Antifaschismus aus gemeinsamen Lebenserfahrungen und politischer Gegnerschaft kaum noch zu begründen ist. Diese nur rückwärtsgewandte Fixierung ist kein Zukunftskonzept und beinhaltet keine utopische Dimensionen einer veränderten politischen und sozialen Realität.

»Antifaschistische Erziehung« und politisch-historische Bildung stehen im »Spannungsfeld historischer, aktueller und zukünftiger Ereignisse« (Heitmeyer). Neben der Notwendigkeit, auf der Aufklärung über die historische Wahrheit zu bestehen, werden sich Schule, Jugendarbeit und politische Bildung mit dem *aktuellen* Faschismuspotential und seinen Vorformen, die sich aus der Sozialstruktur der Bundesrepublik erklären, befassen müssen. Sie haben es im Wendeklima mit einem modernisierten Nationalismus und Eurochauvinismus, mit Fremdenfeindlichkeit, soziobiologistisch begründeten Ungleichheitstheoremen, mit einer wissenschaftlich vermittelten und begründeten Eugenik (Genomanalyse) zu tun. Neben diesen thematischen Auseinandersetzungen mit ihren vielfältigen strukturellen und institutionellen Begrenzungen wird es auf die Perspektiven ankommen, die Alltagswelt, die Sozialisationsschicksale und Zukunftswünsche von Jugendlichen zu erreichen und sich unterstützend auf sie einzulassen. Gelingt dies nicht bzw. werden dazu keine Versuche unternommen, wird die Nachkriegsgeschichte der Pädagogik sich perspektivisch (gezwungenermaßen und unbegriffen) ein weiteres Mal als hilflos und reaktiv, als Alibifunktion erweisen und thematisch verengt schnell an die Grenzen von Aufklärung stoßen. Die pädagogischen Arbeitsfelder stehen vor einem Balanceakt, sich realitätsangemessen zu verorten: zwischen vorgegebenen und selbstzugeschriebenen, überfordernden normativen Erwartungen und Wirkungshoffnungen einerseits und resignativem Konsens, institutionellen Begrenzungen, verengter Praxis andererseits, ihre Handlungsräume und lebensweltlichen Bezüge und Strukturen auszuweiten und in den (jugend)politischen Auseinandersetzungen zu profilieren.

Anmerkungen

1 Peter Dudek, Konzepte und Strategien staatlicher Rechtsextremismusbekämpfung, in: *Widersprüche,* 1985, H. 16, S. 65–73; ders./Erich Jansen, Historisches Lernen oder antifaschistische Erziehung. Das Festhalten am (antifaschistischen) Erziehungsbegriff muß zumindest überdacht werden, in: *päd. extra & demokratische erziehung,* September 1988, S. 6–10.

2 *Frankfurter Rundschau,* 17. 2. 1989: »Nicht zu Märtyrern machen«.

3 Walter Rosenwald/Bernd Theis, Enttäuschung und Zuversicht, München 1984.

4 Ebd.

5 Lothar Böhnisch, Historische Skizzen zur offenen Jugendarbeit, in: *deutsche jugend,* H. 10/1984, S. 462. Vgl. auch Jahrbuch DBJR 1949–1979, Bonn 1979, S. 93–98.

6 Martin Faltermaier (Hg.), Nachdenken über Jugendarbeit, München 1983; Benno Hafeneger, Alle Arbeit für Deutschland. Arbeit, Jugendarbeit und Erziehung in der Weimarer Republik, unter dem Nationalsozialismus und in der Nachkriegszeit, Köln 1988.

7 Erich Weniger, Neue Wege im Geschichtsunterricht, in: *Die Sammlung* 1945/46, S. 336.

8 Eberhard Stammler, Die politische Bildung und das Hakenkreuz, in: *deutsche jugend,* H. 2, 1960, S. 64.

9 Helmut Schelsky, Die skeptische Generation, Düsseldorf 1957.

10 Deutscher Gewerkschaftsbund (Hrsg.), Arbeitslosigkeit und Berufsnot der Jugend, 2 Bände, Köln 1952; Faltermaier, Nachdenken über Jugendarbeit; Curt Bondy/Klaus Eyferth, Bindungslose Jugend. Eine sozialpädagogische Studie über Arbeits- und Heimatlosigkeit, München/Düsseldorf 1942; Hafeneger, Alle Arbeit für Deutschland.

11 Arno Klönne, Jugend im Dritten Reich, Köln 1982, S. 287.

12 Vgl. zusammenfassend Peter Dudek, Die Folgen der NS-Erziehung. Politik und Moral der Nachkriegsjugend, in: *hessische jugend,* September 1984, S. 10–15.

13 Peter Dudek, Jugendliche Rechtsextremisten. Zwischen Hakenkreuz und Odalsrune von 1945 bis heute, Köln 1985; ders., Konzepte und Strategien.

14 Ebd., S. 71.

15 Theodor W. Adorno, Zur Bekämpfung des Antisemitismus heute, in: ders., Kritik. Kleine Schriften zur Gesellschaft, FrankfurtM 1971, S. 105ff.

16 Ebd.

17 Ders., Was bedeutet: Aufarbeitung der Vergangenheit, in: ders., Erziehung zur Mündigkeit, Frankfurt/M 1970, S. 10ff.

18 Heinz Hahn, Kann Jugendarbeit Vorurteile überwinden? in: *deutsche jugend,* H. 9/1959, S. 412ff.

19 Werner Kleinkorres/Jürgen Schroer/Eberhard Wavers, Informationen über den NS – aber wie!, in: *deutsche jugend,* H. 10/1959, S. 450ff.

20 Müller/Kentler/Mollenhauer/Giesecke, Was ist Jugendarbeit? Vier Versuche zu einer Theorie, München 1964.

21 Eberhard Stammler, Die politische Bildung und das Hakenkreuz, S. 63ff.

22 Vgl. die Beiträge in: *deutsche jugend,* H. 4/1967, S. 146ff.

23 Gerhard Paul, Grenzen und Möglichkeiten politischer Bildung im Kampf gegen den jugendlichen Rechtsextremismus, in: ders./Bernhard Schoßig (Hrsg.), Jugend und Neofaschismus. Provokation oder Identifikation, Frankfurt/M 1979, S. 178–209; Benno Hafeneger/Gerhard Paul/Bernhard Schoßig (Hrsg.), Dem Faschismus das Wasser abgraben. Zur Auseinandersetzung mit dem Rechtsextremismus, München 1981; Ulrich Hartmann/Hans-Peter und Sigrid Steffen, Rechtsextremismus bei Jugendlichen, München 1985; »Rechte in der Wende«, *Widersprüche,* H. 16/1985.

24 Paul, Grenzen und Möglichkeiten, S. 189.

25 Ebd.; Gerhard Paul/Bernhard Schoßig (Hrsg.), Die andere Geschichte, Köln 1986.

26 Vgl. die Zusammenstellung und Hinweise in: Christiane Rajewski/Adelheid Schulz, Nationalsozialismus und Neonazismus. Ein Reader für Jugendarbeit und Schule, Fachhochschule Düsseldorf *(Transfer 15)* 1988; siehe auch: Jahrbuch, S. 295–297.

27 Wilhelm Heitmeyer/Kurt Möller, »Nazis raus aus dieser Stadt!«? Für neue Wege im Umgang mit rechtsextremistisch orientierten Jugendlichen, in: *deutsche jugend,* H. 1/1989, S. 19–33.

28 Barbara Distel, Diffamierung als Methode. Erfahrungen an der Gedenkstätte des ehemaligen Konzentrationslagers Dachau, in: Wolfgang Benz (Hg.), Rechtsextremismus in der Bundesrepublik. Voraussetzungen, Zusammenhänge, Wirkungen, Frankfurt/M 1984, S. 224–237.

29 Eike Hennig, Zur Einschätzung verschiedener Lernfelder: Spurensicherung und Stadtrundfahrten, in: Hafeneger/Paul Schoßig, Dem Faschismus das Wasser

abgraben, S. 135–163; Manfred Scharrer, DGB-Projekt »Geschichte von unten«, Köln 1988; Hans-Ulrich Wehler, Aus der Geschichte lernen?, München 1988.

30 Ulrich Kröll, Geschichte und Jugendbildung, in: ders. (Hrsg.), Jugend und Geschichte, Münster 1987, S. 53.

31 Ebd.

32 Wilhelm Heitmeyer/Jörg-Ingo Peter, Jugendliche Fußballfans. Soziale und politische Orientierungen, Gesellungsformen, Gewalt, Weinheim/München 1988.

33 Wilhelm Heitmeyer, Rechtsextremistische Orientierungen bei Jugendlichen. Empirische Ergebnisse und Erklärungsmuster einer Untersuchung zur politischen Sozialisation, Weinheim/München 1987; ders., Aufklärung und Faschismuspotential, in: *Neue Sammlung,* H. 3/1988, S. 419–432; ders., Ökonomisch-soziale Alltagserfahrungen und rechtsextremistische Orientierungen bei Jugendlichen, in: Frank Benseler/Wilhelm Heitmeyer/Dietrich Hoffmann/Dietmar K. Pfeiffer/Dieter Sengling (Hrsg.), Risiko Jugend. Leben, Arbeit und politische Kultur, Münster 1988, S. 219–232.

34 Ulrich Beck, Risikogesellschaft. Auf dem Weg in eine andere Moderne, Frankfurt/M 1986; Heitmeyer, Rechtsextremistische Tendenzen; Benseler u. a., Risiko Jugend.

35 Vgl. Hellmut Lessing/Diethelm Damm/Manfred Liebel/Michael Naumann, Lebenszeichen der Jugend. Kultur, Beziehung und Lebensbewältigung im Jugendalter, Weinheim/München 1986; Lothar Böhnisch/Richard Münchmeier, Wozu Jugendarbeit?, Weinheim/München 1987.

36 Arno Klönne, Rechtsextreme Tendenzen in der politischen Kultur der Bundesrepublik. Eine Herausforderung für politische Bildung in demokratischer Absicht, in: *Widersprüche,* H. 16, 1985, S. 8.

Auswahlbibliographie: Der Rechtsextremismus in den achtziger Jahren

Diese kommentierte Auswahlbibliographie stellte Helmut Schneider vom Deutschen Jugendinstitut in München zusammen.

1. Gesamtdarstellungen

BACKES, Uwe: Rechtsextremismus in westlichen Demokratien. Bundesrepublik Deutschland, Frankreich, Großbritannien, Italien, vergleichende Länderstudien. In: MICHALKA, Wolfgang (Hrsg.): Extremismus und streitbare Demokratie. Stuttgart: Steiner 1987, S. 71–128.
Im Rahmen eines Literaturberichtes skizziert der Autor die rechtsextremistischen Subkulturen, ihre charakteristischen Ausprägungen, ihre traditionellen Einbindungen und historischen Entwicklungen in vier westlichen Demokratien.

BENZ, Wolfgang (Hrsg.): Rechtsextremismus in der Bundesrepublik. Voraussetzungen, Zusammenhänge, Wirkungen. Frankfurt/M.: S. Fischer 1985.
Herausgeber und Autoren dieses Sammelwerkes, überwiegend Wissenschaftler und Publizisten linksliberaler Couleur, bieten in ihren Beiträgen solide Informationen zu den ideologischen Voraussetzungen und historischen Zusammenhängen des Rechtsextremismus in der Bundesrepublik Deutschland.

BUNDESMINISTERIUM DES INNERN (Hrsg.): Gewalt von rechts. Beiträge aus Wissenschaft und Publizistik. Bonn: 1982.
Dieser Sammelband umfaßt zahlreiche Beiträge namhafter Wissenschaftler und vermittelt so einen guten Überblick über die verschiedenen Erscheinungsformen und Erklärungsansätze des Rechtsextremismus in der Bundesrepublik.

GRESS, Franz/JASCHKE, Hans-Gerd: Rechtsextremismus in der Bundesrepublik nach 1960. Dokumentation und Analyse von Verfassungsschutzberichten. (PDI-Sonderheft 18) München: Pressedienst Demokratische Initiative (PDI) 1982.
Die Autoren haben das in den Verfassungsschutzberichten enthaltene Datenmaterial (Mitgliederzahlen, Publikationsauflagen etc.) systematisch aufgearbeitet und tabellarisch geordnet, wobei diese Datensammlung kritisch kommentiert wird.

HELLFELD, Mathias von: Modell Vergangenheit. Rechtsextreme und neokonservative Ideologien in der Bundesrepublik. Köln: Pahl-Rugenstein 1987.
Anhand von Textauszügen aus Theoriezeitschriften, Flugblättern, Plakaten, Parteiprogrammen, Schüler- und Studentenzeitungen dokumentiert der Autor kommentierend rechtsextreme Ideologien und Konzepte verschiedener Organisationen.

HOEFFKEN, Heinz-Werner/SATTLER, Martin: Rechtsextremismus in der Bundesrepublik. Die alte, die neue Rechte und der Neonazismus. Völlig neu überarbeitete Ausgabe. Opladen: Leske und Budrich 1980.

Die Autoren stellen zunächst die Entwicklung und Erscheinungsformen des Rechtsextremismus in der Bundesrepublik Deutschland im Überblick dar. Während die »Alte Rechte« sehr sorgfältig dargestellt wird, weist das Kapitel über die »Neue Rechte« einige Unzulänglichkeiten (Zahlenmaterial, Struktur und Ideologie dieser Gruppierung) auf.

Kreutzberger, Wolfgang: Rechtsradikalismus in der Bundesrepublik. Versuch einer Zwischenbilanz. Frankfurt/M.: Materialis 1983.
Nach einem Überblick über die historischen Entwicklungslinien des Rechtsextremismus liefert der Autor eine kenntnisreiche Bestandsaufnahme der aktuellen rechtsextremen »Szene«, der sich Überlegungen hinsichtlich bestehender Risiken und zu ergreifender Gegenstrategien anschließen.

Lersch, Paul (Hrsg.): Die verkannte Gefahr. Rechtsradikalismus in der Bundesrepublik. Mit Dokumentation. Reinbek b. Hamburg: Rowohlt 1981.
Während die Textbeiträge zu verschiedenen Aspekten des »Rechtsradikalismus« qualitativ sehr unterschiedlich sind, liefert der materialreiche Dokumentationsteil u. a. eine Kurzcharakteristik rechtsextremer Organisationen und Verlage, eine Chronologie des Rechtsradikalismus und eine Bibliographie.

Rajewsky, Christiane/Schmitz, Adelheid: Nationalsozialismus und Neonazismus. Ein Reader für Jugendarbeit und Schule. Düsseldorf: Fachhochschule 1988.
Dieser Reader bietet eine umfassende, fundierte und gut aufbereitete Sammlung von Grundlagen und Materialien für die Auseinandersetzung mit den Themen Nationalsozialismus und Neonazismus in Schule und Jugendarbeit. Sie wird ergänzt durch eine umfangreiche und kommentierte Bibliographie zu den genannten Schwerpunkten und eine kommentierte themenbezogene Sammlung von Jugendbüchern.

2. Historische Arbeiten

Dudek, Peter: Jugendliche Rechtsextremisten. Zwischen Hakenkreuz und Odalsrune. 1945 bis heute. Köln: Bund 1985.
Die Studie gibt einen zeitgeschichtlichen Überblick über die Entwicklung des Rechtsextremismus unter Jugendlichen von den fünfziger Jahren bis zur Gegenwart wieder, wobei auch Veränderungen im rechten Lager und deren Ursachen analysiert werden.

Dudek, Peter/Jaschke, Hans-Gerd: Entstehung und Entwicklung des Rechtsextremismus in der Bundesrepublik. Zur Tradition einer besonderen politischen Kultur. Bd. 1: Textband, Bd. 2: Dokumente und Materialien. Opladen: Westdeutscher Verlag 1984.
Mit dieser voluminösen Gesamtdarstellung liegt ein Standardwerk vor, in dem nahezu alle Aspekte der Entwicklung des Rechtsextremismus thematisiert werden. Das Werk der beiden Forscher gliedert sich in zwei Hauptteile: Aufgrund gründlicher Erschließung umfangreichen Quellenmaterials verdeutlichen sie im ersten Teil die Konturen des rechtsextremen Lagers nach 1945, wobei anhand von Fallstudien die DRP, die NPD, der Bund Deutscher Jugend, der Bund Nationaler Studenten und der Bund Heimattreuer Jugend untersucht werden.
Der zweite Teil enthält eine parallel zum Textband angeordnete und knapp kommentierte Dokumentation teilweise unbekannter Quellen.

DUDEK, Peter/JASCHKE, Hans-Gerd: Jugend rechtsaußen. Analysen, Essays, Kritik. Bensheim: päd.-extra 1982.
In dieser fragmentarischen Aufsatzsammlung liefern die Autoren einen wichtigen Beitrag zur historischen wie systematischen Fundierung der derzeitigen Rechtsextremismus-Forschung. Zur Erklärung der rechtsextremen Jugendszene verweisen die Forscher auf einen systemtheoretischen Subkulturansatz, womit sie die organisationshistorischen Abläufe jugendlich-rechtsextremer Subkulturen untersuchen.

HAFENEGER, Benno/KRAHULEC, Peter: Sein Amt stets korrekt und gewissenhaft geführt. Materialien und Dokumente zur Geschichte der »Rechten« im Raum Fulda. Weinheim: Jugend und Politik 1986.
Mit dieser chronologischen Zusammenstellung lokalgeschichtlicher Materialien und Dokumente leisten die Autoren einen interessanten Beitrag zur historischen Aufarbeitung des Rechtsextremismus.

HUHN, Anne/MEYER, Alwin: Einst kommt der Tag der Rache. Die rechtsextreme Herausforderung 1945 bis heute. Freiburg i. Br.: Dreisam 1986.
In einer umfangreichen Materialanalyse zeichnen die beiden Autoren die Geschichte des Rechtsextremismus seit 1945 nach, hinterfragen die Resultate der Entnazifizierung, schildern Aufstieg und Niedergang der NPD und konzentrieren sich dann auf den heutigen organisierten Rechtsextremismus. Abschließend werden ansatzweise politische und pädagogische Gegenstrategien diskutiert.

JASCHKE, Hans-Gerd: Gewalt von rechts vor und nach Hitler. In: *Aus Politik und Zeitgeschichte* 1982/B 23, S. 3–21.
In diesem Beitrag werden zunächst historische Stadien des Terrorismus von rechts in Deutschland seit 1918/19 nachgezeichnet. Dem folgt eine überblickhafte und kritische Analyse gängiger Erklärungsansätze rechtsextremer Gewalt.

STOESS, Richard: Die Entwicklung des Rechtsextremismus. In: Die Bundesrepublik in den siebziger Jahren. Opladen: Leske und Budrich 1984, S. 53–70.
Diese kurze historische Analyse des Rechtsextremismus in der Bundesrepublik seit 1969 umfaßt sowohl den organisatorischen Bereich als auch die rechtsextremen Aktivitäten und Einstellungen, deren Ursachen und die Konzipierung von Gegenmaßnahmen.

3. Empirische Studien

BUNDESMINISTERIUM DES INNERN (Hrsg.): Neonazistische Militanz und Rechtsextremismus unter Jugendlichen. Stuttgart: Kohlhammer 1982.
In dieser qualitativen Studie werden die Motive, die biographische Genese und die Argumentationsstruktur von Verhaltensweisen sowie die politisch-sozialen Deutungsmuster der deutschen Geschichte und Gegenwart 32 organisierter jugendlicher Rechtsextremisten analysiert und interpretiert.

HEITMEYER, Wilhelm: Rechtsextremistische Orientierungen bei Jugendlichen. Empirische Ergebnisse und Erklärungsmuster einer Untersuchung zur politischen Sozialisation. Weinheim: Juventa 1987.
In einer empirischen Erhebung bei 1.257 Jugendlichen im Alter von 16–17 Jahren untersucht der Autor die Hintergründe für die Entstehung rechtsextremistischer

Orientierungen und findet in sozialen Gefährdungskonstellationen und autoritär-nationalisierenden Einstiegsmustern Belege für seinen sozialisationstheoretisch orientierten Erklärungsansatz.

KALINOWSKY, Harry H.: Rechtsextremismus und Strafrechtspflege. Eine Analyse von Strafverfahren wegen mutmaßlicher rechtsextremistischer Aktivitäten und Erscheinungen. 2. Aufl. Köln: Bundesanzeiger Verlags-Gesellschaft 1986.
Diese repräsentative Untersuchung stützt sich auf eine vollständige statistische Auswertung der in den Jahren 1978 bis 1982 durchgeführten Strafverfahren mit rechtsextremem Hintergrund. Sie bietet so wichtige Informationen über die Sozialbiographie der Täter, deren Motive und die strafrechtlich relevanten Erscheinungs- und Tatbilder rechtsextremistischer Aktivitäten.

NOELLE-NEUMANN, Elisabeth/RING, Erp:: Das Extremismus-Potential unter jungen Leuten in der Bundesrepublik Deutschland 1984. 2. Aufl. Institut für Demoskopie (Allensbach) (Hrsg.) Bonn: Bundesministerium des Innern 1985.
Neben einer soliden Darstellung von Fakten zu den links- und rechtsextremistischen Potentialen in der Jugend der Bundesrepublik Deutschland bleiben deren Interpretationen zum Teil etwas fragwürdig.

PANAHI, Badi: Vorurteile. Rassismus, Antisemitismus, Nationalismus in der Bundesrepublik heute. Frankfurt/M.: S. Fischer 1980.
Anhand einer Repräsentativumfrage untersucht der Verfasser die Verbreitung rassischer, antisemitischer, ethnozentrischer, nationaler und religiöser Vorurteile in der Bundesrepublik.

SILBERMANN, Alphons: Sind wir Antisemiten? Ausmaß und Wirkung eines sozialen Vorurteils in der Bundesrepublik Deutschland. Köln: Verlag Wissenschaft und Politik 1982.
In dieser empirischen Studie untersucht der Autor Ausmaß und Verbreitung antisemitischer Vorurteile in der heutigen bundesrepublikanischen Bevölkerung. Trotz methodischer Einwände birgt diese Repräsentativuntersuchung interessante Ergebnisse zum latenten und manifesten Antisemitismus in der Bundesrepublik.

SINUS-Institut München (Hrsg.): Fünf Millionen Deutsche: Wir sollten wieder einen Führer haben. Die SINUS-Studie über rechtsextremistische Einstellungen bei den Deutschen. Reinbek b. Hamburg: Rowohlt 1981.
Bei aller methodischen Kritik nimmt die Sinus-Studie einen wichtigen Rang in der Rechtsextremismusforschung ein. Schließlich liefert sie umfangreiches und fundiertes repräsentatives Zahlenmaterial zu Ausprägungen und Potential rechtsextremistischer Einstellungen der Deutschen in der Gegenwart. Die Ergebnisse dieser Untersuchung basieren auf einer Inhaltsanalyse umfangreichen rechtsextremen Schriftmaterials und einer Erhebung bei einem repräsentativen Bevölkerungsquerschnitt ab 18 Jahren.

SOCHATZY, Klaus: Neofaschismus im Schülerurteil. Parole rechts! Jugend wohin? Eine empirische Studie. Frankfurt/M.: S. Fischer 1980.
Diese empirische Studie analysiert auf solider methodischer Basis die Reaktionen von Jugendlichen im Alter zwischen 12 und 20 Jahren auf rechtsextreme Parolen. Als Vergleichsgruppe werden abschließend noch organisierte jugendliche Rechtsextremisten interviewt.

4. Junge Rechtsextremisten

GINZEL, Günther Bernd: Hitlers (Ur)enkel. Neonazis: ihre Ideologien und Aktionen. 2. Aufl. Düsseldorf: Droste 1981.
Das vorliegende Werk bietet einen umfassenden Überblick über Erscheinungsformen, Ideologien und Aktionsformen neonazistischer Gruppen in der Bundesrepublik.

GRAF, Werner (Hrsg.): Wenn ich die Regierung wäre. Die rechtsradikale Bedrohung. Interviews und Analysen. Bonn: J. H. W. Dietz Nachf. 1984.
Nach der Beschreibung der rechtsradikalen Bedrohung aus der Sicht der Opfer stellt dieser Sammelband vor allem die neonazistischen Täter selbst, ihr rechtsradikales Potential und die NPD in den Mittelpunkt der Beiträge.

HAFENEGER, Benno/LOCHMANN, Walter: Im Prinzip bin ich vielleicht ein Spießbürger. Aus einer rechten Biographie. In: *Widersprüche* 5/1985/16, S. 31–38.
Es werden Ereignisse und Abschnitte der Biographie des militanten Rechtsextremisten Arnd Heinz Marx geschildert und verschiedene Phasen seiner rechtsextremistischen Karriere beschrieben und interpretiert.

HENNIG, Eike: Wert habe ich nur als Kämpfer. Rechtsextremistische Militanz und neonazistischer Terror. In: Faszination der Gewalt, politische Strategie und Alltagserfahrung. Frankfurt/M.: Suhrkamp 1983, S. 89–122.
Auf der Basis einer empirischen Untersuchung organisierter jugendlicher Rechtsextremisten analysiert der Autor die grundlegende Bedeutung von Gewalt und Kampf in rechtsextremistischen Organisationen und für die Motivation der Anhänger.

HENNIG, Eike: Wie wird man rechtsextremer Jugendlicher in der Bundesrepublik? In: Extremismus und Schule, Bonn: Bundeszentrale für politische Bildung 1984, S. 151–170.
In diesem Beitrag analysiert der Autor die Begründungen und die verschiedenen Stufen der biographischen Entwicklungen jugendlicher Rechtsextremisten.

LORENZO, Giovanni di: Stefan, zweiundzwanzig, deutscher Rechtsterrorist. Mein Traum ist der Traum von vielen. Reinbek: Rowohlt 1984.
Diese journalistische Reportage schildert die »Karriere« eines ehemaligen Mitglieds der »Jungen Nationaldemokraten« und gibt so einen Einblick in den Entstehungszusammenhang und die Entwicklungsbedingungen eines jungen Rechtsextremisten.

RABE, Karl-Klaus (Hrsg.): Rechtsextreme Jugendliche. Gespräche mit Verführern und Verführten. Mit Interviews. Bornheim-Merten: Lamuv 1980.
In einer sehr sachlichen Darstellung schildern die Autoren zunächst die Aktivitäten der »Wiking-Jugend«, des »Bundes Heimattreuer Jugend« und der »Jungen Nationaldemokraten« und versuchen anschließend mittels Interviews mit rechtsextremen Jugendlichen die subjektiven Motivlagen zu ergründen.

WAGENER, Gerald: Ich heiße Gerald Wagener. Ein rechtsradikaler Jugendlicher berichtet. München: dvk-Verlag 1981.
Ein 19jähriger ehemaliger Nazi berichtet über seinen Weg zu den Neonazis und über seinen Ausstieg.

5. Neue Rechte

FEIT, Margret: Die neue Rechte in der Bundesrepublik. Organisation, Ideologie, Strategie. Frankfurt/M.: Campus 1987.
In diesem Buch werden schwerpunktmäßig die tragenden ideologischen Prämissen und die organisatorischen und personellen Vernetzungen der »Neuen Rechten« untersucht. Eine eindrucksvolle Fülle biographischer Details macht das Buch zu einem nützlichen Nachschlagewerk.

FETSCHER, Irving (Hrsg.): Neokonservative und Neue Rechte. Der Angriff gegen den Sozialstaat und liberale Demokratie in den Vereinigten Staaten, Westeuropa und der Bundesrepublik. München: Beck 1983.
Dieser Sammelband liefert eine kritische Analyse neokonservativer und rechter Tendenzen in den westlichen Demokratien der USA, Frankreichs und der Bundesrepublik.

JASCHKE, Hans-Gerd: Was ist, woher kommt, wo steht die Neue Rechte in der Bundesrepublik? In: *Widersprüche,* 5/1985/16, S. 23–29.
Neben der Skizzierung der Organisationsgeschichte der »Neuen Rechten« werden die wichtigsten Punkte ihrer Ideologie dargestellt und ihre Wirkungsweisen ansatzweise bewertet.

LEGGEWIE, Claus: Die Republikaner. Phantombild der Neuen Rechten. Berlin (West): Rotbuch 1989.
Erste umfassendere Publikation über die Programmatik und Motive der Anhängerschaft der Partei der »Republikaner«.

PETERS, Jan (Hrsg.): Nationaler Sozialismus von rechts. Antifaschistische Texte sowie Dokumente und Programme der grünbraunen Reaktionäre. Berlin (West): Guhl 1980.
In diesem Sammelband wird das Verhältnis der ökologisch geprägten Jugendszene zur »Neuen Rechten« in seinen historischen Bezügen und aktuellen Problemen dargestellt.

6. Rechtsextreme Presse

BUNDESZENTRALE FÜR POLITISCHE BILDUNG (Hrsg.): Extremistische Medien. Pädagogische und juristische Auseinandersetzungen am Beispiel des Rechtsextremismus. (*Schriftenreihe der Bundeszentrale für politische Bildung.* Bd. 211) Bonn: 1984.
Dieser Sammelband enthält Tagungsbeiträge über die Verbreitung rechtsextremer Medien und ihre Funktion innerhalb der rechtsextremen Subkultur. Ferner werden die pädagogischen und juristischen Möglichkeiten der Auseinandersetzung skizziert.

DUDEK, Peter/JASCHKE, Hans-Gerd: Die Deutsche National-Zeitung. Inhalte, Geschichte, Aktionen. (PDI-Taschenbuch 8) München: Pressedienst Demokratische Alternative PDI 1981.
Mit dieser Arbeit liegt eine fundierte und ausführliche Inhaltsanalyse der Deutschen Nationalzeitung vor.

DUDEK, Peter/JASCHKE, Hans-Gerd: Die neue rechtsextreme Jugendpresse in der Bundesrepublik Deutschland. Politische Hintergründe und gesellschaftliche Folgen. In: *Aus Politik und Zeitgeschichte* 1981. B 43, S. 21–35.

Die ideologisch-programmatischen Neuorientierungen werden am Beispiel einer noch jungen rechtsextremen Jugendpresse vorgestellt.

DUDEK, Peter/JASCHKE, Hans-Gerd: Revolte von rechts. Anatomie einer neuen Jugendpresse. Frankfurt/M.: Campus 1981.
Dieser Band enthält eine Analyse der in den siebziger Jahren entstandenen neuen rechtsextremen Jugendpresse.

JAEGER, Siegfried (Hrsg.): Rechtsdruck. Die Presse der Neuen Rechten. Bonn: J. H. W. Dietz Nachf. 1988.
In diesem Sammelband haben die Autoren die rechte Presselandschaft systematisch untersucht und die wichtigsten Zeitschriften daraufhin analysiert, wie, von wem und mit welchen propagandistischen Mitteln die Ideologie der Neuen Rechten verbreitet wird.

7. Politische Kultur/Rechtsextreme Einstellungen und Tendenzen

BLAENSDORF, Agnes: Zur Konfrontation mit der NS-Vergangenheit in der Bundesrepublik, der DDR und Österreich. Entnazifizierung und Wiedergutmachungen. In: *Aus Politik und Zeitgeschichte* 1987/B 16–17, S. 3–18.
In diesem Aufsatz werden die Entnazifizierungs- und die Wiedergutmachungspolitik in der Bundesrepublik, in der DDR und in Österreich analysiert.

HAUG, Wolfgang F.: Vom hilflosen Antifaschismus zur Gnade der späten Geburt. Hamburg: Argument 1987.
In den beiden Studien dieses Sammelbandes werden das Verhältnis der Bundesdeutschen zur NS-Vergangenheit, die öffentliche Verarbeitung der faschistischen Erfahrung und die praktisch-politischen Schlußfolgerungen aus dieser Geschichte für den Weg der Bundesrepublik analysiert.

HELLFELD, Matthias von (Hrsg.): Im Schatten der Krise. Rechtsextremismus, Neofaschismus und Ausländerfeindlichkeit in der Bundesrepublik. Köln: Pahl-Rugenstein 1986.
Dieser Sammelband thematisiert die rechtsextremen Tendenzen in der politischen Kultur der Bundesrepublik, untersucht die Palette der rechtsextremen Jugendliteratur und stellt die ausländerfeindlichen Tendenzen in Politik, Verwaltung und täglichem Leben dar.

HENNIG, Eike: Das ist'n ganz kriminelles System, was wir hier haben. Kultur, Gegenkultur und Rechtsextremismus in der Bundesrepublik. In: Gegenkultur und Recht. Baden-Baden: Nomos 1985, S. 133–165.
Am Beispiel des Rechtsextremismus skizziert der Autor die Dialektik der Beziehungen von rechtsextremer Subkultur, konservativer Stammkultur und herrschender Kultur.

»HISTORIKER-STREIT«.: Die Dokumentation der Kontroverse um die Einzigartigkeit der nationalsozialistischen Judenvernichtung. 3. Aufl. München: R. Piper 1987.
Die vorliegende Dokumentation beinhaltet die bedeutendsten Beiträge des »Historiker-Streites« und liefert so ein repräsentatives, alle Aspekte berücksichtigendes Bild dieser Debatte.

HOFFMANN, Lutz/EVEN, Herbert: Soziologie der Ausländerfeindlichkeit. Zwischen nationaler Identität und multikultureller Gesellschaft. Weinheim: Beltz 1984.
In dieser soziologischen Studie werden weniger die unterschiedlichen Varianten der Ausländerfeindlichkeit analysiert als vielmehr die gemeinsamen Wurzeln aller ausländerfeindlichen Vorstellungen, Handlungen und Ideologien.

KLOENNE, Arno: Rechtsextreme Tendenzen in der politischen Kultur der Bundesrepublik. Eine Herausforderung für politische Bildung in demokratischer Absicht. In: *Widersprüche,* 5/1985/16, S. 5–14.
In seiner historischen Analyse der politischen Kultur der Bundesrepublik kommt der Autor zu dem Schluß, daß rechtsextreme Einstellungen einen wesentlichen Teil der politischen Stammkultur in der bundesrepublikanischen Gesellschaft darstellen.

STRAUSS, Herbert A. KAMPE, Norbert (Hrsg.): Antisemitismus. Von der Judenfeindschaft zum Holocaust. Frankfurt/M.: Campus 1985.
Dieser Sammelband dokumentiert die Geschichte des Antisemitismus und spiegelt den aktuellen Stand der historischen Antisemitismusforschung wider.

TSIAKALOS, Georgios: Ausländerfeindlichkeit. Tatsachen und Erklärungsversuche. München: Beck 1983.
Neben dem Versuch einer Definition von Ausländerfeindlichkeit werden verschiedene Erklärungsansätze thematisiert.

VINKE, Hermann: Mit zweierlei Maß. Die deutsche Reaktion auf den Terror von rechts. Eine Dokumentation. Reinbek b. Hamburg: Rowohlt 1981.
Der Autor analysiert und dokumentiert die Reaktionen deutscher Politiker und Medien auf einen Terroranschlag von rechts.

8. Politisch-pädagogische Gegenstrategien

CALLIESS, Jörg (Hrsg.): Demokratische Strategien gegen Rechtsextremismus. Tagung vom 3. bis 5. Nov. 1982. (Loccumer Protokolle 1982, 26). Loccum: Evangelische Akademie 1984.
Dieser Band dokumentiert Referate und Beiträge einer Tagung, die sich mit Maßnahmen und Strategien gegen bestehende rechtsextremistische Gruppierungen in den Handlungsfeldern von Gesetzgeber, Polizei, Justiz, Schule, Bildungswesen, Massenmedien, Sozial- und Jugendarbeit, Parteien, Verbänden und öffentlicher Verwaltung auseinandergesetzt hat.

DUDEK, Peter (Hrsg.): Hakenkreuz und Judenwitz. Antifaschistische Jugendarbeit in der Schule. Bensheim: päd. extra 1980.
Dieses Sammelwerk, von Schülern, Lehrern und Hochschullehrern geschrieben, stellt Konzeptionen und Entwürfe für den Umgang mit neonazistischen Jugendlichen in der Schule vor.

DUDEK, Peter: Konzepte und Strategien staatlicher Rechtsextremismusbekämpfung. In: *Widersprüche* 5/1985/16, S. 65–73.
Der Autor skizziert die verfassungs- und strafrechtlichen Rahmenbedingungen und Maßnahmen und erläutert das System staatlichen Kontrollhandelns gegenüber rechtsextremen Aktivitäten.

GALINSKI, Dieter/HERBERT, Ulrich/LACHAUER, Ulla (Hrsg.): Nazis und Nachbarn. Schüler erforschen den Alltag im Nationalsozialismus. Reinbek b. Hamburg: Rowohlt 1982.
Das Buch enthält Auszüge aus prämiierten historischen Arbeiten von Schülern und Jugendlichen, die für den Schülerwettbewerb »Deutsche Geschichte« 1981 zum Thema »Alltag im Nationalsozialismus vom Ende der Weimarer Republik bis zum Zweiten Weltkrieg« eingereicht wurden.

GEWERKSCHAFT ERZIEHUNG UND WISSENSCHAFT (Hrsg.): Wider das Vergessen. Antifaschistische Erziehung in der Schule. Erfahrungen, Projekte, Anregungen. Frankfurt/M.: S. Fischer 1981.
Das Buch enthält viele konkrete Anregungen für eine intensivere Auseinandersetzung mit dem Themenbereich Nationalsozialismus, Faschismus und Neofaschismus im Schulunterricht.

HAFENEGER, Benno/LOCHMANN, Walter: Antifaschistische Jugendarbeit: Gibt's die? In: *Widersprüche* 5/1985/16, S. 57–63.
Dieser Beitrag thematisiert Ansätze einer politisch-perspektivischen antifaschistischen Jugend- und Sozialarbeit, die im Rahmen alltäglicher Lernfelder von Jugendlichen an den Beispielen Spurensicherung, Umweltaneignung, offene Jugendarbeit und Dorftheaterarbeit veranschaulicht wird.

HAFENEGER, Benno/PAUL, Gerhard/SCHOSSIG, Bernhard (Hrsg.): Dem Faschismus das Wasser abgraben. Zur Auseinandersetzung mit dem Rechtsradikalismus. München: Juventa 1981.
Dieser Sammelband enthält grundsätzliche Reflexionen, Erfahrungen, Beispiele und didaktische Arbeitshilfen für die praktische Auseinandersetzung mit rechtsradikalen Tendenzen in der Jugendarbeit.

MORET, Jürgen (Bearb.): Rechtsextremismus unter Jugendlichen. Möglichkeiten antifaschistischer Jugendarbeit. Eine Dokumentation für die praktische Jugendarbeit. Radevormwald: Evangelische Jugendakademie 1980.
Diese Tagungsdokumentation enthält zusammenfassende Referate, Einzelbeiträge, Erfahrungsberichte und Materialien zum jugendlichen Rechtsextremismus und stellt eine Vielfalt antifaschistischer Lernmethoden vor.

STEFEN, Rudolf: Die Indizierung NS-verherrlichender Medien durch die Bundesprüfstelle. In: Extremismus und Schule. Bonn: Bundeszentrale für politische Bildung 1984, S. 109–126.
Der Autor beschreibt die gesetzlichen Möglichkeiten des Jugendmedienschutzes sowie verschiedene Indizierungsverfahren gegen NS-verherrlichende Medien in der Bundesrepublik.

Abkürzungen

AL	Alternative Liste
ANS/NA	Aktionsfront Nationaler Sozialisten/Nationale Aktivisten
BfV	Bundesamt für Verfassungsschutz
BHJ	Bund Heimattreuer Jugend
BMI	Bundesministerium des Innern
BND	Bundesnachrichtendienst
DA	Deutsche Aktionsgruppen
DBI	Deutsche Bürgerinitiative
DBJR	Deutscher Bundesjugendring
DKP	Deutsche Kommunistische Partei
DRP	Deutsche Reichspartei
DVU	Deutsche Volksunion
DVU-LD	Deutsche Volksunion – Liste Deutschland
EBF	Europäische Befreiungsfront
FAP	Freiheitliche Deutsche Arbeiterpartei
FR	Frankfurter Rundschau
GdP	Gewerkschaft der Polizei
GG	Grundgesetz
HIAG	Hilfsgemeinschaft auf Gegenseitigkeit der Soldaten der ehemaligen Waffen-SS
HNG	Hilfsorganisation für nationale politische Gefangene
JN	Junge Nationaldemokraten
KBW	Kommunistischer Bund Westdeutschlands
KPD	Kommunistische Partei Deutschlands
LKA	Landeskriminalamt
MAD	Militärischer Abschirmdienst
NDBB	Nationale deutsche Befreiungsbewegung
NHB	Nationaldemokratischer Hochschulbund
NPD	Nationaldemokratische Partei Deutschlands
NSDAP/AO	Nationalsozialistische Deutsche Arbeiterpartei/Auslandsorganisation
NSKG	Nationalsozialistische Kampfgruppe Großdeutschland
OLG	Oberlandesgericht

RAF	Rote Armeefraktion
SA	Sturmabteilung
SEW	Sozialistische Einheitspartei Westberlin
SRP	Sozialistische Reichspartei
SS	Schutzstaffel
StGB	Strafgesetzbuch
VSBD/PdA	Volkssozialistische Bewegung Deutschlands/Partei der Arbeit
VVN/BdA	Vereinigung der Verfolgten des Naziregimes/Bund der Antifaschisten
WSG	Wehrsportgruppe

Die Autoren

Hafeneger, Benno (1948), 1975–1984 Jugendbildungsreferent beim Hessischen Jugendring, 1984 Promotion zum Dr. phil, seit 1984 Professor an der Fachhochschule Fulda (Fachbereich Sozialarbeit).

Heitmeyer, Wilhelm (1945), Dr. habil.; Hochschullehrer an der Fakultät für Pädagogik der Universität Bielefeld (Forschungsschwerpunkt Jugendforschung).

Jaschke, Hans-Gerd (1952), Politikwissenschaftler, Hochschulassistent am Fachbereich Gesellschaftswissenschaften der Universität Frankfurt a. M.

Paul, Gerhard (1951), Politikwissenschaftler, 1975–1981 Deutscher Volkshochschul-Verband, 1984 Promotion zum Dr. rer. pol.; 1984–1989 wissenschaftlicher Mitarbeiter am Otto-Suhr-Institut der Freien Universität Berlin, wissenschaftlicher Mitarbeiter des Forschungsprojekts »Widerstand und Verweigerung im Saarland 1935 bis 1945« an der Universität des Saarlands, Saarbrücken.

Pilz, Gunter A. (1944), Diplom-Soziologe, Dr. phil., Akademischer Oberrat am Institut für Sportwissenschaft der Technischen Universität Hannover (Forschungsschwerpunkt Gewalt im Sport und in der Gesellschaft).

Rosen, Klaus-Henning (1938), Jurist, Staatsanwalt, 1973–1976 im Bundeskanzleramt, seit 1976 Leiter des persönlichen Büros von Willy Brandt.

Sengebusch, Klaus (1949), Lehrer, z. Z. beschäftigt als Sozialpädagoge im Fan-Projekt Hannover.

CIP-Titelaufnahme der Deutschen Bibliothek

Hitlers Schatten verblasst : die Normalisierung des Rechtsextremismus / hrsg. von Gerhard Paul. – Bonn : Dietz, 1989

(Dietz-Taschenbuch ; 32)

ISBN 3-8012-3032-5

NE: Paul, Gerhard [Hrsg.]; GT